CHAVISTAS

La Ofuscación

Voluntarios, Mitoteros Y Dolientes

por
Esperanza Fierro Lopez

AuthorHouse™
1663 Liberty Drive, Suite 200
Bloomington, IN 47403
www.authorhouse.com
Phone: 1-800-839-8640

First published by AuthorHouse 4/6/2009

ISBN: 978-1-4343-8000-5 (sc)

Library of Congress Control Number: 2008905025

Printed in the United States of America
Bloomington, Indiana

This book is printed on acid-free paper.

PRIMERA PARTE

Organizate Raza

No hay eslabon tan debil cuando es único
pero la unión le dá la fuerza

Dedicada a la memoria de
CESAR CHAVEZ
Lider del Trabajador del Campo

CHAVISTAS

La Ofuscacion
Voluntarios, Rebeldes y Dolientes

El ano es 1968. Dos hombres estan sentados en la sala de mi casa discutiendo mi futuro. Yo estoy sentada frente a ellos, les escucho y ascierto con la cabeza, mientras ellos explican la razon de su visita,

" Andamos reclutando personas para el boicot, y nos dieron tu nombre como una persona que quizas nos pueda ser muy util en esta ventura." yo inclino la cabeza

"No ganarás la cantidad de dinero que ganas horita," dice Ricardo Chavez, algo avergonzado.

"Yo sé." le digo

En estos dias yo trabajaba con el programa Asociados en Accion, California Central [CCAA] en Fresno. CCAA es aün otro proyecto del gobierno, entre muchos que habian surgido con los programas de la Guerra contra la Pobreza del presidente Lyndon Johnson. Como insructora de maestros de ingles yo ganaba unos $800. Mensuales, una chamba y un guesito Federal muy agradable en esos años.

"No ganarás ni la media parte de lo que ganas hoy." me dice Manuel Chavez.

"Yo sé" le digo.

"Este es un trabajo de voluntaria," me informa Ricardo

"Yo sé."

"Solo te podemos pagar $5 dolares por semana," agrega Manuel, nada de avergonzado

"Yo sé cuanto no ganan los voluntarios," les sonrio.

"¿Como vez? Deveras necesitamos tu ayuda." Ricardo espera mi respuesta.

Fue asi como fui reclutada para asistir a Cesar Chavez con el Boicoteo de Uvas, el cual hiba a traér un semblante de justicia, respeto, dignidad y condiciones mejoradas para los campesinos afligidos del gran estado de California

Les sere franca. Yo no soy organizadora. Basicamente soy muy uraña, aunque es dificil creérlo, porque tambien soy muy buena actriz. Mi madre me enseño que nunca debo hablar con personas extrañas. Con la ética, "somos-pobres-pero-orgullosos," inculcada por mis padres amantes del trabajo, me habian lavado el cerebro que nunca se debe pedir dinero.

LA Union de Trabajadores Campesinos [NFWA] requeria todo lo contrario de mis debiles, pero buenas intenciones. La Union necesitaba organizadores entrones y pediches.

Aun sabiendo mis impedimentos, les dije a mis futuros colaboradores Ricardo y Manuel,

"Solo dejenme algun tiempo para entregar mi renuncia. Yo estoy lista cuando Uds.digan."

Ya habian pasado mas de diez años que yo habia estado esperando este dia.

LA LEY PUBLICA 78 [PL 78]

El negocio del **bracero** se inicio durante la segunda Guerra mundial. Esto causo una falta laboral legitima nacionalmente en este país. Todos los hombres estadounidenses, sanos y capaces se habian enlistado voluntariamente en defensa del país o los habian inscribido por ser elegibles.

Muchas mujeres habiles, mi madre fue una de ellas, estaban desempeñando los trabajos que solo los hombres hacian en estas industrias machodominadas. Trabajos en los ferrocarriles, plantas de defensa, construccion, mantenimiento y etc. ahora los ocupaban las mujeres.

Durante ese tiempo asignaron algunos obreros Mexicanos Nacionales quienes antes trabajaban en el campo para que hicieran el trabajo en construccion y mantenimiento en ferrocarrileras. Esto en cambio occasiono vacancias en los trabajos agricolas. El Mejico Americano era quien hacia mucho del trabajo agricola antes de la Guerra, ya que pocos otros empleos estaban disponibles para ellos. Esta escasez de labor introducio al Mexicano Nacional a que llenara las vacancias.

En 1942 los gobiernos de Mejico y E.U. llegaron a un acuerdo para permitir la migración temporal de trabajadores para que hicieran el trabajo de las cosechas. Este acuerdo se finalizo en 1943. Dicho acuerdo prometia pastelitos en el mercado obrero para todo recien venido. Pastelitos con visiones de viviendas higienicas pagadas, proteccion contra explotacion de sueldos, transportacion gratis, sin discriminacion y hasta tres dolares por dia por tiempo de espera.

Estaba entendido que el patron era el Administracion de Seguridad de Fincas bajo el Departamento de Agricultura de Estados Unidos.

Con el influjo de Mexicanos Nacionales tambien tuvo otro efecto, ya que Los Braceros tambien fueron instrumentales en el aumento del poblado. Les costó trabajo a muchas señoritas y señoras ignorar el flujo de pirópos y frases en español romanticas, poeticas que jamas habian escuchado. El corazon latía sin remedio. Hasta una que otra ultra conservativa cedio bajo las propuestas tan agresivas tal como, **"chiquitita, mi vida, mi cielo, mamacita porque eres tan ingrata,"** en comparación con las frases del pocho, **"que paso beibi? Y orale pues esa loca."**

Despues de la guerra algunos de los Nacionales, o **los nasis,** como les llamabamos, continuaron trabajando aqui. Muchos formaron hogares, les gustó la vida de aca de este lado

Los soldados Americanos [GIs] regresaron a sus hogares. Muchos de ellos resumieron los empleos que habian dejado. Otros tomaron los trabajos que, hasta horita, estaban haciendo las mujeres y los Nacionales. El problema se causó por aquellos soldados Mejico Americanos - los Chicanos, quienes antes trabajaban en el campo, ahora no tenian ningunas intenciones de volver a ese trabajo tan arduo. Creian merecer mejores empleos por su tiempo que le dieron al servicio y en defensa del país. Supieron capitalizar en su estatus de GI.

De manera que la crisis por la falta de obreros siguio, especialmente en las fincas, los ranchos, los campos agricolas. Nadie queria ser campesino y pizcar los alimentos del país. La unica solución fue de continuar el reclutamiento de fuerza laboral. La mano de obra del Mexicano Nacional.

En 1951 la Ley Publica 78 se redactó. El Programa Bracero, ahora bajo los auspicious del Departamento de Labor. El término 'bracero' se referia a los brazos requeridos para desempeñar el trabajo.

El proposito de la P.L. 78 era de suplir aquellas areas donde faltaban trabajadores locales, residentes legales o por casualidad uno que otro Pocho

La mano de obra existia pero no se queria presentar disponible. Ya no querian llenarse las uñas de tierra y lodo, ni tampoco querian subajarse al nivel de los surcos en los campos. De manera es que Los Locales estaban dispuestos en dejar a los Braceros que siguieran el trabajo que ya habian empezado.

Esto les cayo como anillo al dedo a los patrones . Ya sabian que el trabajador local es muy chillon. Como sabe hablar ingles, no se les dificulta registrar quejas y agravios contra los empleadores. "Que las condiciones pésimas, que las horas muy largas, que los sueldos muy bajos, que la falta de beneficios," y lagrima tras lagrima laboral. Los patrones no querian perder dinero escuchando tanto lloriqueo. Gracias a Dios le faltaba la mano de obra que necesitaba para pedir trabajadores de afuera. Trabajadores dispuestos a toda clase de abuso laboral aunque fuesen condiciones de esclavos.

Se hizo el acuerdo entre ambos paises de Mexico y E.U. para la importacion de dichos trabajadores. El contrato era algo semejante a un contrato de matrimonio, solo que estaba escrito con tinta borrable. En pocos dias de llegar la mano de obra fuereña, se perdieron las promesas de proveér viviendas decentes con facilidades sanitarias, sueldos justos, nada menos que treinta [30] centavos por hora, alimentos, servicios medicos, dignidad, respeto y toda esa luna enmielada y paraiso laboral.

Volaron como espuma.

El Bracero Contra El Mojado

En el horizonte surgian los asuntos extra conjugales, las prostitutas del agricultura - Los Contratistas, sus Mediadores y sus queridas Los Mojados.

El sobre nombre de 'Mojado' era apodo que el mismo trabajador habia adoptado por si mismo. Es bien sabido que La Raza a todo le pone su sobre nombre. En este caso el Mojado por haber cruzado el Rio Bravo/Grande y llegaba todo mojado se bautizó con ese apodo.

Los oportunistas Contratistas y Mediadores de obreros reclutaban miles de estos hombres para que hicieran el trabajo en los campos. Esto les daba mas de que hablar a los residentes locales que Los Mojados solo servian para menospreciar los sueldos. Se quejaban de que estos hombres trabajaban por sueldos de esclavos, casi nada por el hecho de que estaban aqui sin autorizacion de trabajar. Los Contratistas lo sabian, y los patrones tambien lo sabian. El Mojado era libre de trabajar donde fuera y aceptar cualquier sueldo que le ofrecieran. Lo mas conveniente era deportar a estos hombres despues que terminaran el trabajo. Mas del tiempo no habia necesidad de pagarles antes de que fueran deportados.

Aquellos afortunados siguieron trabajando pero con muchos obstáculos, todo lo que se les habia prometido ser gratis, les costaba bastante.

Tenian que pagar los tacos agrios, la vivienda encucarachada, la transportacion. Despues de pagar lo 'gratis', les quedaba tanto como para comprar un chicle.

Segun la ley todo empleador quien empleaba trabajadores sin permiso estaba violando la ley y se podia multar por tener conocimiento de esta falta.

Los patrones se hacian los inocentes. Estaban mudos, ciegos y sordos con respecto a las leyes laborales y no se diga los derechos humanos

El patron tenia razon en declarar que él personalmente no era quien empleaba estos trabajadores, Negaba tener conocimiento de que estos trabajadores no estaban en el país legalmente. Declaraban que los Contratistas reclutaban dichos trabajadores.

El resultado acabo con retar a un trabajador con necesidad de trabajar -El Bracero contra otro trabajador con la misma necesidad - El Mojado. El pobre contra el pobre.

En resumidas cuentas, se terminó el programa del Bracero, y pocos fueron admitidos despues. El Mojado recibio una toalla legal - la amnistia. Por medio de un acuerdo entre el Departamento de Agricultura y Mexico todo Mojado se proceso legalmente a base de haber servido a este país durante esa epoca de necesidad. El Mojado perdio su titulo, y recibio su Residencia legal

En 1957 estadisticas del estado de California indicaban que estos Huespedes Nacionales Mejicanos habian metido quinientos millones [500,000,000] de horas laborales y habian cosechado treinta tres millones [33,000,000] de toneladas de productos agricolas.

LA GUERRA CONTRA
LA POBREZA

El Presidente Lyndon Johnson habia hecho algunas promesas electorales, una dizque hiba llenar nuestras ollas de frijoles. Con el fin de cumplir con dicha promesa su Administración implemento los Programas Guerra Contra la Pobreza. Esto nos agrado mucho a todos los pobres, y otra que habia oportunidad de conseguir un huesito de empleo Federal

Yo estaba entre empleos. Hasta horita habia trabajado en aquellos empleos disponibles para una Chicana, tal como de mesera, de niñera, lava platos, el campo, vendiendo productos de Avon y otros tales empleos ejecutivos. Muchas de estas chambitas pagaban, si poco treinta dolares al mes, y si mucho tres cientos dolares por mes. No habia porque tener una lista de deseos tal como el Café, Cosmeticos, Cigaros y pedir Caridad.

Ya sentia yo los vientecitos del cambio, como que me acariciaban abriendo las puertas de mi porvenir. Dios Nuestro Señor tenia un agenda para mi, la cual aventaria todas mis tradiciones, crianza, tabus y costumbres culturales por las ventanas.

En el periodico vi un anuncio donde solicitaban una persona bilingue, preferible mayor de 60 años. Aunque yo estaba aun muy joven , fui la unica persona bilingue que solicito el empleo. Siempre deciamos que tiene sus ventajas ser uno bilingue,. El director Rincon me dijo que los otros solicitantes todos eran mayor de 60 años pero solo hablaban el idioma del Rey Ingles. Por esa ventaja me dieron la chamba

Nuestra mision era de buscar a personas en la tercer edad, los ancianos, los viejitos, la generacion de Seguro Social . Debiamos informarles del recien servicio el cual el Presy les ofrecia. Les inculcabamos la necesidad de registrarse porque les hiba servir mucho financialmente, con servicios medicos y cuando hubiese la necesidad de ser hospitalizados. Todo esto era gratis.

Mi terreno eran los campos agricolas, areas rurales, las afueras de la ciudad, y donde quiera que me tropezara con algun viejito en nuestro bello Condado agricultural que es el Condado de Fresno, California.

No perdi mucho tiempo en ayudarles con muchos otros problemas, relacionados al anciano abandonado, y dejandoles informacion de las agencias apropiadas en ayudarles con sus problemas sociales, de salud y alimentos.

LOS PEREGRINOS

Marzo 1966.

Nosotros los del equipo Medicare habiamos atendido una reunion de negocio en la Corte de Fresno, Al terminar paramos frente a la corte porque venia un desfile de personas quienes marchaban por la calle Van Ness. Cienes de campesinos venian marchando, casi cayendose de cansancio. Con sombreros de paja, venian ya mugrosos, sudando, con paños rojos en la cabeza los cuales detenian el sudor de la frente. Portaban banderas rojas pintadas con aguilas negras.

Al frente del desfile venia un hombre sonriente, cargando una bandera grande con el imagen de Nuestra Señora, La Virgen de Guadalupe e imprentas grandes NFWA bajo de los cherubines

Aunque los peregrinos se veian ya agotados, venian cantando y riendose a la vez que gritaban -
"Viva la Huelga! Viva la Causa! Viva Cesar Chavez"

Reconoci algunos de los trabajadores a quienes habia asistido en el pasado con sus problemas laborales, sociales y de comunicacion

Que cosa estarian celebrando? No era el Cinco de Mayo, ni el Diez y Seis de Septiembre. Estos defiles suelen cargar una reina y muchas muchachas jovenes en carros alegoricos. No. Nada de alegorico se veia hoy. Solamente mucha gente obviamente fatigada marchando por la calle. Al ver esta pobre gente marchando, unos rengiando, pero felices, y con la cara al sol, senti un gran orgullo.

Es tipico del trabajador del campo. No le hace cuan duro trabaje, y no le hace cuan cansado y hambriado este, siempre encuentran motivo para reirse y cantar. "

Sea lo que Dios quiera" me dicen.   Y gritaban
"Viva la Virgen de Guadalupe! Amen!

LA UNION DE TRABAJADORES CAMPESINOS

El siguiente Domingo, en el periodico Fresno Bee, leí todo un articulo incluyendo varias paginas enteras con informes y relatos acerca de la marcha que se llevo acabo por la calle Van Ness.

Segun el reporte, los trabajadores del campo con su lider Cesar Chavez habian empezado dicha marcha la semana antes desde la ciudad de Deleno. Deleno esta unas setenta y cinco millas al sur de la ciudad de Fresno.

El grupo tenia intenciones de marchar hasta el capitolio del estado de California localizado en Sacramento unas tres cientas millas de distancia al norte de Deleno.

Estos Peregrinos hiban a registrar agravios con el gobernador acerca de el abuso y explotacion que sufria el trabajador campesino en el trabajo.

Los campesinos, una mezcla de Filipinos y Mexicanos habian formado un Comite Organizador - Asociacion Nacional de Trabajadores Campesinos, [NFWA] con el fin de ser reconocidos como un sindicato laboral. Si este era un Comite, era un Comite grandioso.

La meta era de seguir adelante sin violencia, pero estaban recibiendo mucha contra y resistencia de parte de los rancheros locales. Rancheros ofendidos por el asalto a su generosidad en ofrecerles trabajo. Los Rancheros se negaban en reconocer al Comite Organizador como Sindicato laboral legitimo.

Los miembros estaban empeñados en comprobar que si eran un sindicato, y hiban aprovechar la oportunidad en hechar todas las garras al sol incluyendo el mal trato, explotacion y abuso que vivia el trabajador campesino en manos no tanto de los rancheros pero tambien de sus lambiscones las vivoras contratistas, y los gusanos majordomos - hembras y hombres.

Mis pensamientos volvieron diez años atras a una cocina de campo, y volvi a ver unos tacos llenos de gusanos y la promesa que me habia hecho yo misma Volvi a revivir el mismo coraje y la misma nausea. Hoy era el Cuando. Faltaba saber el Como

EL TEATRO AZTECA

El articulo en el Fresno Bee nos informaba que los miembros del grupo iban a conducir una reunion en un teatro local - el Teatro Azteca. Alli se iba dar mas informes y explicaciones del porque era necesaria esta marcha.

Yo, en lo personal no necesitaba un martillazo en la cabeza para que me convencieran de nada. No hacia falta tratar de convencerme. Esa decision ya la habia hecho yo muchos años atras.

Hice un lado todos mis planes previos y atendi la reunion esa noche. Yo junto con miles de otros quienes gritaban, cantaban, otros hechando gritos de rebeldia y ajuas. Era una cosa abrumadora. Yo estaba encantada con todo este grito de union.

Quizas esta noche era decisiva, quizas iba yo a saber el Como hacerle para ayudarle a esta gente en ejercer sus derechos como seres humanos.

EL TEATRO CAMPESINO

Dentro del Teatro nos introducieron a ótro Teatro, el Teatro Campesino, bajo la direccion de Luis Valdez. Formado de actores quienes desempeñaban el papel del ranchero vestido de marrano, y los contratistas como enjambre de gusanos.

El papel desempeñado por este grupo nos daba a ver como estaban ligados los dos para exprimir al pobre trabajador su sangre, sudor y espalda. El grupo teatral nos enseñaba tan clarito las injusticias de estos empleadores que retumbaba el teatro con applausos, risa y silvidos.

CESAR CHAVEZ

Despues subio al foro un hombre apoyandose en un baston, subio despacito ya que venia todo ampollado de los pies.

Vestia igual que todo los otros marchadores, bajo de estatura, nada de traje, nada de corbata, nada de pretension. Le introducieron como Cesar Chavez, cabecilla de la NFWA. Cuando empezo hablar, no pretendio nada de machismo, nada de gritos, ni golpes en el podio, no levanto la voz,

Calladito, despacito nos dijo,

"Compañeros."

Todo mundo en el teatro cayo en silencio. Nadie queria perder una sola palabra de esta persona Cesar Chavez. Escuche las palabras de Cesar quien me decia,

"ya es tiempo de hacer cambios." Y todo mundo estabamos de acuerdo.

El jubilo, aplausos, y gritos histericos de union y compañerismo era muy contagioso..

Desde luego que esa noche hice la decision que yo hiba a seguir a este hombre hasta el fin del mundo, hasta que la muerte nos separe. Sentia la confianza que viene cuando uno tiene apoyo. Yo no era la unica guardando corajes y lagrimas de ira.

Toda esta gente y muchos mas estabamos en el mismo plano.

La Señorita Justicia estaba angustiada encadenada en una jaula, mientras un ranchero barrigon con un cigarro hecho de billetes de dolares, y mas dolares cayendose de las bolsas, estaba sentado en ella.

Esa noche salimos dispuestos a rescatar a la Señorita Justica y este Ranchero Hijo de Su--- tendria que mascar cigarros llenos de gusanos.

Salimos del teatro gritando - *"Vivan los Campesinos1"*

Salimos del teatro hechos CHAVISTAS DE HUESO COLORADO.

PROYECTO OPORTUNIDADES - MANO DE OBRA - MOP

[Manpower Opportunities Project.]

Una cosa que aprendi acerca de los programas de la Guerra Contra la Pobreza, era que estos proyectos eran solo probete y no banquete. Muy temporales. Cada programa recibia fondos federales los cuales abastecian al programa por solo un año. Se esperaba que cada programa terminara en ser auto-suficiente dentro de ese periodo, de no ser asi, los fondos se cancelaban porque el programa no habia cumplido con ser auto suficiente

Sin embargo, aquel programa que resultaba ser exitoso, tambien le quitaban los fondos despues del año. Anda tu a saber. La unica garantia era que dicho programa tenia una vida de doce meses hasta el repaso fiscal cada Julio del año

De manera es que el programa Medicare tambien llego a su muerte final. Quizas se les acabaron formularios que llenar y el gobierno ya no quizo imprentar mas, quizas ya no habia viejitos que ayudar, lo cierto es que ya no habia empleo.

El director Rincon, Dios lo haga un santo, me refirio a otro programa de la pobreza cual estaba por dar luz la Garza de los Pobres. Me informo que yo podia ser una de las madrinas si acaso estaba interesada. Pos cual madre con tres hijos que mantener, no esta interesada en otro año de empleo. Eso de estar una valiendose del Güero Feliz nunca ha sido una de mis opciones. [El Güero Feliz le nombraban al agencia de bienestar publica - Welfare.]

El Proyecto Manpower bajo el departamento de Labor, lo encabezaba Abeytia. Sentada frente al director escuchaba los informes acerca de la necesidad de educar a los Barrios, de instruir a La Raza en como solicitar un empleo, como llenar un formulario, como aprender a desempeñar un trabajo diferente que no fuese pizcando uvas.

La nueva generacion tenia que buscar empleo mas allegado a la linea central, trabajos de cuello blanco, de cuello azul, ya basta de cuellos verdes agricolas y aterrados.

Abeytia me empapaba con estadisticas de los niveles de pobreza, me sofocaba con porcentajes de los desempleados y bajo empleados. Ya me tenia con el cerebro en sobre dosis de informacion de Titulos y puestos gobernamentales. Quede encandilada con numerosos tomos de libros verdes gobernamentales, muchos los cuales llenaban las librerias en su oficina.

Despues de tanta ofuscacion, me dio el empleo. Seis cientos dolares por mes. Para mi esa era una cantidad magnifica.. Sali de la oficina de Abeytia, no tanto ofuscada pero andando en nubes.

Durante mi enseñanza me di cuenta de que todo mundo salia de la oficina de Abeytia en una nube de hipnotismo despues de escuchar sus largos rollos acerca de estadisticas, estatales, nacionales de ayer y hoy.

Antes de conocer a Abeytia, toda informacion relacionada a la pobreza era de primera mano, la vivia, la olia, la sentia, conocimiento personal mas toda mi familia, amistades y conocidos eramos pobres y mal nutridos. Habiamos un demonial de pobres y hora Abeytia me decia que todo este demonial de pobres teniamos el titulo estadistico de "Bajo el Nivel de Pobreza." Hombre, pero que inteligentes los gringos, por fin nos dieron titulo. Por fin abrieron los ojos que existia la pobreza en su propia yarda. Santos!

Como recien empleada del Proyecto ManPower recibi otro titulo, Organizadora de la Comunidad. Mi tarea era de coordinar los Condados de Fresno, Merced y Mariposa. Abeytia me mostro en el mapa, el area que me correspondia. Yo vi que eran unas cuantas pulgadas desde el Condado de Fresno hasta el Condado de Mariposa. "Que suave. Esto va ser un pedazo de pastel." Hasta que intente recorrer esas cuantas pulgadas.

Mi primer paso era de figurar de como diablos iba yo a coórdinar tres Condados. Hasta esta fecha el Condado de Mariposa queda sin tocarse. Permanese como un puntito en el mapa. Si llegue a comunicarme con varias organizaciones en el Condado de Madera. Aun me pierdo en Malaga.

En el pueblito de Cinco Puntas [Five Points] aprendi que las direcciones son visuales. Si acaso quieres ir para la derecha, "nomas dele pa'rriba", si la direccion es para la isquierda "pos dale pa'bajo" y "no hay pierde". Los marcos para encontrar cualquier lugar eran algo como - una vaca, un roble, la nopalera y asi por el estilo.

Para los locales de Cinco Puntas y barrios circunvecinos no habia pierde, pero yo siempre andaba perdida. Todavia no se donde se encuentra Firebaugh. Pero no se desespere que aun hay mas

CRESENCIO

Con esas pocas visitas a los barrios pronto empezo a llegar la comunidad a la oficina. Empezamos a llenar formularios de toda indole. Uno de mis clientes mas frecuentes era Cresencio. El Director Abeytia me dio instrucciones que le diera toda la ayuda que necesitara, con lo que fuese. Cresencio necesitaba mucha ayuda.

Cual fue mi gran alegría cuando supe que Cresencio era el Organizador Regional, representante de la Union de Campesinos - NFWA . Estaba encargado de la oficina local, la cual justo habian inaugurado en la calle G.

Joven de unos treinta años, Cresencio era de estatura mediana, pelo negro ondulado, su nariz chata la decoraba el bigote, ojos tristes, muy cortes, muy serio, pero de vez en cuando mostraba un sentido bromista de humor mas un character muy agradable. No fue ningun problema serle de servicio al Organizador de los Campesinos. Dijo que no hablaba el ingles, pero me di cuenta que si entendia mas de lo que daba entender. Fue asi como me convirtieron como Madrina de la oficina local de NFWA.

Diario traia Cresencio volantes informativos para que los traduciera al ingles. Estaban algo rusticos en forma con toneladas de informacion. No me quedaba otra que tratar de redactar la informacion sin quitarle nada. Todo era de mayor importancia. Cada frase era valiosa.

"Tenemos que reducir la cantidad de informes en un solo volante. Podemos cambiar el tema en diferentes volantes y nos enfocamos en un solo topico cada vez.."

"Pos si Ud tiene el tiempo de hacer tanto cambio." me decia

"Mira Cresencio, la gente no le gusta leér, no tienen tiempo de leér, y muchos de plano no saben leér. Tenemos que declarar mucho pero poco a poquito y hay que enfocarnos en los temas de mas importancia." Confiado de que quizas yo sabia de lo que estaba hablando, y con su ayuda haciamos los cambios para incluir los puntos sobre salientes en diferentes volantes en lugar de uno solo.

Cresencio necesitaba una mecanógrafa y desde luego termine con que me dieran voluntaria para escribir los volantes en la maquina de escribir. Aparte de los volantes me traia cartas que traduciera, escribiera y mandara a las diferentes agencias y miembros de la Union.

Poco despues empezaron a venir trabajadores miembros de la Union para declarar agravios y mal tratos en el trabajo. Daban su testimonio, yo lo escribia en español, lo traducia al ingles y despues en la maquina. Todos estos testimonios los llevaba Cresencio a la oficina central de la Union en Deleno

Al terminar mi tarea con MOP me iba ayudarle a Cresencio en la oficina de la Union, alli nomas estaba a la vuelta.. El numero de campesinos quienes venian a la oficina de diario aumentaba mas y mas. Despues del trabajo llegaban cansados y aterrados a registrar agravios contra el ranchero, los contratistas o el mayordomo, dar testimonio, pagar cuotas o para iniciarse como miembros.

No habia necesidad de salir a coordinar los Condados. Los Condados solitos estaban llegando a mi. Llenaba formularios de desempleo, para el Comisionado de Obreros, el departamento de bien estar, escribia cartas hasta casi la madrugada. La oficina de la Union siempre estaba llena de gente, trabajadores, voluntarios, patrocinadores

Cada mes le entregaba mis reportes mensuales a mi director Abeytia. Mucho de mi reporte indicaba que mi trabajo era en asistir al trabajador campesino con problemas relacionados tanto dentro de sus trabajos como sociales.

LA SECRE

Muy de mañana, Cresencio entró a la oficina de MOP con una sonrisa medio avergonzada y dandole duro al puro que siempre traía en la boca, un gesto de nerviosidad que acostumbraba, "Y ahora que?" pense. Pronto lo supe. Me dijo,

"Tengo programados varias juntas caseras atraves del Condado. Las juntas se llevaran acabo por las noches despues que los trabajadores salgan de sus trabajos. Deleno quiere que se tomen notas de cada junta."

'Deleno' era el término que usaba Cresencio cuando se referia al oficina central de La Union [NFWA]. Siempre que queria darle uno poquito mas enfasis autoritativo al pedido, empezaba sus frases con lo de 'Deleno'. De esta manera la informacion era mas oficial y no personal. Siguio su relato, "Los trabajadores no saben tomar notas, y otra cosa es que prefiero que escuchen la informacion que tengo que decirles," Me miro medio triston, con ojos tristes que me decian volumenes,

"Si gustas yo puedo ir contigo para tomar las notas de la junta," le dije sin que me preguntara,

"Si nos pudiera hacer ese favor, estaremos muy agradecidos. Y asi Ud no tiene que traducir notas de otra persona." Dio un respiro profundo y se fue satisfecho de haber conseguido una secretaria para las juntas..

Cresencio no sabia que yo en lo personal estaba comprometida de corazon y alma a esta lucha. Por tal de que los Campesinos lograran su meta, yo estaba dispuesta en tomar notas hasta la madrugada. Por lo visto parece que asi estaba sucediendo. Mas y mas de mi tiempo estaba en la oficina de NFWA. Un dia el Director Abeytia me llamó a su Iner Sanctum.

Ya me latia que me hiba a recordar que mi tarea era de organizar en la comunidad por los dias y no en juntas caseras por las noches..

En mis reportes que entregaba cada mes, yo anotaba todos mis contactos y referencias cuales habia hecho a las distintas agencias. Mis contactos con Cresencio me permitia conocer a los trabajadores y a la vez informarles de los servicios que ofrecia MOP a la comunidad. De esta manera estaba matando dos pajaros con una sola piedra. Cresencio programaba las juntas, y durante las quebradas yo aprovechaba para compartir mi charla de informes.

En este día, sentada, muy sumisa, frente al Director, esperaba la regañada,

"Te voy a cambiar de asignación," me dijo. "Quiero que empiezes a trabajar con Cresencio tiempo completo. Parece que mas del tiempo estas coórdinando en la oficina de NFWA , y podemos utilizar eso en un puesto satélite." Hice un esfuerzo de no manifestar el gusto, "Ay, muchas Gracias, haber si ahora puedo irme a dormir mas temprano." Palabras famosas de sueños angelicales.

Cresencio estaba lleno de sonrisas cuando le dije que de hoy en adelante podia ayudarle tiempo completo en NFWA. Tenia yo una breve sospecha que el mismo habia negociado con Abeytia para permitir que hiciera dicho cambio.

Abeytia, igual que yo, tambien tenia sus razones personales porque queria que dedicaramos todo el tiempo posible ayudando al Campesino.. Con mi nueva tarea, el trabajo era el mismo, el unico cambio fue el sitio.

Aparte de escribir numerosos testimonios, cartas y notas de reuniones tambien ayudaba a Cresencio hacer contacto con recien organizaciones al servicio de la comunidad. Ellos coóperaban donando cajas de papel para hacer los volantes informativos. Tambien donaban utilidades como, escritorios, y sillas, para el uso en la oficina.

La copiadora del momento era la pre Xerox - La Maquina Mimeógrafa, aparato que hacia copias con un ruido que despertaba muertos. Cuando me comunicaba con las agencias, solicitando ayuda para el Campesino, tambien tomaba la oportunidad de darles mi version de MOP. Nadie se me escapaba Mi turno de dia continuaba hasta muy noche con eso de escuchar los siempre vivos problemas sociales, declaraciones, llenar formularios, agravios, ayudandoles a los miembros como llenar sus tarjetas de membrecia, iqual que tarjetas de autorizacion, mas archivando todo.

El proposito de las Tarjetas de Autorización eran para que el trabajador le diera autorizacion a La Union que les representara en dado rancho.

No tardaron, los miembros en ponerme apodo, La Secre, o Mi Secre.

EL BUS

"Tenemos que pasar volantes en los camiones laborales antes de que salgan al trabajo en la mañana," me decia Cresencio muy disimuladamente. Serian ya las once de la noche y estaba yo terminando una carta,

"Ok.. Vayan con Dios!" le dije

"Nosotros, somos Ud y yo," me dijo con la vista fija en un volante que traia en la mano. "No hay problema. A que hora salen los buses?"

"A las cuatro de la mañana," me dice poniendo una cara de inocente, mirando fuera de la ventana. Abri los ojos y la boca al mismo tiempo. La noche antes me habia ido a mi casa a las dos de la mañana. A esta hora ya estaba medio dormida y esta criatura esperaba pasar volantes, Al amanecer.!

Cresencio era el rey de los trabajolicos . Yo tambien no me quedo atras con obsesion de estar siempre ocupada, pero de vez en cuando si me gusta acostarme a dormir.

Pero Cresencio siempre estaba en la oficina cuando yo llegaba de mañana, Cuando me iba de noche, el seguia todavia. Durante el dia mientras yo me ocupaba con lo de papeles, copias y telefonemas, el andaba visitando oficinas, juntas, recaudando fondos y hablando con trabajadores donde los encontraba. Era incansable! Tomando esto en cuenta y no queria yo que me considerara tan fragil, no le di la satisfaccion de pegar el grito,

"Que dices! Las cuatro de la mañana!" Nos preparamos para pasar volantes informativos en el camion y hablar con los trabajadores.

Loa camiones de obreros de costumbre se estacionaban frente al Trocadero, un restaurante Chino el cual se permanecia abierto de dia y noche por las calles Tulare y F.

Varios negocios mantenian esta interseccion muy ocupada toda la noche, junto con los policias, los desamparados, los hombres negociantes de drogas callejeras, los apostadores, las señoras comerciantes de noche, todos solicitando clientela.

El area se conocia como Chinatown, pueblo de Chinos, pero los unicos Chinos eran los dueños de los restaurantes y tiendas, El Trocadero, Winnie's Place, El Happy Café. Servian como lugares de citas para llevar acabo los tratos arriba y de bajo de la mesa, toda la noche.

Esa mañana, aun no salia el sol, visitamos los camiones de obreros. Muchos de los trabajadores ya estaban sentados esperando la salida. El chofer agarraba el camino en cuanto se llenaba el camion. No habia tiempo fijo de salida. Los que llegaban, llegaban y los que se quedaban dormidos, se quedaban atras.

Hablamos con los trabajadores acerca de la necesidad que habia de organizerse y formar una Union de Campesinos. Todos firmaban las tarjetas de autorización.

No habia necesidad de poner presion. Los mismos trabajadores andaban corriendo la voz acerca de La Union en campaña. La unica persona que podia describir las condiciones en el trabajo, y quien sufria las indignidades e humillaciones era el/ella. Ya estaban convencidos. No habia necesidad de darles un martillazo para que comprendieran. Los martillazos ya los habian recibido en manos de los patrones, majordomos y contratistas.

En cuanto se llenaba el camion, se arrancaba, y ya no podiamos seguir firmando tarjetas. Aquellos que no alcanzabamos, les dabamos la direccion de la oficina Nunca llegaban solos, siempre traian otros trabajadores interesados en unirse a la lucha.

La oficina de NFWA nunca estaba sola. Los trabajadores nos traian burritos, tacos y toda clase de fruta diseñada en servir el doble proposito de nutrir sin tener que dejar lo que estaba pendiente. Seguiamos trabajando y comiendo sin parar. Porque no habia tiempo para comer. No habia lugar para tiempo social. Olvidate de bailes y fiestas.

RECLUTAMIENTO

Mi siguiente viaje fue visitar a las huertas. Cresencio y yo nos hibamos a medio dia para hablar con los trabajadores durante la hora de comer. Nos sentabamos de bajo de los arboles con ellos. Los trabajadores no componian ningun desafio para los rancheros, los majordomos o los contratistas, en esos dias. Cuando llegabamos a visitar a los trabajadores nadie nos molestaba, ni se oponia. Tanto Cresencio como yo vestiamos igual que los otros trabajadores. Pareciamos otros dos trabajadores aprovechando la hora del lonche.

Les hablamos de los beneficios que ofrecia el estar unidos y permitir que La Union hablara por ellos. Firmaban las tarjetas de autorizacion o de una buena vez se iniciaban como miembros de La Union. Habia veces que toda la cuadrilla firmaba las tarjetas. En dado caso que no nos alcanzaba el tiempo, los que restaban, iban a la oficina cuando salian de su trabajo. Nadie queria quedarse afuera. Los tiempos estaban como agua para chocolate.

Asi la llevabamos, el camion por la mañana, las huertas a medio dia, campos y reuniones caseras por la noche, volviamos a la oficina para documentar la cantidad de tarjetas firmadas, cuotas pagadas, y darle servicio al que nos estaba esperando.

Una noche, ya tarde, yo trataba de escribir en la maquina. Repetidas veces hacia el mismo error y tenia que empezar de Nuevo. Yo tengo la capacidad de escribir 75 errores por minuto y esa noche lo estaba comprobando. Teniamos una maquina vieja que nos habia donado algun alma generosa. La maquina de escribir era muy despaciosa, como la burrita daba un paso pa' delante y otro para 'tras, pero todavia escribia mas o menos normal. No era de electricidad pero era mi peor-es-nada y evitaba tener que hacer todos esos documentos a mano.

Cresencio notaba que ya estaba muy inquieta, estirandome y tallandome el cuello, pero se hacia el desentendido e ignoraba mi languaje corporal. El sabia que el solo mencionar que me fuera, a dormir yo iba a salir por la puerta antes de que terminará la frase. Por fin le dije con un suspiro profundo,

"Cuando ganémos esta lucha, lo primero que quiero ver en el contrato es que todas las secretarias tengan el derecho de tomar quebrada cada dos horas y el derecho de irse a dormir cada tercer semana antes de que se caigan dormidas encima de la maquina de escribir."

"Que me quiere Ud decir con eso? Que esta cansada? Que tiene sueño? Ud se puede ir a la hora que guste, yo solo esperaba que Ud diga cuando se quiere ir. Pero parece que nunca se le acaba el gas." me dijo

" No es gas, le llaman Adrenalina, y la unica manera de llenar el tanque es con una noche entera de dormir, y con esa pasa muy Buenas Noches." y sali antes de que se acordara de otra cosa que habia que hacer.

Cresencio tenia su familia, su esposa Maria y cuatro hijos. Yo tambien tenia tres hijos quienes ansiaban verme en casa, pero ambas familias estaban iqualmente abandonadas. Cuando yo llegaba a mi casa, caia como piedra en la cama, en el sofa, en el suelo. Nadie podia acusarme de ser una buena madre. Mis hijos les daba gusto de que estubiera presente, inconciente, agotada en los brazos de Morfeo, pero presente.

Cada noche se presentaba un anuncio publico por television preguntando,

"Sabes donde estan tus hijos?" Mis hijos en turno respondian,

"Sabes donde esta tu mamá?"

Yo me consolaba que mis nietos lo comprenderian todo en el futuro.

Antes de trabajar en Los Proyectos, yo trabajaba como enfermera asistente en el hospital local. Le mencione a Cresencio que tenia experencia como enfermera. Un dia llego, lleno de sonrisas portando un aparato de medir la presion de sangre, y me dice,

"No quiero que le salga mojo como enfermera, hagame el favor de medir mi presion"

Le hice el chequeo. Su presion estaba mucho mas alto de lo normal. Esto no me sorprendio, porque era una persona muy tensa en sus tareas, muy enfocado, muy determinado, aparentemente incansable. Cuando le dije que su presion estaba muy alta, me confeso,

"Es porque tengo Diabetes y problemas de circulación, Tambien ay veces que me falla la vision."

Despues de eso el chequeo de presion sanguinea era de rutina. El hecho de que estaba enterado de sus deficiencies de salud, su manera de vivir no cambio en lo minimo.

Como ya me habia dado el puesto de enfermera voluntaria, le dije,

"No deberias pasar tanto tiempo sin comer. Debes comer regular-mente, el azucar y el insulina dependen de una dieta adecuada." Como si estubiera hablando con la maquina de escribir con mis enseñanzas al paciente, y como cualquier paciente normal no me hizo caso. Le entro por una oreja y le salio por la otra.

DOLORES - Vice
Presidente DE NFWA

Cresencio nunca saludaba con unos 'Buenos dias'. Siempre abria la conversacion con algo que hacer.

"Hoy tenemos que ir para Deleno. Tenemos una junta con Dolores." fue el saludo de esta mañana. " Pero ay una cosa, mi carro trae un ruidito y no creo que podamos llegar hasta Deleno." Información que no me sorprendio en lo minimo. Tenia un auto que ya estaba en estado de inconciencia, y era un milagro que aun caminaba.

"Podemos usar mi carro," le dije. Yo ya sabia porque me habia dado la informacion anterior, para que esperar que me dijiera.

En esos años yo tenia un carrito azul verde Ford Thunderbird 1955. Era un pedazo de carro, pero tenia su historia. A los hombres les gustaba discutir que dicho modelo era un 'clasico' y un aparato para colectores de autos. Yo solo sabia que estaba pequeñito y apenas tamañito para mi. Mi carrito se veía regularmente en las juntas caseras, los campos de obreros, las huertas y ahora iba ir hasta Deleno. Los miembros ya le habian puesto el apodo de "El Huelga Bird".

Llegamos a Deleno a reunirnos con Dolores. En Deleno se encontraban las oficinas centrales de el Comite Organizador el cual llamabamos "La Union"

Dolores habia trabajado como maestra , y ahora tenia el puesto de Vice Presidente de la Union. Tambien habia estado involucrada con el Comite Organizador de Trabajadores Agricolas [AWOC] antes de unirse con Chavez como co-fundadora de la Union

Chaparrita, de algunos treinta años, con su cabello Negro largo, el cual le colgaba por la espalda, algo nerviosa de caracter, con una voz estacada, pero muy amistosa. Pense que toda el equipo de Chavez hablaban sin tension, con voz baja. Tal vez esto significaba la 'sin violencia'.

"Vamos a sentarnos afuera en la yarda alli está mas calientito que aqui adentro de esta casa." sugerio Dolores. Ya que ella habia llamado la junta, le seguimos hasta afuera, llevando cada uno la silla.

La casa fria, la casa rosa a la cual se referia, era el Cuartel General de la Union.. En verdad era color de rosa, una casa residencial pequeña de dos recamaras. Parecia como cualquier otra casa de residentes trabajadores campesinos. Nada de pretencion, solamente una casita color de rosa con cuartos cuadrados.

Dolores nos empezo a dar las ultimas noticias al dia, y de que deberiamos hacer en seguida. Yo, como de costumbre, tomaba notas. Durante la conversacion salio una de las Voluntarias de la Casa Rosa. Nos saludó, Dolores la introducio como 'Pegi'.

Pegi era una joven delgada de algunos veinte años. Tenia una carita rosa del color de la casa. Pegi iba dirigida a la casa que estaba en seguida de la Casa Rosa. Esta la separaba una cerca de madera, y tambien servia como residencia para muchos de los Voluntarios de La Union.

Los Voluntarios les gustaba pasar por la cerca donde le faltaban unos palos y servia de puerta. Asi no tenian que dar vuelta por el frente de las casas. Pegi se le hizo facil pasar por la cerca, para seguir a donde iba. Se agacho para pasar por la puerta inventada de la cerca. Al momento que se agachó la joven, oímos el sonido tan bien conocido de tela que se rompe, Los pantalones de Pegi se habian rompido de par en par en las sentaderas.. El color de la carrita se le cambio de rosa a un rojo vivo.

Dolores pegó el grito y solto la risada mientras se daba golpes en las rodillas. Yo voltie a ver a Cresencio. La cara tambien la tenia tan roja como la de Pegi. Estaba tratando de no soltar la risa igual que Dolores. La cortesia lo demandaba, no podia ser menos.

Yo tampoco no quise avergonzar a la pobre Pegi mas de la cuenta, y solo le sonreí dandole gracias a Dios que no era yo en los pantalones de Pegi.

Dolores siguio con sus rizadas a grito abierto, y le dijo, " Has de haber sacado esos pantalones de La Casa Rosada Macys . Pegi le dijo "Tienes razon, en verdad de alli son estos pantalones.". Todavia con su cara color de granada, siguio su destinación, pero andando en reversa.

Por fin nos unimos con Dolores en su alegria y soltamos la risa Cresencio y yo.

Dolores nos explicó que La Casa Rosada Macys , era el nombre que le habian puesto a una pila de ropa vieja que habian donado a los miembros. Esta pila de ropa vieja estaba dentro de uno de los cuartos en La Casa Rosa.

Cuando Los Voluntarios querian ir de compras, solo tenian que visitar La Pila en Macy y pescar cualquier garra que les quedara o casi les quedara. De esta manera no habia necesidad de lavar o planchar ropa. No habia tiempo para esas tareas.

Los Voluntarios estaban recibiendo "Enseñanza de la Pobreza en sus tareas cotidianas".

LOS VOLUNTARIOS

Muchos de los Voluntarios eran estudiantes ansiosos de cambiar el Establecimiento. Nombre que le daban al Estatus Quo. Chavez aprovechó de esta energia juvenil con buen ventaja. Reclutó a los estudiantes para que ayudaran con la carga abrumadora que de diario aumentaba en esta batalla. La mayoria de los jovenes eran de raza blanca, criados en familias afluyentes, unos ricos, unos mas ricos que otros. Pero a ellos les gustaba vestir como Charli Chaplin.

Los miembros de La Union quienes trabajaban de sol a sol para poder comprar un buen par de pantalones para ir a Misa, aceptaban a los recien reclutas mal vestidos, con algo de sospecha. Muchos dudaban de la necesidad de tener tanto gringuito de por medio, y dudaban que estos niños sabian la diferencia de una huerta a una viñata. Pero Cesar siempre fue un visionario y permanecio firme. Los Voluntarios siguieron ayudando La Causa.

Estos jovenes busca-desafios desarrollaron, no tanto el muslo si no tambien el cerebro. Aparentemente deseaban y necesitaban hacer algo menos osioso que seguir apapachados por sus padres afluyentes. La lucha del campesino les ofrecia algo mas constructivo que hacer. El primer desafio era de pasar la 'prueba de acido' ganarse la confianza de los miembros de La Union. Nada facil.

Ya dandose cuenta de los problemas, conflictos, sufrimientos y mal trato que recibian los trabajadores, escuchaban las burlas y humillaciones de los rancheros y sus achichincles dirigiendose a la gente, ellos mismos fueron testigos de las condiciones, el trabajo arduo, la carga, las horas y todo del porque habia provocado a los trabajadores que se rebelaran. Los Voluntarios pronto se hicieron tan parte de La Causa como aquellos por quien abogaban.

Asi como los Miembros, tambien los Voluntarios se les esperaba que observaran las mismas horas, algo como desde las cinco de la mañana o mas temprano, hasta aquellitas despues de la media noche..

Muchos de ellos hablaban el Español mucho mejor que los Chicanos locales. Solo con esto se ganaron la confianza de los Miembros. El pago que recibian de cinco dolares por semana lo aceptaron como parte del sacrificio y su introduccion a la Villa de la Pobreza.

Hasta parecia que les gustaba ir de compras a la Macys en la Casa Rosa y comer de cualquier antojito que les ofrecian las Campesinas. Se enseñaron en apreciar los tacos, el menudo y en depender de los frijoles de olla para seguir adelante con la presion del dia.

Recibieron titulos 'Mitoteros, Comunistas, Agitadores fuereños, Corazones sangrientos , pero les quedaba el titulo y con orgullo lo aceptaban.

Los Voluntarios fueron y siguen siendo el marco de La Union.

LAS CAMPESINAS

Una vez por semana las juntas se conducian en la oficina local durante las noches cuando no habia junta en alguna casa o en algun campo de obreros. Siempre se llenaba de miembros durante estas juntas. No cabian los participantes. Los miembros estaban ansiosos de saber cada recien resultado. Llegaban tensos y orgullosos de que la campaña iba como llamaradas sin parar.

Cresencio les informaba de los ultimos sucesos, cuantos cienes se habian firmado esa semana, cuantos casos se habian ganado, cuantos viajes al Comisionado de Obreros y que tenia de nuevo Deleno

Los hombres nunca traian a sus esposas a las juntas. Aquellas que venian con ellos se quedaban afuera en el carro. Al principio estaba conforme que yo era la unica mujer en la junta entre tanto macho. Me trataban con respeto, no eran groseros y se mantenian corteses en mi presencia, cosa que se le dificulta a un campesino.

No dure mucho en extrañar la presencia de las esposas de los miembros. Al hacer las cuentas de cuotas pagadas, me fije que muchas de estas cuotas las estaban pagando mujeres trabajadoras. Bueno y donde estaban estas socias? Porque no atendian a estas juntas? Estaban pagando cuotas, tenian tanto derecho de atender que sus esposos. Los cambios que se estaban desarrollando, el provenir de sus hijos, la familia, la comunidad, hacia necesario su presencia. Esta Union no era un Club de Machos donde solo los hombres ofrecian su opinion.

Las mujeres campesinas trabajaban lo doble de sus maridos. El dia para ellas empieza mucho antes que para el. Se esperaba que ella se levante a preparar el desayuno, los lonches para ese dia, preparar a los niños para la escuela o la niñera, o tambien para que ayuden en el campo, y prepararse ella misma para acompañarlos en el campo. Ella tambien tenia que limpiar, desaijar, podar, sembrar, amarrar, escarbar y piscar las frutas

La familia acostumbra a salir horas antes de empezar el trabajo. Tenian que viajar muchas millas hasta llegar al sitio del trabajo. Las mujeres laboran junto con el marido todo el dia y se esperaba que ella cumpliera con la misma carga laboral.

Se esperaba que ella cargara cajas o bolsas llenas del producto cosechado, tenia que subir escaleras en las piscas y poda de los arboles, amarrar viñas. Trabajaba en anclas, agachada, doblada, andaba, arrastraba, subia, bajaba y cargaba junto con su pareja, atras de el o adelante de todos ellos.
Y estaba pagando cuotas igual que ellos

"Entonces dime, porque no asiste a las juntas?" Protestaba yo inutilmente a Cresencio, "Ella es miembro igual que los hombres. Ella paga sus cuotas. Su opinion es igual de importante como la de su esposo."

En la siguiente junta Cresencio presento el tema de traer a las esposas a las reuniones. Los hombres levantaron el grito al cielo."
"NO! NO! NO!, que los niños, que el quehacer de la casa, que las preparaciones de la escuela, y que La Novela." Estas eran unas de las exclamaciones baroniles.
Cresencio trato de dar unas buenas razones del porque era importante la presencia de la mujer, tambien fue inutil el intento.

JESSIE

Estaba yo preparando recivos para el grupo de Parlier, y me dice Cresencio,

" Sabe Ud que tenemos casi el cien porciento de membrecia en La Colonia? Y otra cosa es que La Señora de la Cruz es la responsable de haber reclutado a todos esos miembros, ella solita." Se me subieron las orejas como a un burro espantado, y le pregunte,

"Quien es la Sra de la Cruz? Como es que yo no la conozco si es organizadora? Y porque no viene a las juntas?"

"Bueno es que ella no es organizadora," me corrigio, " y ay veces que viene con su esposo pero se queda afuera en el carro."

Sombras de la Dama Justicia!!!

"Me quieres decir que ella firmó casi el 100% de los miembros en su Barrio, y no es organizadora! Cual otro organizador activo puede dar ese reporte? Ninguno de ellos puede decir lo mismo. Cual es tu idea de lo que es un organizador? Y porque esta la Sra afuera en el carro cuando su deber es aqui adentro con todos los otros organizadores. Ella tambien debe dar reportes de su area"

Cresencio no era una persona que le gustaba discutir con la razon, de menos cuando dicha razon le estaba hablando en voz alta y exagerada. El habló con el Sr de la Cruz que "seria bueno que su esposa atendiera las reuniones"

Puede ser que tanto Cresencio como los otros miembros estaban de acuerdo con mi opinion, tu pagas cuotas, tu tienes derechos, pero culturalmente eso de traer a la esposa a un actividad dominada de machos era equivalente a estar ligado a las faldas de la mujer. Ninguno de ellos querian ser el primero en quebrar con la tradicion y acuerdo machista que el lugar de La Campesina es en el hogar. Aunque todo el dia en el fil.

El Sr de la Cruz rompio la penca de hielo machista y su esposa Jessie empezo a venir a las juntas.

Jessie no es persona de voz pesada, ni de esas que dan golpes en la mesa cuando hablan. Cuando ella se levantaba a dar su reporte, se rascaba la cabeza y nos decia,

"Ayudenme, necesito que me den animo," Todos le aplaudiamos y eso era todo lo que necesitaba de animo. Ella era persona que habia hecho esto y habia estado alli y aca. Ninguno de los miembros o rancheros podian subajarla. Ella los callaba y se valia de su experiencia, sufrimientos y luchas como Madre y Esposa Campesina. Ella proveia historia de experiencias que no se encuentran en el Almanaque Ranchero.

Quien se atreve a discutir con la verdad.

Pronto juntamos cabezas Jessie y yo de como convencer a las otras mujeres que asistieran las juntas. Los hombres no les gusto el plan, pero poco a poco empezaron a traer a la esposa. La asistencia feminina aumentó. Empezaron las protestas de aquellas quienes se quedaban en la casa durante la juntas,

"No sera una Union de Ombligos?" se quejo una ya celosa de quedarse atras. No le quedo otra al marido que traerla a las reuniones.

Los miembros establecieron sus reglas. La junta tenia que terminarse a las 8:30 en punto. Los hombres estaban de acuerdo. Le pregunte a Cresencio, "Porque insisten en clausurar la junta e irse a esa hora?" Me contesto,

"Es que La Novela empieza a las 9."

"Que Novela? De que estas hablando?

"Pos de cual planeta cayo Ud?" me fijo la vista con sospecha, "La Novela esta en television todas las noches. Se llama 'Simplemente Maria'. Todo mundo la ve. Que Ud no?"

No le conteste. La vida que yo tenia ACC [antes de Cesar Chavez] estaba abandonada en el ropero junto con mis vestidos de baile y mis zapatos de tacones alto.

EL PATRONCITO

Abeytia continuaba aumentando mi conocimiento en educacion social. Yo tenia mi propia razon subjectiva privada de porque el asistir a la Union de Campesinos era significante para mi. Todo eso de sueldos y condiciones no era nada nuevo para mi.

Sin embargo Abeytia me daba su propia razon objetiva de porque los campesinos necesitaban nuestro apoyo y me facinaba con la historia de quien realmente es dueño del Estado de California. Las estadisticas eran abrumadoras. El me daba los nombres de un sin fin de libros para leér, los cuales sacaba yo de la extensa libreria llena de tomos verdes gobernamentales . Con el poco tiempo que tenia, me sentaba a leerlos.

Me daba nombres de activistas tal como **Reis Tijerina y Corky Gonzales,** autores como el conocido **Ernesto Galarza, George Ballis, Rachel Carson, Carey McWilliams** y los libros que estos autores habian escrito. Estos libros tambien los encontraba junto con los tomos verdes.

Despues de leér todo este material sugerido, me di cuenta que la compañia del ferrocarril Southern Pacific era un hacendado ausente que tambien tenia tratos en el agricultura. Como terrateniente era conocido como uno de los 20 hacendados mayores en California y dueño de 2,411,000 acres [mas de dos millones de acres] en el cinco porciento de tierras privadas.

El ferrocarril se consideraba como el dueño mas grande privado de arboles con 475,000 acres. Estas tierras se ariendaban a intereses de aceite y gasolina. La tierra tambien se arendaba a agricultores, y ganaderos de borregas y vacas para pasto. Mas de las tierras estaban concentradas en San Bernardino, el condado mas grande en California
El Condado de Sierra tenia 25,852 acres, casi el 24%
El Condado de Nevada tenia 59,958 acres, mas del 13% Southern Pacific con todas sus riquezas recibia un subsidio del gobierno, o sea beneficiencia publica para los ricos.

AGUA LE PIDO A MI DIOS - Y AL GOBIERNO

De diario conocia a diferentes personas quienes trabajaban con algun proyecto del gobierno relacionado a lo que andabamos haciendo informando a la comunidad acerca de los recien programas de enseñanza para empleo fuera del agricultura.

George, era el Director de Estudios, y como Abeytia tambien era una bodega de informacion. Mas de ser un escritor tambien era fotógrafo independiente. El se habia interesado en el movimiento de los campesinos desde el año 1953. Uno de sus libros mas populares es YA BASTA, fotografias que muestran las condiciones míseras de trabajo y viviendas de los campesinos

George tambien me inundaba con su proyecto favorito, El Acta de Reclamacion, agua, agua y mas agua. Supe que el Acta de Reclamacion fue redactada durante el administracion de Teddy Roosevelt a principios del siglo en 1902.

El intento del Acta era de permitir al ranchero o cualquier individual que usara agua en 160 acres, usando fondos federales. El agua se iba financiar por el gobierno, o sea otra beneficiencia publica. Cualquier terreno en exceso de 160 acres no calificaba para dicho hueso federal.

Como de costumbre los rancheros avaros supieron sacarle vuelta a este limite de acres y donativa de agua. Aquellos con mas de 160 acres nombraban a otro familiar como dueño de el exceso de terreno. De esta manera aumentaba la cantidad de agua que iban a recibir gratis para sus propositos de irrigacion..

El gobierno, sin embargo les habia puesto otro limite, dicha agua gratuita estaria en vigor solo diez años. Despues de los diez años el ranchero tenia que dejar el biberron de agua federal y empezar a tomar agua de un vaso, o sea que habia que pagar por toda el agua que se usara para regar. Solo que al fin de los diez años muchos de ellos ya tenian mucho mas terreno que al principio y dejar el biberron no les era muy facil.

Mientras tanto los rancheros pequeños en los ranchitos familiares rapido se estaban extinquiendo. Todos estos terratenientes de tierras en gran escala eran mucha competencia para que el ranchero pequeño pudiera seguir aflote.

Para el año 1959, nuestro Estado Dorado, se vanagloriaba de ser dueño de mas de treinta y seis millones de acres en tierras agriculturales.

Entre los años 1950 hasta 1960, habia el quince porciento [15%] menos rancheros. Las granjas corporativas habian aumentado el cuarenta y ocho porciento [48%]

Para el año 1965 cuando los Campesinos se levantaron en huelga, con ansias de formar una Union, los téntaculos del agrinegocio ya habian estrangulado al ranchero familiar pequeño.

Ya no tenia salvación.

TODOS AL FRENTE !

Serian aquello de las tres de la tarde, Cresencio entro a la oficina arrastrando los pies, como de costumbre, dandole duro al puro en la boca y echando vapor por la naríz y dice,

"Acaba de llamar Padilla de Deleno. Quieren que juntémos unos quinientos- 500 - miembros para las siete.. Tenemos que hacerle linea de piquete al ferrocarril Southern Pacific esta misma noche."

" ¿ Como que 500! ¿Esta misma noche? Todos estan trabajando a esta hora. Muchos miembros no tienen teléfonos," Yo presentaba muchos obstaculos pero no presentaba ninguna solucion,. Cresencio no conocia obstaculos.

" Llame a la Sra de la Cruz, de menos podemos contar con los miembros de Parlier," me contesto dandole vueltas al puro.

Pronto llame a Jessie, y a otros tantos mas directores, coórdinadores, amas de casa, y todos los que se encontraban en la lista con teléfono y les daba la directiva, llamen a todos los que puedan acompañarnos.

Hice una llamada al Padre Lopez, el Párroco de la Iglesia de San Alfonso. El Padre Lopez atendia a nuestras reuniones y nos daba la bendicion antes de cada junta. El me habia dicho que la 'lucha del campesino' era su apostolado. Cuando le informe de la linea de protesta que se estaba programando esta noche, me dijo que no estaba muy seguro si lo de andar haciendo lineas de protesta eran parte del apostolado, pero se hiba informar con su autoridad.

Cresencio siguio resongando acerca de estas directivas y presiones de ultimo minuto, pero no dejo de hacer sus propias llamadas, viajes a diferentes sitios, ranchos y campos cercanos.

Poco despues de las cinco esa tarde las tropas empezaron a llegar, y llegaron mas y todavia mas. La calle G en Fresno se llenó de campesinos. Para las seis de la tarde habia mucho mas de 500 almas en la calle frente a la oficina de NFWA..

Vinieron desde las areas de Cinco Puntas, [Five Points] Corrales [Caruthers], Fowler, Selma, Quince Burros [Kingsburg] de las Cuevas, Orange Cove y Lemon Cove, Madera y no se diga desde Parrlia [Parlier]. Los miembros de Deleno y Tulare llegaron en caravanas de carros y vans.

Todo mundo nos apilamos como pudimos en distintos carros, camionetas y vans. Y nos fuimos en desfile hasta los sitios de el ferrocarril Southern Pacific. Segun nos contaron se habian presentado mas de mil personas esa noche. El Padre Lopez aparecio vestido como cualquier otro, ocultandose el cuello con un sweter. Como quiera El Padre no podia ocultar esa sonrisa tan encantadora que tiene. De pronto lo conocimos.

El periodico, Fresno Bee se presento, tomando fotos de la multitud, y haciendo preguntas del porque de la manifestación

Otro dia la cara sonriente del Padre Lopez era la unica que vimos en la primer pagina del periodico. Alguna escusa religiosa le debe haber presentado El Padrecito a su superior El entonces Monsiñor Mahoney, por andar de mitotero.

COMITE ORGANIZADOR
DE TRABAJADORES
CAMPESINOS - UFWOC

Desde esa noche cuando nos amontonamos contra Southern Pacific, las lineas de protesta, **el piket lain,** fueron cosa de rutina.

La Federacion Americana de Obreros - Congreso de Organizaciones Internacionales, la cual abreviaron, misericordiosamente con el apodo de AFL-CIO, acordaron en ser los padrinos de los campesinos y asistir con fondos necesarios para cualquier proposito en los esfuerzos de seguir organizando a los trabajadores del campo

NFWA cambio el nombre a Comite Organizador de Trabajadores Campesinos **UFWOC.**

Los miembros pronto se dieron cuenta que los rancheros no tenian ningunas intenciones de aceptar La Union.. " Un Comite Organizador no es ninguna Union" pegaron el grito los Patroncitos, y "no estamos obligados en sentarnos con un comite organizador y discutir temas laborales con ellos."

Marzo 1967, Cresencio les informó a los miembros en la junta semanal, que el Cuartel General habia programado una marcha, la cual se llevario acabo en Deleno. Dizque la Union habia comprado cuarenta [40] acres en un area rural de la ciudad.

Los Rancheros, tenian su medio de comunicacion, y siempre trataban de pintar a Cesar Chavez como un comunista que solo andaba alborotando a la gente del campo para sus propias ganancias. Segun el recien Chisme Al Dia, Chavez habia usado todo el dinero de las cuotas de los miembros y se habia comprado una finca de 40 acres. Nos doblabamos de la riza con las puntadas del Patroncito."A que mi Patroncito, pero como creé ud."

La verdad era que Cesar Chavez estaba en una Lista Negra en Deleno. Nadie le queria vender nada. Mucho menos propiedad. Un simpatizador de la Union hizo la compra de los 40 Acres y se la pasó a La Union como donativa.

De Nuevo pusimos los teléfonos a mandar el mensaje de que hibamos ir de viaje hasta Deleno a marchar. Y de Nuevo miles de personas, jovenes, mayores, campesinos y gente que nunca habia trabajado en el campo, estudiantes, miembros con tarjetas amarillas y aquellos sin tarjetas amarillas, todos nos fuimos a marchar por la Causa.

El proposito de Los Cuarenta Acres, era de ofrecerles futuros programas sociales a los miembros. Eso de marchar las millas, ya no era novedad. Los miembros ahora lo aceptaban como un medio para conocer a otros compañeros en la lucha, hacer cambio de opiniones, y dejar esas piscas quiebra-espaldas por un rato de respiro. Es mas el hecho de marchar tenia dos propositos - perder de peso e informarse uno "que diablos estara tramando el Patroncito en estos dias" porque igual que el Diablo, ellos no duermen. Los abogados menos.

Un mes despues, entro Cresencio, a UFWOC en su genio de costumbre, echando espuma por la nariz. " Deleno quiere que empezemos hacer lineas de piquete a los mercados Safeway y Mayfair. Los rancheros no quieren sentarse a negociar con nosotros. Tenemos que pasar la palabra a los miembros y la comunidad que NO COMPREN UVAS."

Pusimos los teléfonos en accion. Llame a Jessie en Parlier. Yo sabia que siempre podia contar con ella y las tropas de Parrlia. Llamamos a las agencies de la Pobreza dandoles a saber que "NOS URGE SU PRESENCIA."

Como de costumbre, siempre venian de distintos lugares a prestar su apoyo en las lineas.

DE COLORES

Una linda tarde, le hicimos linea de piquete al Mercado Safeway en Fresno. Les pediamos a los clientes que no compraran uvas . Uno de los empleados del Mercado, un hombre blanco, grande y gordo, salio y se detuvo frente a la puerta del Mercado. En la mano traía un racimo de uvas. Empezo a comerse las uvas. Una por una, hacia su circo, de echarse cada uva a la boca.

Los campesinos seguian andando la linea, serios, voltiaban y veian al gordo que deliberadamente comia uvas, con el intento de humillarlos. Parecia como una cachetada a cada uno en la linea, un insulto personal, al igual que muchas tantas otras humillaciones del pasado.

Cresencio se paró frente al gordo, dandole duro al puro en la boca, parecia que estaba por explotar en cualquier minuto. Yo fui y me acerque a Cresencio y al gordo come-uvas, Empeze a cantar "De Colores", despacito pero para que me oyeran tanto los Campesinos como el gordo. Los Campesinos tambien empezaron a cantar al pasar frente a la puerta donde estabamos parados. De poco todos estabamos cantando "De Colores".

De pronto el Gordo Come-Uvas dejo de echarse las uvas a la boca. Voltio y me miro a mi, a los Campesinos en la linea, y luego a su racimo de uvas en la mano. Toda su faz cambio, Hasta pense que iba a llorar. Agarro el racimo de uvas en su mano de gigante, lo levanto arriba de su cabeza, y las dejo caer al suelo de golpe. Alli frente a la puerta del Mercado Safeway quedaron estrelladas, convertidas en jalea de uva. Dio una vuelta y se metio al Mercado, sin mas circo.

Los Campesinos continuaron marchando frente al Mercado, cantando con mas animo.

Dice el dicho que " se cogen mas moscas con una gota de miel, que con un litro de vinagre"

DE COLORES - LA CANCION DE LA INOCENCIA

De Colores es la cancion rubica de LOS CURSILLISTAS. Se canta durante los Retiros del Cursillo. El Cursillo es un grupo coórdinado por la Iglesia Catolica, Los miembros se reunen en retiros durante los fines de semana. Por tal de calificar para un Cursillo el candidato debe ser patrocinado por un padrino o madrina y asi puede atender a estos retiros Catolicos. Despues de hacer el Cursillo, cada participante se conoce como Cursillista. Ya ingresado como Cursillista debe ser util y activo en la Comunidad.

Aquellas personas que suelen estar sentados mosquiandose frente al televisor, no califican como candidatos para estos Cursillos.

Cesar Chavez habia hecho su Cursillo. Tanto le gusto la cancion de los Cursillistas, "De Colores" que la adopto como grito de marcha y accion para los miembros de La Union de Campesinos

"De Colores, de colores se visten los campos en la primavera
De Colores, de colores son los pajaritos que vienen de afuera
De Colores, de colores es el arco iris que vemos lucir,
Y por eso los grandes amores, de muchos colores me gustan a mi
Y por eso los grandes amores de muchos colores me gustan a mi
Canta el gallo, canta el gallo con su kiri kiri kiri kiri, kiri
La gallina, la gallina con el kara kara kara kara, kara
Los polluelos, los polluelos con su piu piu piu piu pi,
Y por eso los grandes amores de muchos colores me gustan a mi
Y por eso los grandes amores de muchos colores me gustan a mi."

Bien puede ser un canto de niño, versos de un inocente, versiculos que canta una monja a sus clases Catechistas y la melodia convierte los versos en un Himno de Pureza, nos mueve, nos agarra.

Esta cancion de Colores y Sin Violencia hoy es la Cancion del Campesino.

ABAJO LAS UVAS.

A la vez que le dabamos vuelta frente a los mercados del Valle, nos educamos y nos dimos cuenta de mucha polemica con respecto a las uvas y productos asociados.

Aprendimos que el estado de California es el area agricola mas rico en esta nación, no tanto en terreno pero tambien financialmente. Fuimos conociendo quien realmente eran los patroncitos, digámos multi nacionales como Del Monte, Hunts y United Fruit

Estas empresas ya no eran ranchos, ahora era El Agri Negocio, Corporativas Multi Nacionales,

Supimos que ya los rancheros no eran los que cultivaban las tierras, ahora todo se

promovia por medio de Empresas de Agricultura, Rancheritos con nombres impresivos tal como Southern Pacific - ferrocarriles, Boeing - aviones, Standard Oil - aceite, Purex -blanqueador de ropa, Goodyear Rubber -ule, todos en la lista como agricultores. J.G. Boswell, ranchero con unos 60,000 acres de algodon en el area de Corcoran, Giffen, ranchero con otros tantos miles de acres sin cultivar en el oeste de Fresno y Tenneco, otra empresa agricola en el valle Imperial.

Toda corporación tenia el dedo en agricultura, y no se quedó atras El Banco de America.

Estos eran los jardineros del siglo veinte.

Es mas - no cultivaban, no sembraban, no regaban, no cosechaban absolutamente NADA. El gobierno generoso les pagaba por no sembrar nada, recibian dinero de bienestar publico. Aquel que hacia el esfuerzo de sembrar algo, le dejaban usar agua pagada con fondos federales en miles de acres arriba del limite de 160 acres..

Los campesinos ganaban un sueldo de menos de un dolar por hora

SI! Aprendimos cual era la razon de las lineas de piquete, y aquellos gritos de

Ya Basta!

EL VALLE DE SAN JOAQUIN
MAS COLORES

El Gran Valle Central de California, es nuestro Valle de San Joaquin.

Ha logrado fama y se conoce por sus miles de acres y terreno lujosos y ricos llenos de uvas de vino y de mesa.

Los campos se extienden como colchas coloridas tejidas por la Madre Naturaleza en magnificos cuadros verdes y amarrillos.

Durante la primavera, los arboles florecen en competencia con los otros arbustos, luciendo la belleza de sus colores pastel. Hasta las hierbas bailan en bellos tonos verde azules con botones de oro amarillos y amapolas anaranjadas.

Durante el verano se mezclan los colores con olores perfumados de frutas, duraznos rosas, ciruelas moradas, nectarines rojos, moras azules, kiwis verdes, y tomates color cereza. Estos perfumes se encuentran atraves del Valle, desde las colimas del GrapeVine hasta el Valle de Sacramento.

En el otoño, la Gran Estrella del Valle es Su Majestad La Uva. Esta fruta pequeñita de los dioses, reina majestuosamente, cubre al Valle con distintas formas y colores, negras, rojas, azules, burgundi, y las moscateles verdes, todas se lucen como un amplio abanico espectacular del espectro.

Llega la temporada invernal sin colores, ni olores.. La Mitica Ceres cierra de golpe las puertas negando el color a todo, mientras lamenta, llora y duele por su hija secuestrada Perséfone.

Los arboles siempre vivos lucen un color funebre verde gris, Los Magueyes y los nopales cuelgan sus ramas congeladas en tristeza

Pero no se crea que esta tierra le pertenece a Ud ni tampoco a mi, como dice la cancion.

ACCION SIN VIOLENCIA

UFWOC habia mandado decenas de huelgistas atraves del país con fin de coórdinar el Boicot de Uvas. Esto se trataba de hablar con consumidores en las ciudades mayores donde se encontraban las terminales de productos, tal como Nueva York, Filadelfia y Chicago. El intento era de hacer sobre salir el tema de los abusos y sacrificios de los trabajadores., Los representantes del boicot informarian a los consumidores acerca de la lucha y conflicto con la cual se estaban confrontando los trabajadores Campesinos en California, el hecho de que los rancheros se negaban en negociar con el Comite Negociador, la caminata de 300 millas que habian marchado los trabajadores desde Deleno hasta la capital del estado Sacramento. Marcha que alborrotó un enjambre de hormigas huelgistas atraves del estado.

Los consumidores atraves del país Estado Unidense y hasta Canada, oyeron las exclamaciones y actuaron en apoyo. Adoptaron la causa del trabajador campesino como si fuera propia y dejaron de comprar uvas de California.

Para darle mas fuerza al boicot, formaron sus propias lineas de piquete en frente de los mercados que vendian uvas, confrontaban a los gerentes de los mercados de menoreo y mayoreo para que dejaran de vender uvas. Sindicatos laborales ofrecieron su apoyo y dinero, mas prestaban su ayuda a los organizadores novizos de California.

Poco a poco la publicidad adversa paso de oido en oido y dio la vuelta al consumidor "No compren uvas de California" el consumidor en cambio decia : "O dejan de vender uvas, o dejamos de hacer compras aqui."

Pronto llegó toda esta publicidad anti terrateniente a los oidos del mismo quasi ranchero. El bolsillo del agrinegocio aun no les dolia pero si que estaba molestando tanta picazon de estas hormigas consumidoras.

Mientras tanto en los ranchos del Oeste, seguian delante las lineas de piquete frente a los mercados, tambien pidiendole al consumior, "no haga sus compras aqui," "este Mercado vende uvas esquirolas.".

No duraron mucho en hacer protesta los rancheros, mandaron sus abogados bien pagados. Encontraron aun otra mas escusa de porque no podian hacer linea de piquete los huelgistas. Esta vez la protesta se llamo el Boicot Segundario.

"Que cosa es eso de Boicot Segundario? " soltamos el grito. Asi siguio nuestro proceso educacional, aprendimos que ya no podiamos decirle al consumidor "no compre aqui porque el Mercado no tenia ningun conflicto con La Union. El pleito era con las uvas. Podiamos pedirle al consumidor que no comprara uvas, pero no teniamos derecho de tratar de evitarles el paso o la entrada a Safeway ni a Mayfair.

CESAR CHAVEZ

Al repasar mi programa del dia note que La Organizacion de Servicios Comunitarios [CSO] estaba por conducir un banquete en honor de Cesar Chavez. Abeyta me dijo, "Sera bueno que atiendas esta función." Pos a quien le dan pan que llore.

En lo personal yo no conocia al Director de los Campesinos, Cesar Chavez. Este evento seria mi primer encuentro cerquitas y personal. Yo estaba satisfecha con sentarme en la misma mesa de manteles blancos con ese gran hombre.

El banquete se llevo acabo en el Oeste de la Ciudad de Fresno un cuartito de conferencia. Aun los Americanos/Mejicanos no teniamos el dinero para conducir banquetes en grandes hoteles como el Hilton o el Holiday Inn. Muchos de nosotros los que atendiamos estas reuniones, eramos de la Nueva Ola de Medias de Seda, Directores, Coordinadores, Representantes, y Enlaces de Coordinacion. Todos estabamos alli presentes por una sola razon, dar nuestro apoyo a Cesar Chavez, antes director de la misma CSO, y a sus seguidores Los Trabajadores del Campo.

Chavez y su esposa Elena estaban sentados en la mesa de huespedes especiales. El vestia casualmente, vestido que claramente declaraba " mi mensaje es mas importante que la ropa que llevo."

Durante su discurso nos relató acerca del nacimiento de la organizacion de campesinos desde el año 1962. Nos hablo de las tribulaciones y tropiezos que diariamente se confrontaban los trabajadores desde aquel dia en Septiembre 1965 cuando se salieron en huelga, junto con los problemas luchando contra el mismo grupo de rancheros.

Nos informó de la decision tan penosa que hicieron los trabajadores despues de haber discutido el impacto del paso que pensaban dar. El paso de salirse de sus trabajos y hacerles huelga a los rancheros de Deleno. Ese dia cuando 1700 campesinos, ya hartos, habian votado en favor de salirse en huelga por tal de que se les escuchara.

El paso que pensaban dar hiba ser muy dificil para aquellas personas que tanto necesitan el sueldo y trabajaban solo para mantener a sus familias.. Chavez les habia dado a entender que como fuera la decision y cuan dificil fuera, toda esta lucha tenia que llevarse acabo SIN VIOLENICA. Nada hiban a ganar practicando la violencia.

La fuerza vendria del deseo propio de querer ganar.

El blanco eran treinta y siete-37- agricultores en unas cuatro cientas cincuenta -450- millas cuadradas que rodeaban el area de la Ciudad de Deleno

Al principio los rancheros habian acordado en sentarse a discutir el tema, y luego se hicieron atras. No atendian las reuniones programadas para las discusiones con el grupo negociador. Pué que si y pué que no.

Con esto los trabajadores decidieron hacerles linea de piquete a los 37 rancheros. Los rancheros renuentes seguian negandose a negociar con el recien Comite de la Union

Walter Reuther, cabeza del sindicato United Auto Workers - UAW [Trabajadores de autos] les ofrecio apoyo financero. El supo de los conflictos de los campesinos, de la huelga y habia visitado a Deleno para ver por si mismo. Era entonces cuando los campesinos habian acordado en hacer la peregrinacion desde Deleno hasta Sacramento como parte de la estrategia en destacar el dilemma en los campos de California.

Durante su discurso Chavez nos dijo que los huelgistas no eran muy popular en Deleno. Los administradores de la Ciudad habian hecho todo lo posible para quebrar la huelga. Los alumnos no les permitian usar la palabra 'huelga' durante las horas escolares, porque segun ellos era una palabra 'subversiva'.

Cuarenta y cuatro huelgistas fueron detenidos por gritar la palabra 'huelga.' Aparentemente un cierto Sargento Dodd se opuso a la palabra y acabo con arrestarlos a todos.

Dolores, la Vice presidente de La Union fue arrestada siete veces, por gritona.

Nos mencionó que durante la marcha hasta Sacramento, una de las vinatas - Schenley- de pronto decidio sentarse a negociar, nos dijo

"Estaba tan sorprendido que Schenley queria negociar, que me senti como el tipo que despues de mucho tiempo de andar enamorando a cierta muchacha, de buenas a primeras ella responde que Si." Asi fue. Durante las negociaciones Korchuk, el abogado de la vinata acordo en todo las demandas de La Union.

DiGiorgio, otro ranchero de uvas, tambien habia pedido elecciones, pero con muchas condiciones tramposas. Pedian que Cesar terminara la huelga, y que solamente los quiebra huelgas hiban a tener el derecho de votar. Asi por lo consiguiente, como el gato y el raton, mas promesas rotas.

La unica solucion era de que los trabajadores se organizaran, se unieran, y se dieran cuenta de la fuerza que hay en Union. Chavez terminó su discurso diciendo,

"No vamos a negociar por temor, pero nunca vamos a temer las negociaciones."

Despues de la cena y discursos, el baile tradicional empezó. Una banda Norteña nos deleito con sus corridos.

En un momento histórico - Cesar y Elena estaban sentados solos en una banca.

Esta era la primer y unica vez que yo actualmente llegue a ver a esta pareja sentados solitos. En futuros años siempre los vi rodeados de la multitud de gente de todos colores que querian su atencion.

Debemos apreciar este momento tan raro en la historia de Cesar Chavez y su dedicada esposa Elena Chavez.

Yo soy muy quiebra-momentos-raros, y por lo visto yo no estaba satisfecha con observar y escuchar al Lider de los Campesinos desde mi asiento en la mesa de manteles blancos. Mi angelito guardian aparentemente se quedo dormido, porque me levante de la mesa, fui donde estaban Cesar y Elena y le dije a Elena,

"Me permites bailar con tu esposo?"

"Llevatelo," me dijo despidiendonos con las manos en el aire.

Y asi fue. Yo baile con Cesar Chavez.

Le dije quien era yo, y le informe que yo trabajaba con Abeytia pero siempre asistia a Cresencio adentro y afuera de la oficina

"Gracias" fue todo lo que dijo. Era muy uraño en el suelo de bailes, nada como el tigere que hablaba frente al podio. Lo lleve de nuevo con su esposa y le di las gracias a ella.

Desde esa noche hemos sido muy buenas amigas Elena y yo. Esto no es para vanagloriarme, ya que la Señora Elena Fabela Chavez es amiga de todo mundo

Cabe decir que uno de sus yernos me confesó años despues, que se caso con la hija de Cesar Chavez solo para que Elena fuera su suegra.

Años despues de esa noche, a Cesar Chavez lo aclamaban con un 'santo'. Yo se que el no es ningun santo. Yo podia hablar, tocarlo y bailar con el

Muchos lo elevaron en un pedestal como si fuese un estatua fria. Cesar era todo lo opuesto, calido de un querer sincero.

Muchos organizadores han hablado y tocado a Cesar, pero puede ser que yo fui la unica que baile con el.

EL MOSQUITO ZUMBADOR

Cresencio se presentó con la informacion que Deleno queria que pusieramos unos anuncios de radio y dichos anuncios tenian que ser mas que interesantes.

En mis años ACC [antes de Cesar Chavez] Yo habia sido instrumental en un programa de radio cual patrocinaba el departamento de Salubridad Publica. Era con el fin de informar al publico de habla hispana el bien y el mal de las enfermedades contagiosas especificas al Valle de San Joaquin, desordenes de salud tal como tuberculosis, venerias, fiebre del Valle.y hepatitis. Una de las enfermeras del departmento y yo habiamos desarrollado un pequeño radio drama con preguntas y respuestas relacionados al topico. Yo traducia la informacion al español, Romo, uno de los locutores hacia el papel del pregunton, y yo era la genia con todas las respuestas apropiadas. Romo le nombró el titulo "La Salud al Alcance de Sus Manos". Con esta experiencia como estrella de la radio, yo ya me consideraba experta en eso de anuncios atraves del aire.

Le sugeri a Cresencio que quizas podiamos hacer algo similar con los anuncios informativos que queria Deleno. Nos juntamos tres miembros y yo para desarrollar un radio drama de Campesinos. Le hibamos a nombrar, "El Mosquito Zumbador", bicho muy iritante.

El elenco teatral consistia de Cresencio, Luis, Santiago y yo. Santiago hizo el papel del Mosquito, ya que el era el unico que podia mantener el zumbido por todo un minuto.

Colaboramos horas sobre el proyecto. Teniamos que reducir informacion de diez minutos en solo un minuto. Por cinco horas estudiamos y repetiamos la informacion hasta poder reducir a solo un minuto. Teniamos que hacer muchos cambios, sin pausas, no habia tiempo para pausas. Practicabamos, repetidas veces. Pero por fin lo logramos.

Por medio del Mosquito Zumbador logramos comunicarle al publico de habla hispana el mensaje de los beneficios que tiene el trabajador cuando no esta solo. La fuerza de estar unidos. Tambien les deciamos la importancia de registrarse para votar, y que salieran a votar. Muchos ciudadanos no le daban importancia al voto. Pero poco a poco se dieron cuenta de la fuerza que tiene el trabajador cuando habla todos con una sola voz.

Los trabajadores siguieron llegando despues de sus trabajos a registrar sus agravios.

Una tarde llegaron treinta trabajadores del area de Cantua Creek, area rural unas cuarenta millas al oeste de Fresno. Registraron su agravio en grupo, contra el ranchero. Segun ellos ya habian terminado la pizca de los arboles. Solo quedaba poca fruta en cada arbol. El patron no les queria pagar su sueldo hasta que le limpiaran toda la huerta. Estaba demasiado escasa la fruta y el patron no les queria pagar por horas, queria pagarles por contrato, o sea por cada cajon lleno de fruta. Esta tarea no les convenia a los trabajadores porque podian estar todo el dia sin poder llenar un solo cajon de fruta.. Los trabajadores no podian dejar el trabajo porque no les habia pagado y el ranchero se negaba pagarles hasta que se hiciera lo que el queria.

Otra de tantas trampas, abusos y ocurrencias de los rancheros ávaros.

Escribi todos los testimonios y los lleve a todo el grupo al la oficina del Comisionado de Obreros y registramos treinta demandas contra el ranchero.

Con la intervencion y poca presion de parte del Comisionado, los trabajadores recibieron, no tanto lo que les debia el ranchero pero tambien el tiempo perdido y el tiempo de angustia, multa que pagó el patroncito. Recibieron mas de treinta mil dolares

FUERZA AFL-CIO

El sindicato internacional AFL-CIO habia prometido darle a Los Campesinos todo el ayuda necesaria. Cumplieron con mandar organizadores internacionales para que asistieran en las diferentes areas.

Nuestra area fue bendecida con Paulo un organizador Porto Riqueño de Nueva York. De cara morena, pelo rizado, estatura mediana, Paulo fue aceptado de inmediato por los miembros del Valle de San Joaquin. Una que hablaba Español. Otra era serio, muy amable, gentil con un character borinqueño muy profesional. Las mujeres les escantaba su manera de caballero, pero con los hombres era igual de cortes. Nunca trato de menospreciar al miembro, ni darse vapores de importancia. Los miembros confiaban en el. Paulo era tan trabajolico como Cresencio, no se quejaba, ni del tiempo, ni de las horas, las desveladas o las hambres.

Esto fue algo de milagro porque no muchos de los organizadores mandados por la internacional fueron tan bien aceptados por los miembros. Tenian que batallar para ganarse la confianza del grupo. Unos nunca lo lograron. Paulo venia con un don y entró como pez al agua.

FUERZA FEMENIL

Llegaron refuerzas de Deleno. La Señora Zapata y su hija Tomasa vinieron a prestar su ayuda. Ellas eran originalmente del estado de Texas. Ambas se habian salido en huelga de un rancho en el Condado de Kern. Las dos recibian cinco dolares por semana de recompensa por sus esfuerzos de voluntarias. Los cinco dolares eran solo incidental no tanto como un cheque de pago. Todos los huelgistas y aquellos aceptados como voluntarios por la Union recibian esa cantidad de cinco dolares cada semana.

La Union tambien pagaba el alquiler de las viviendas y utilidades mensuales de familias huelgistas quienes daban su tiempo voluntario tiempo completo.

Los alimentos eran donaciones del publico generoso. Todos tenian acceso a la ropa que encontraban en la Casa Rosa Macy's.

Muchas familias campesinas no calificaban para recibir credito.por hecho del empleo tan instable, tan mal pagado y la frecuencia de mobilidad en busca de trabajo, de manera que la Union no se veía obligada en pagar cuentas grandes de hipotecas y autos.

Aquellos quasi autos que traian parecian ser pedazos de metal pegados con chicle y grampas. Afortunadamente muchos de los hombres se inclinaban a la mecanica por naturaleza y eran capazes de mantener sus aparatos ruidosos funcionando milagrosamente.

Les ofreci albergue a Zapata y Tomasa en mi pobre hogar. Esto simplificó los asuntos ya que ninguna de ellas sabia manejar. Todos nos apilabamos en el auto de Paulo rumbo a los campos, huertas y fincas para hablar con los trabajadores y firmar sus tarjetas de autorizacion o registracion a la Union.

Zapata tenia un repertorio sin fin de historias de su vida, como huelgista y sus experiencias pasadas como campesina, madre y esposa de campesino. Asi nos mantenia despiertos con sus platicas.

Paulo manejaba el auto. A mi me asignaron el asiento de 'en medio' porque "tu estas mas chica", Zapata sentada al lado de la ventana. Paulo abria poco la ventana para sumerjirse en sus pensamientos, y asi con el ruido del aire no tenia que oir nuestra conversacion y el monólogo de Zapata.. Tomasa y Cresencia sentados en el asiento de atras cerraban los ojos y pronto empezaban a roncar.

A mi me encantaban todos los relatos de Zapata referentes a sus aventuras y anecdotas personales, me reia, y aveces podia contestar, pero me mantenia despierta todo el viaje.

Mientras estuvieron las dos mujeres conmigo, nos permitian ir a casa temprano, antes de media noche. Las tres preparabamos cena. Mis hijos estaban encantados que habia tres mujeres haciendo cena. Las platicas de Zapata seguian hasta que Tomasa y yo poco a poco pasabamos al mundo de los inconcientes.

LA MIGRA - El Departamento de Inmigración

Los miembros se quejaban que los rancheros nunca hiban a sentarse a las platicas, ni tampoco hiban aceptar la Union.. Ya de que estaban permitiendo tanto *esquirol mojado* que entraran a los ranchos a quebrar las huelgas. La explotacion de estos *mojados* pronto fue aparente. Nos dimos cuenta que estos trabajadores eran victimas de las mismas costumbres mañosas de abusar del pobre. Ya ellos mismos se estaban dando cuenta de los robos de pago, nada de pago, horas interminable sin descanso, sobre tiempo no pagado. Por donde quiera empezaron las quejas de abusos laborales.

Aun asi, muchos trabajadores estaban dispuestos a trabajar bajo estas condiciones, y hacer las tareas por cacajuates. Se les dificultaba salirse en huelga en union de los huelgistas debido a su estatus illegal. Estaban exponiendose a ser deportados por los ávaros contratistas y rancheros. Con las huelgas podian seguir trabajando, aunque mal pagados y explotados.

La mayoria de los huelgistas eran residentes legales.

UFWOC anuncio que los rancheros estaban empleando trabajadores ilegales para quebrar las huelgas.

Los rancheros lo negaron.

UFWOC acusó la oficina de Servicios de Inmigracion y Naturalizacion {INS} estar tapando el sol con un dedo y que estaban contribuyendo a quebrar la huelga con aceptar que siguieran trabajando esta gente.

INS lo negó.

UFWOC declaró que los trabajadores ilegales se contaban en los millones, en los campos de California.

"Nah.! Mentiras. Como creés?" dijo la Migra   [apodo que le habian puesto los campesinos legales e ilegales al departamento de inmigracion.]

INVITADOS DE PRESTIGIO

Las tropas se reunieron y le hicieron linea de protesta a las oficinas de INS. Speck, el director de la Migra local en Fresno, acordó en juntarse con los campesinos a discutir el tema de quiebra huelgas.

Cresencio hizo reservacion en la Biblioteca Publica en el salon Sara McCardle. Ya podiamos reunirnos en salas un poco mas elegantes.

La concurrencia pudo haberle empalidecido el rostro a la Srta. McCardle. La sala se llenó de campesinos, solo quedaba espacio para estar de pie de pared a pared. Campesinos que no hablaban el Ingles, no sabian leér, y nunca habian pisado los corredores de una biblioteca, ahora se encontraban rodeados de libros de Shakespeare y sus compadres escritores.

Los otros invitados aparte del director Speck, fueron el Consul de Mejico, y el Padre Lopez, Párroco de la Iglesia San Alfonso.

El Sr. Speck vino con su interprete, la Srta. Cruz El Padre Lopez nos dio la bendición antes de empezar la junta.

Por primera vez, los miembros y otros no intentaron de perturbar la discusion. Se sentia el respeto y admiracion que este grupo le tenia a estos tres invitados, el Director de La Migra, el Consul Mejicano y el Padre Lopez. Estos puestos se consideraban en gran estima.

Los que asistieron escuchaban calladitos. Lo que dijera cualquiera de estos representantes de éstas agencies, se aceptaria, tengan o no tengan la razon en sus commentarios y explicaciones.

Por lo menos, no esa noche.

"Organizenlos." vino la directiva de Cesar Chavez, refiriendose a los trabajadores indocumentados,

"Estamos en pleito contra nuestros propios hermanos."

Incitando a los trabajadores a reñir uno con el otro, solo servia como táctica dilatoria para los rancheros. Los quiebra huelgas seguian pizcando, la cosecha se levantaba. Los pizcadores eran campesinos.

La meta de la Union era de organizar campesinos. UFWOC no habia requerido documentos de ningun trabajador en el pasado, no habia porque hacerlo ahora. El enfoque era de organizar a los trabajadores quienes trabajaban en los campos agricolas..

Punto.

LA COLONIA - PARLIA [Parlier]

Chavez no estaba muy conforme que la oficina de la Union estuviese localizado en medio de la Ciudad de Fresno. Su deseo era de que los campesinos tuvieran un centro donde poder relacionarse. Un centro con el medio ambiente del campo. Algo conveniente y cerca del trabajador.. Su sueño era de ver una oficina en medio de las actividades del campo. Ese Centro podia ser en un solo lugar, **La Colonia en Parlia.**

Parlier es un pueblito agricola unas veinte millas al este de Fresno. Cuenta con lo acostumbrado, una escuela, correo postal, un mercadito [propiedad del patron] un parque, y donde casi el 100% de residentes son campesinos, especialmente en La Colonia. Los mismos residentes le habian nombrado asi, por ser colonia de trabajadores Mexicanos.

La Familia de la Cruz, Arnold y Jessie, tambien residentes de la Colonia, por la calle Young, habian ofrecido su propiedad para que se construyera un cuartito que pudiera servir como oficina temporalmente. El cuartito podia tener suficiente espacio para conducir el negocio de la Union. Cesar les dio el buen visto para seguir adelante con el Centrito.

Con el ayuda de los miembros, y donaciones aqui y alla, se formó la primer oficina UFWOC de los miembros, entre las gallinas de Jessie poniendo huevos aqui y alla y los gallos perversos que seguian a las socias picandoles las piernas. Perros? Muchos.

INAUGURACION

Era el verano del 1967 cuando se inauguró el Centro de los Campesinos en La Colonia.. Un oficinita cuadrada que media aproximadamente 12X12 pies cuadrados, sin pintura, Con un techo medio inclinado, de donde orgullosamente volaba una bandera con una gran aguila negra junto con las banderas Americana y Mexicana.. Las tres banderas se unian bailando con los vientecitos de Parrlia.

Desde luego que Cesar Chavez fue el invitado de honor para que tomara parte en la inauguracion del Centrito. Lo acompañaban Julio, uno de los Vice Presidentes de la Union. Uno de los Párrocos local, tambien se habia invitado que diera la bendición al Mini Centro de Actividades Sindicales.

Tanto los miembros de Parrlia junto con los de pueblos circunvecinos acudieron en numeros positivos. Todos ponian su granito en el arena de discursos. Al Mexicano le encanta hablar por micrófono. Ahora que habian encontrado la voz. Podian echar los corajes fuera por medio del micrófono.

Las mujeres campesinas habian preparado y donado la comida.

Cuando llegó Chavez y su grupo todas las mujeres salieron corriendo de la cocina y dejaron la comida en la lumbre. De esto me culpo yo por haberles movido las brazas de la energia en la politica- al accion. Y olvidate de la cocina.

Rescate el arroz que se quedó quemandose y como pude mantuve un ojo en los demas alimentos en la estufa. Una de las socias entro y me dice, "Quieren que vayas.hacer un discurso," le baje la flama en la estufa, sali hasta el podio, levante el micrófono y les dije,

"Se esta quemando el arroz." y volvi a la cocina. Este no era un momento muy apropiado para hacer discursos de 'si se puede!"

REBELLION INTERNA

Cresencio habia asignado un organizador en cada pueblo bajo su jurisdiccion en el Valle de San Joaquin. Cada uno de ellos era responsable de registrar a los miembros en sus respectivas areas, o tratar de resolver algun problema. Muchos de los trabajadores preferian venir directamente a la oficina para tratar negocios pendientes. Los esfuerzos de cada organizador era minima y no tenian mucho que hacer. Los trabajadores venian en diferentes horas, muchas veces solo para platicar entre ellos o haber que habia de nuevo, o tambien para registrar las repetidas quejas acerca de las injusticias en los ranchos.

Los organizadores entregaban sus reportes en cada junta semanal, y diario solo Cresencio y yo estabamos ocupados tanto con las inumerables juntas como con el papeleo necesario.

Por falta de algo que hacer, no paso mucho tiempo cuando unos mal contentos les llamaremos Juan, Jesus y Jose, protestaron,

¿ "Como es que La Secre que no es ni campesina ni miembro de la Union tiene derecho a mas informacion interna que los mismos miembros?" se le hizo la pregunta a Cresencio. "Solo los miembros deben tener informes sindicales." Cresencio les contestó,

"Si alguno de Uds organizadores pueden encontrar a un miembro ya sea hombre o mujer que pueda hacer el trabajo que hace Esperanza, entonces deben ocupar a esa persona que les ayude.. Yo tambien puedo ocupar a esa persona aqui en la oficina si puede dedicar su tiempo de dia y de noche resolviendo problemas de los miembros."

Les ofrecio la posicion de Secre, " Si alguno de Uds pueden escribir a maquina, traducir declaraciones del español al ingles, hablar ingles, interpretar, discutir con las agencias y dejar sus trabajos para pasar el dia aqui de dia y de noche La Union los necesita. Yo puedo hablar con Deleno para que les den el puesto por cinco dolares cada semana.

Sin embargo Juan, Jesus y Jose siguieron con su protesta de querer hacer cambios, encontraron faltas con el personal, o sea yo, pero no estaban dispuestos en hacer el trabajo secretarial tiempo completo que Cresencio les ofrecia, o buscar una Secre para sus respectivas areas.

Decidieron llevarle el caso a Cesar Chavez. Desde luego que Cesar escuchaba a sus miembros primero, Ya por muchos años habian sufrido el descuido, y nadie les escuchaba. Hora ya tenian voz, La Union . Ya era tiempo de escuchar y oir lo que el miembro decia. Los voluntarios tenian que tomar segundo lugar, tengan o no tengan la razon los miembros.

Chavez habló con Cresencio dandole la directiva que desocupara a La Secre. Le dijo que los miembros tenian que resolver sus propios problemas, y los organizadores tenian que empezar a organizar tanto nuevos miembros como quien les ayudara.

. Cresencio abogo el caso, y le dio muchas razones a Cesar del porque hacia falta La Secre tanto en la oficina come en los campos. Cesar siguio firme con su decision.

Cresencio me dio el ultimatum de Deleno. Sabia yo que esto fue un paso muy dificil para el, ya que dependia del todo en mi ayuda. Ya me habia convertido yo como una muleta tanto para él como para los miembros y muchos de los otros organizadores.

Trate de hacerle la situation menos penosa y le dije, "Cesar tiene razon, Cada organizador y los trabajadores tienen que empezar aprender como resolver sus propios casos. Ya es tiempo que dejen de depender de otros" Aunque se me partia el corazon decirselo, pero no estabamos en posicion de decidir.

"Mira te voy a dar todos estos casos que estan pendientes. Les corresponden a diferentes organizadores. Le entriegas estos archivos a cada uno, diles que son casos que les corresponden a los miembros de su area. Necesitan ser resueltos."

Los casos eran sencillos relacionados al Seguro Social, Bienestar, otro se le habia perdido el equipaje en el aero puerto, uno para el Comisionado Laboral, tres reportes de impuestos federales, tres cartes traducidas al ingles, dos declaraciones, todas debian ser escritas a maquina, cartas al estilo formal, informes, etc. Les pertenecian a los miembros de Del Rey, Selma, Clovis y Fowler.

Cresencio soltó la risa, despues que canso de reirse, me dice,
" Estas en serio? Ninguno de ellos pueden hacer esto."
"Tu tampoco sabes hacerlo," le conteste, "sin embargo sabes buscar quien te ayude y te haga el trabajo. Eso le llamen 'organizar'. Ellos son organizadores, bueno que empezen hacer el trabajo de organizadores. No solo se organizan trabajadores, tambien hacen falta los voluntarios. La mejor manera de reclutar miembros es darles una manita con sus problemas, y luego enseñarles como resolver dichos problemas."

Cresencio se rascaba la cabeza, tomó los archivos como que tenian lumbre, meneaba la cabeza, me miraba como que yo estaba loca, se reia, se rascaba y bailaba el puro en la boca de lado a lado, sin saber que hacer.

"Mira, tu no sabes si ellos pueden hacerlo," le dije "Ellos no saben si acaso pueden hacerlo. Como van a saberlo si no lo intentan. Los mejores maestros son los errores, Tienen que ponerse a prueba."

Cresencio salio de mi casa, rascandose la cabeza, con el puro en la boca que no le daba descanso y hablando solo, " Esto no les va a gustar nada, nada."

Regrese a la oficina de MOP y le dije al director Abeytia, "Me corrieron los campesinos por no ser campesina."

"Tuviste éxito?" me preguntó.

"Pos ya estan aprendiendo a renegar y demandar sus derechos. Me estan usando a mi como bolsa de boxeador para practicar. Yo tambien aprendi mucho. Puedes decir que Si tuve mucho éxito. Ahora vamos a ver si me dejan dormir."

Eso de dormir eran mis sueños de opio.

Quedaban papeles que llenar para los solicitantes de MOP, casas que visitar, juntas que atender, problemas sociales, acompañarlos a las agencias, e interpretarles o traducir documentos

Cresencio no dejo de mandarme los casos para el Comisionado Laboral y los interminables volantes de anuncios para escribirlos a maquina y hacer miles de copias en la maquina mimeógrafa.

Renove mis viajes a las juntas con Ballis a sus presentaciones de agua en las juntas de los campesinos y le servia de interprete. Entre mas aprendia del Acta de Reclamacion y los abusos relacionados mas interesante se ponia el tema.

Vuelven Los Pródigos.

Una tarde llegue a mi casa arrastrando la cobija. Parece que habia travesiado todo el Condado de Fresno. Tocaron la puerta y al contestar encontre uno de los organizadores de Clovis quien me saludaba. Le di el pase, y le ofreci un asiento. No quiso sentarse.

" No encuentro como decirle pero vengo con el solo propósito para ofrecerle disculpas de parte de mis compañeros," me dice. "Tiene que comprender Ud que somos una bola de burros. Y creame que me siento tan avergonzado."

Yo tambien segui parada con la boca abierta porque no sabia porque me daba disculpas este miembro que siempre fue tan formal y cortes con sus tratos relacionados a la Union.

El siguio con sus disculpas y me dijo que todos los de su grupo en Clovis sentian mucho lo que habia sucedido con Jose, Jesus y Juan,

"Queremos darle a saber a Ud que nosotros los de Clovis estamos perfectamente felices con una secretaria que habla Español." Me dijo que Cresencio le habia entregado los casos referentes a los miembros de Clovis y le habia dicho que buscara quien le ayudara a resolver los problemas.

"Vengo con Ud. Yo personalmente le suplico que me ayude. Que nos ayude. Yo no tengo ningun idea de como llenar reportes de impuestos. Por favor Seño." Note la sinceridad en la disculpa de este hombre, que realmente le estaba costando mucho trabajo tener que confrontar este tema. Le dije

" Compañero, yo estoy dispuesta en ayudarles todo lo que pueda, y no tengo ningun motivo por no querer ayudarle a Ud y su grupo. Pero tiene que comprender Ud que yo ya no trabajo en el campo. Esa fue la razon por que se quejaron los otros miembros."

"Eso lo sabemos todos, y no esperamos que Ud trabaje en el campo y tambien se dedique en ayudarnos con el trabajo de secretaria. Ninguno de los voluntarios en Deleno trabajan en el fil." Me devolio los archivos que yo le habia entregado a Cresencio , me dio las Gracias y se fue mas tranquilo.

Mi siguiente visita fue Gabriel, el organizador de Selma. Don Higinio habia llegado con mucho respeto, formalidad y todo un caballero, ahora Gabriel llenó su conversación con la mejor de las frases inflamatorias y pimienta Mexicana,

"Sánganos, mondaos, tan pendejos! No llego yo a comprender porque Cesar les hizo caso a esos cabrones. Nunca pidieron nuestra opinion en Selma. Esos tres no son ninguna mayoria. Que estaria pensando Chavez!" Siguio echando coloradas al derecho y al reves. Me aseguro que yo era bien aceptada en Selma.

Aparentemente Gabriel, quien tambien era el presidente del rancho Christian Brothers donde trabajaban. [Christian Brothers era una de las pocas vinatas que habian firmado un contrato] les habia pedido el voto y acordaron en que yo fuera su secretaria por voto unanimo.

Gabriel siguio ventilando su coraje,
"Aqui le traigo estos pinchis papeles. Que chingaos se yo de velises perdidos." Por tal de evitar que le fuera dar un derrame cerebral, le prometi que yo me hiba comunicar con el aeropuerto y haria lo posible para encontrar el equipaje , y tambien le dije,
"Gabriel espero que les informaste a los miembros que yo no trabajo como campesina, ni tampoco soy miembro de la Union." Gabriel no queria escuchar escusas de cinta roja, y termino con decirme.
"Esperanza, mi familia y yo tenemos solo respeto y estimacion para Ti, y sinceramente agradecemos todo lo que haces por nosotros burros."
Me senti muy conmovida con ver al siempre aguerrido Gabriel en este tono tan humilde.. "No te preocupes Gabriel, yo les ayudare a los miembros de Selma como y cuando soliciten mi ayuda."

Los otros organizadores no se molestaron en venir a mi casa, ellos fueron directamente hasta la oficina de MOP a presentar sus suplicas y acudir a mis sentimientos maternos de compasion. Otros vinieron individualmente para ofrecer disculpas por el accion tomada por Jose, Juan y Jesus.

Cresencio llego a la oficina de MOP con una risita, y aparentemente algo le estaba causando mucho gusto de la manera en que bailaba el puro en la boca, le dije,

"Estoy segurisima que Tu eres el culpable de mover esta acción." Cresencio puso su cara de inocente, "No. Yo solo les dije lo que me dijo Ud. Ellos tienen que organizar su propia ayuda o empezar a resolver sus propios problemas. Yo no tengo la culpa que todos se les hizo facil venir con Ud."

Todo se resolvio de manera que todos quedaran felices de haber logrado lo que querian,

Los quejumbrosos, Juan, Jose y Jesus quedaron satisfechos de que sus protestas no habian caido en oidos sordos.

Los miembros estaban satisfechos que nada se habia perdido.

El reclutamiento y organización siguio sin pausas.

El unico cambio fue el titulo, en vez de ser la secretaria de UFWOC, ahora era la secretaria de aquellos organizadores que necesitaban una secretaria. Cada uno de ellos podian decir que su respectivo grupo tenia una secretaria.

Cesar Chavez sabia lo que estaba haciendo.

Ellos mismos resolvieron el problema.

CAMBIOS

La decision que habia hecho Cesar de trasladar la oficina de los trabajadores de Fresno hasta Parlier inicio otros cambios.

Jessie fue asignada para que tomara cargo de la oficina en Parlier

Cresencio fue trasladado hasta el pueblito de Livingston, al norte de Fresno

MOP se le terminaron sus 12 meses de fondos al fin de ese año fiscal como esperabamos

En su lugar nacio un proyecto educacional, Asociados de Accion en California Central, [CCAA]. Ese proyecto recibio los fondos federales por otros 12 meses.

CCAA me dio el empleo con el titulo de Consultante de Trabajadores Agricolas. Un remolino de actividades surgio con estos cambios. Los recien empleados de CCAA nos encontramos sumergidos en un sin fin de talleres de enseñanza, conferencias, seminarios y vaiven de reuniones. Nosotros los recien agentes federales de media de seda hasta atendimos reuniones para recibir enseñanza en como **aproximarnos a los pobres.**

Te das cuenta comadre!

1968 - fue un año de escandalos muy escandaloso y triste

Cesar Chavez ayunó por 23 dias

Robert KENNEDY VINO A DELENO EL DIA QUE CESAR ESTABA POR TERMINAR SU AYUNO.

Nosotras las mujeres deprivadas de personas estelares de esa indole nos tropezabamos para tocarle la mano a kennedy.

Juramos no lavarnos la mano nunca mas.

martin luther king - fue asesinado.

Jessie y yo estabamos frente a un Mercado k-mart. Habiamos ido a registrar a los clientes de k-mart para que se registraran para votar en las siguientes elecciones. Desde luego que estabamos apoyando a robert kennedy.

Uno de los clientes se aproximo a registrarse y nos dio la noticia tan espantosa que habian asesinado al lider de los derechos civiles

Jessie y yo Levantamos todo el material de registracion y regresamos a nuestras casas.

No parecia bien estar registrando al pueblo para que votaran cuando la justicia estaba doliendo.

robert kennedy - fue asesinado el siguiente junio de ese aÑo. Lo mas triste fue que lo mataron aqui en nuestro estado dorado. Habiamos luchado tanto registrando al pueblo para que votara, mandamos recordatorios, recorrimos los barrios a pata, a pie y andando, hablando con el pueblo de la importancia de registrar su voto, hicimos llamadas con el mismo proposito, ofrecimos aventones para aquellas personas que tenian dificultad en ir a las urnas.

Manifestabamos un optimismo y la dicha que viene cuando tenemos esa corazonada que todo va de las mil maravillas y vamos a ganar

llegue a mi casa, despues due cerraron las urnas, estaba muy cansada para ni siguiera pensar en la ceremonia de cantar gloria.. Me fui directamente a dormir. Serian las once de la noche cuando me llamo una amiga y me dio la noticia que habian balaziado a kennedy en los angeles durante la celebracion de victoria.

de rodillas frente a mi cama, jure que nunca mas hiba yo a luchar para poner a ningun individuo en posicion de que lo mataran por ser victorioso. Me sentia personalmente responsable por la muerte de bobby kennedy, porque le meti muchas ganas a esa campaña.

AL DIA

- Deportes - los "Detroit tigers" le ganaron la serie mundial a los 'cardinals' cuatro a uno.

- las Olympiadas se llevaron a cabo en mexico
- simon y garfunkle nos complacieron con su hit 'mrs.robinson'
- timbres postales costaban 6 centavos,
- gasolina tenia precio de 34 centavos,
- podiamos comprar un auto Nuevo por solo $3400 dolares.
- el sueldo minimo era de $1.60 centavos por hora
- el ingreso medio para una familia era $8632.00 Dolares.

- y yo fui reclutada para atravesar el pais desde California hasta las orillas del oceano atlantico.

  para ponerle alto a la venta de las uvas de mesa de California

****

fin de la primer parte
segunda parte - el boicot de las uvas
tercera parte - los contratos de mentiritas.

SEGUNDA PARTE

BOICOT UVAS DE CALIFORNIA

Dedicada a UDs
Todos los Voluntarios que prestaron toda su sincera voluntad.

SEGUNDA PARTE
EL BOICOT DE UVAS DE CALIFORNIA

CONTRA LA CORRIENTE

Desde el primer dia Eric y yo empezamos en plan de Guerra y no fui yo la que inicio la Guerra. . El estaba encargado de coordinar el boicot de uvas en la ciudad de Filadelphia. Segun me habian informado anteriormente el habia presentado su renuncia a la Central en Deleno y solo esperaba que yo fuera a reémplazarlo.

Cesar Chavez me habia delegado a coórdinar esa ciudad y ciudades circunvecinas, cuando se despidiera Eric

Nos reunimos, esa primer mañana en la cocina de nuestra recien oficina de boicot, para discutir estrategias de como mejor llevar esta lucha a su fin con lo mejor que estaba a nuestro alcance.

Sentados en la mesa, estabamos Eric, su novia Jean, Toña, Caro y yo. Eric abrio la boca y metio la pata, cuando nos dio un comentario imperdonable y nos dijo,

"Ay que bueno, Deleno perdio tres organizadoras, pero yo me gane tres cocineras Mexicanas."

Caro y Toña le sonrieron su agradecmiento de que sus talentos culinarios se habian reconocido por este machista. Pero yo, parece que me prendieron un cerrillo en la cola, y le dije,

"Vamos a poner las cosas en claro de una buena vez. Nadie vino a servir de cocinera. Al que le de hambre o sed, tiene que preparar su propia comida . Si acaso Jean quier servirte de cocinera, pues alla ella, ese es su gusto. A nosotras nos mandaron hasta aqui con el fin de ponerle alto a la venta de uvas, y no para servir de cocineras. Somos AFL-CIO, y no la panadera Betty Crocker.

Eric parecia que le habia dado con un balde de agua en su cara machista.

INTENSIFICANDO EL BOICOT

Despues de haber discutido el asunto de Boicot con Ricardo y Manuel Chavez, y habia acordado en ayudarles por el gran sueldo de cinco dolares por semana, que es lo que ofrecia UFWOC, a los voluntarios que ayudaban tiempo completo.

Ricardo me habia dicho, " Tenemos planes de mandarte para la ciudad de Filadelfia. Alli es donde nos hace falta la ayuda. Ya han estado otros coórdinadores ayudando alli, y

ya han cubierto mucho terreno, y contactos. Ya todo lo preliminario esta casi completo. El Comite de Boicot ya esta establecido. Solo nos hace falta alguien que este enterado de los problemas de los campesinos y que pueda articular esas necesidades y problemas al publico y al consumidor. Y tu eres la persona indicada para eso"

Tambien me aconsejó que no renunciara mi empleo todavia. "Aun estamos preparando y reclutando otras personas que vayan tambien a otras ciudades de aquel lado del pais. En cuanto ya este todo en orden te mandaremos avisar de la primer reunion con los otros coordinadores."

Esperé la llamada que llegó a principios del otoño. Nos reunimos en la Sala de los Filipinos en Deleno - le llamaban el Filipino Hall. Siempre estaba ansiosa para ir a las reuniones y cenas en el Filipino Hall. Nos ofrecian arroz blanco vaporizado y verduras calientitas con unos humitos que olian a cielos.Los olores que salian de la cocina me convertian las rodillas a jalea.

Las reuniones en el Filipino Hall eran de estar de pie si no llegas a tiempo. Multitudes de miembros y no miembros y voluntarios acudian a estas juntas tan importantes para los trabajadores. Esta reunion especificamente era para introducir a todos los recien boicoteros que estaban por salir a sus nuevas asignaciones en varios terrenos del pais.

Cada grupo se levantaba en gran aplauso cuando se introducia alguien representando a su area o barrio.

ASOCIADOS DE ACCION DE CALIFORNIA CENTRAL [CCAA]

CCAA era un extensión de mi ultimo empleo Proyecto de Oportunidades Mano de Obra [MOP].solo que era mas grande, con mas fondos para emplear mas empleados. El intento de MOP habia sido de informar al publico de alternativas al trabajo del campo.

Se habia determinado que aunque muchos trabajadores deseaban dichas alternativas al trabajo agricultural, alternativas tal como de soldador, mecánico, mesera, oficina, habia un obstaculo - muchos ni hablaban, ni escribian ni sabian leér ingles. El idioma ingles era muy necesario por tal de comprender las instrucciones, reglas, ordenes y polizas del trabajo. Los instructores todos hablaban solo ingles. Ay estaba el dilema.

La solución tendria que ser de enseñarles el ingles antes de que pudieran considerar ninguna de estas enseñanzas de trabajo. MOP habia cumplido con sus 12 meses de información y orientacion y se terminó ese proyecto.

Muchos de nosotros fuimos trasladados para servir como padrinos y bautizar a los ahora recien nacidos Proyectos de Pobreza;

Mi primer asignacion fue como Consultante de Campesinos. Se iniciaron las clases de ingles y pronto me trasladaron a enseñar ingles a los solicitantes.

Yo usaba el método Audio Lingual. Yo era de la opinion que si el estudiante estaba comodo al hablar el idioma, podia comunciarse mas facil, antes de introducirlo a la grammatica del idioma. La gramatica requiere mucho estudio y dolores de cabeza. Nadie aprende nada con dolores de cabeza.

Lo mas facil era usar la cancion como medio de enseñarles el ingles. Las palabras son repetidas y pronto se graban a la memoria. Pronto se les solto la lengua con la repeticion de las canciones americanas, y poco a poco empezaron a perder el temor de sentirse burlados y avergonzados. Al contrario les gustaba imitar a Elvis Presley y aumento su confianza en combatir este idioma gringo.

Uno de los villancicos favoritos de los alumnos era "Los 12 Dias de Navidad". Durante los dias navideños, ese cantico repetido es muy popular y se escucha diario por radio, y los estudiantes podian participar en la cancion cuando la oían. Tambien era manera de estudiar la tarea fuera de la clase.

En cuanto aprendian una cancion, seguiamos con otras mas populares a la Americana. Las frases y palabras se podian usar en su conversacion de diario.

Yo no permitia que solo un estudiante extroverto, monopolizara toda la conversacion como Pepito, pero ni tampoco permitia introvertos que solo venian a ver, escuchar y observar. Todo estudiante tenia que participar en todas las tareas o no se permita asistir las clases. Ya era muy tarde para permitir parásitos. Habia solo tiempo para accion, accion, accion. Lo mas importante era que ninguno de estos alumnos eran del calibre parásito y venian con la motivacion de hecharle ganas.

Las clases tenian lugar para solo 15 estudiantes. Asi les podiamos dar tiempo de cualidad.

Eva, era una joven de Mexico, ella se habia empleado como mi asistente. Eva era de buen personaje, y los estudiantes la encontraban muy amable y lista para ayudarles. A pesar de que provenia de Mexico, ella no los trataba con desden, como lo hacen muchos residentes nacionales de Mexico, solo porque tuvieron el lujo de poca educacion escolar.. Al principio Eva se le dificultaban algunas palabras y pronunciacion en ingles, igual que a los estudiantes. Pero con tanto repetir y repetir lograban hacerlo.

Nos divertiamos con muchas frases trabalenguas, pero no habia burlas. Habia risas sinceras porque no habia genios ni tontos.. Todos estaban en el mismo bote de confusion. Pero con determinacion de ganarse este idioma, no paso mucho tiempo cuando empezaron a preguntar el porque de la gramatica de esta o esa frase. Asi como lo esperaba. Ya agarraron confianza ahora vienen las preguntas. Se motivaron hasta ver el éxito de combatir un idioma que tanto se le dificulta a la persona de mayor edad.

Personas diestras en el ingles, tienen la costumbre de corregir a la persona que batalla con las palabras de otro idioma.

Esto tiende a intimidar y avergonzar al que lucha por hablar un idioma que no es el propio. Esa persona deja de seguir haciendo el intento.

Los alumnos pasaron la voz y pronto mis clases se llenaron de solicitantes.. Me cambiaron el titulo a Instructora Maestra, para que diera instruccion a otras maestras que usaran el mismo método. Cuando sali de CCAA habia mas de dos cientos [200] alumnos de ingles y cinco maestros. Atendian de dia y otros de noche.

Ya le habia dado aviso a mi Director que pensaba seguir de nuevo con UFWOC para ayudarles con el boicot de las uvas y que solo esperaba me dieran informacion de cuando iba ser el paso final para salir.

Mientras tanto hice preparativas para dejar mi casa rentada durante mi ausencia. Le alquile la casa a uno de los miembros de Del Rey.

CHASQUEO DE LÁTIGO

Por fin llegó la llamada. Todos los elegidos para dar servicio en esta ventura, nos reunimos en Deleno. De alli nos mandaron hasta Tres Rios, un retiro Catolico arriba de las lomas. Alli se repitieron las introducciones de los participantes.

El motivo de esta reunión era de intensificar el boicot de uvas que habian iniciado anteriormente los primeros boicoteros. Participamos en dramas de preguntas y respuestas para orientarnos acerca de lo que nos esperaba al otro lado del país.

Nos informaron que el blanco incluian las ciudades mayores con terminales de productos perecederos, estas eran Chicago, New York, New Jersey, Filadelfia y hasta Canada..

Nos dimos cuenta que el trabajador campesino tenia todo el apoyo de consumidores en estas ciudades, y muchas mas atraves del país E.U.. Consumidores que ya no estaban comprando uvas de mesa de California. Todas estas ciudades, menos California. Con excepcion de aquellos voluntarios que prestaban su apoyo, el estado de California seguia siendo el esquirol en escala mayor.

Nos dieron papelitos para que anotaramos el nombre de la ciudad que mas nos gustaria ir a despertarle la conciencia. Recorde que Ricardo me habia informado que tenian pensado mandarme para Filadelfia hasta el otro lado del pais. Esa ciudad iba ser mi nuevo hogar.

Eso habia ocurrido casi seis meses atras, puede ser que ahora habian cambiado de parecer y tenian otros planes. Para que hacerme ilusiones, yo solo escribi en mi papelito, " Ud siga chasquiando la manopla y yo hago el viaje."

Cesar le gusto la frase y les dijo a los otros concurrentes, "Eso es lo que voy hacer. Voy a chasquiar el látigo y Uds van hacer el viaje a donde les toque."

Le di Gracias a Dios cuando me dijeron que yo iba a coordinar el boicot en Filadelfia

Yo tenia esta corazonada que yo y Filadelfia nos ibamos acoplar de buena gana. Yo sabia que Dios tenia planes para mi, alla de ese lado.

FRED ROSS

Luego nos introducieron a Fred Ross. Yo no conocia al Sr. Ross. Si me habia dado cuenta que Chavez lo habia conocido durante sus tiempos como organizador y que dependia de su experiencia, Ross nos dio un discurso y nos dio puntos sobre salientes de como ponerle alto a la venta de uvas. Nos ofrecio consejos ardientes   los cuales quedaran empedernidos para siempre en mi corazon doliente..

"La gente que te puede ayudar, no tiene tiempo de ayudarte." nos dijo. Siguio su discurso con otras perlas del juicio y mas consejos deslumbrantes de como poder reclutar el apoyo del consumidor en nuestras respectivas ciudades

Yo ya no escuche el resto del discurso. Aún estaba tratando de figurar del como nos puede ayudar la gente si no tiene tiempo de ayudarnos. Empezo mi ofuscacion.

Las buenas noticias fueron que yo no iba sola hasta Filadelfia. Otras tres personas se habian designado en trabajar conmigo. Antonia [Toña] originaria de Mexico. Carolina [Caro], India Cheroki MexicoAmericana y Joe, Filipino huelgista y organizador de la Union. Los tres se habian salido en huelga de diferentes ranchos en el Valle Central.

Toña ya habia estado en el Éste con la primera ola de boicoteros. Los tres ya eran expertos en comunicarse con el publico.

Como podia yo dar un paso mal con la voz de la experiencia de estos tres huelgistas, y una de ellas ya era boicotera profesional.

Me convenci que la llevamos de ganar.

VAMONOS!

Nos reunimos por la tercera y ultima vez en Deleno. Yo habia empacado mi carrito el Huelga Bird con solo lo mas esencial. Mi cobija de seguridad -Smith Corona- mi maquinita de escribir. Esta si era absolutamente esencial y fue lo primero que subio al auto. Mis hijos Valentin y David tambien me hiban acompañar en el viaje.

Mi hija Sandra estaba pasando un crisis de adolescencia y rebellion, esa edad donde no es buena idea hacerle caso a mami, y la moda es hacer lo que los amiguitos dicen.

Yo no estaba de un humor de permitir a mi hija quinceañera que tomara control de mi vida.. Mi Tia Trini habia ofrecido acerce cargo de mi hija renuente en mi ausencia. Mis hijos estaban encantados de poder viajar y atrevesar el país y ver tierras nuevas pero no iban muy agusto que teniamos que dejar a Sandra. Ni modo. No se puede ganar todas las apuestas.

El viaje lo habian programado para que llegaramos a dormir en distintos sitios designados. Botello, uno de los organizadores estaba asignado para ayudar con el Boicot en el estado de New York. Su esposa Margarita, tambien estaba pasando la misma crisis de rebellion que mi hija Sandra, y le habia dicho "anda largate tu solo, yo no voy". Asi fue que asignaron a Botello que me ayudara a conducir mi auto, ya que el no tenia carro.

Por la falta de espacio en mi Huelga Bird, mis hijos Valentin y David se fueron con la familia Reyes. Jose y Mercy. eran voluntarios de Parlier e iban destinados hasta el estado de New Jersey.

A las once de esa mañana salimos. Botello y yo nos persinamos cuando llegamos al autopista 99 en Deleno. Y no faltó la oracion de los viajeros *"En el nombre sea de Dios."*

ME LLAMAN PANCHO

"Jose Maria Magdaleno Botello Frausto, pero me llaman Pancho" me dijo. Delgado de algunos treinta años, con una chispa traviesa en los ojos, y una sonrisa que encantaba vivoras de cascabel mas o menos describe a mi co-piloto. Le encantaba platicar y venia tambien con un sentido de humor. Las millas se me hicieron pocas escuchando las bromas y chistes de mi pasajero Pancho. Nunca me pregunto mi nombre, siempre se referia a mi con 'oye Vale'. De hecho que me contó que provenia del estado de Zacatecas.

La tarde se avanzaba y empezaba a obscurecer. Me di cuenta que las sombras parecian monstros negros. Entre mas se obscurecia menos podia ver. Pos que acaso necesito lentes? Ahora ya era muy tarde para remediar eso. Por fin le dije a Pancho que si queria conducir él porque yo ya no veía.

Como a las ocho esa noche llegamos a Brawley nuestra primer parada. Nos alojaron en La Casa de Amistad, una Mision de Albergue. Brawley es un pueblito agricola, a un brinquito de la frontera Mexicana y E.U.

Nos unimos con el resto de la caravana, quienes habian llegado mucho antes que nosotros. Compartimos el buffet que nos habian preparado. Una organizacion habia prestado unas camitas para que descansaramos esa ultima noche.en California.

JUAREZ

Segunda parada - El Paso Texas. Nuestro albergue en esa parada era un hotel que parecia estar adolorido. Se escuchaban ruidos y rechinadera por todo lado durante la noche.

Toña , Caro y yo compartimos la misma recamara. Mis hijos Valentin y David se quedaron en otro cuarto con otras personas.

Los hombres que formaban parte de la delegacion no perdieron tiempo en irse al otro lado de la frontera hasta Juarez.

El dia siguiente las otras mujeres en la caravana junto con Toña, Caro y yo tambien quisimos hacer igual, visitar a Juarez y pisar tierra Mexicana antes de resumir el viaje.

Yo solo pude comprar una dozena de botellitas de diferentes marcas de licor. Tequila, Jerez, Mezcal, Bourbon y otras mezclas de agua ardiente. Cada botellita tenia una onza de licor. La cantidad permitida era un litro. No podia haber metido todo un litro en mi carrito que venia empacado hasta las puertas.

Mientras andabamos de compras, Toña nos dijo, "No traigo mi Tarjeta Verde conmigo. La perdi. Ya mande traer otra pero no me la han mandado ."

Santos.! Mi corazon dio unos brincos de remolino y tambien empeze a respirar en alta velocidad, y mi cerebro entro en tercera automaticamente. Porque diablos se cruzó esta mujer sabiendo que no traia la Tarjeta Verde. Ahora los oficiales de Inmigracion nos iban a detener hasta que hubiera pruebas de que Toña era Residente Legal de E.U. Puede que ibamos a quedarnos en Juarez unos meses hasta que Toña recibiera su Mica.

No. No. No. Yo no voy a permitir que nada nos detenga en nuestra ventura. Toña se veia muy sin cuidado, pero yo estaba que me salian ronchas y sudaba pensando de como le vamos hacer. Tenia que salir con una solucion.

Los oficiales no estaban ocupados en las casillas. Quizas el agente que nos va a registrar no nos pida ninguna identificacion.. No sabiendo que hacer, les dije

"No se suban al carro. Caro tu y Toña vayanse calladitas y cruzen la frontera a pie, mientras me registran mi auto. A ver si se distraen lo suficiente para que no se fijen en Uds y no les pidan las identificaciones."

Yo tengo la tendencia que cuando me veo en un apuro de pánico empiezo hablar histericamente de un hilo. Reaccion que me ha sacado de apuros.

El agente en la casilla se puso en plan de ejercer su autoridad echandole el ojo a mi Huelga Bird. No muchos carritos clasicos como este cruzaban la frontera. Le dio un vistazo al interior. Miró a Pancho y me dijo, "¿Que traes ay?"

"Esas son mis naranjas. Esas naranjas son de Fresno," Agarro la bolsa de naranjas y las tiro en el suelo ignorando las miradas de asesino que le daba yo,

"Yo no compre esas naranjas aqui. Son naranjas de California. Ese es mi lonche." Pancho me veia con una mirada sorprendiente como decir, "Porque diablos estara peleando naranjas esta mujer"

"¿Tienes algun otra cosa que declarar? Me preguntó sin importarle mis naranjas

"Yo solo compre estas botellitas de whiskies. Solo son para decoraciones."

"No puedes llevartelas, tienes que tirarlas," tomó una de mis botellitas, la abrio y tiro el contenido al suelo.

"Que estas haciendo! Yo puedo llevar todo un litro de alcohol. Estas botellitas contenien solo una onza cada una, es una cantidad de 12 onzas." No le importó mi matemática de liquidos, "Son muchas botellas," agarro otra botellita y tambien la vacio al suelo,

"Tu estas contando botellas, no estas tomando en cuenta la cantidad. Cada botellita contiene solo 30 mililitros, Todas esas botellas no componen ni un medio litro," abogaba yo mi caso. Parece que se le ablandó el corazon y me dijo,

"Bueno te voy a permitir que lleves 10 botellas. Deja ver que cargas en el baúl de atras " Me abaje del carro. Con la cola del ojo vi que Caro y Toña pasaban la frontera muy disimuladamente. Nadie les hizo caso. Yo seguia con mi drama de histeria. El oficial abrio el baúl y yo le brinque, "Por favor, por todo lo que mas quiera, no me mueva nada. Estuve horas tratando de organizar todo y ponerlo en su lugar. Por favor, por favor no toque mi maquina. Si mueve alguna cosa voy estar aqui horas para poner mis cosas donde estaban."

Cada vez que trataba de revisar alguna cosa en el baúl metia yo las manos y no lo dejaba, "Mire. Llevese todas las naranjas, son de California, muy sabrosas. Llevese las botellitas, puede hacer una bebida de licor con jugo de naranja, pero no me toque ni mueva nada en la cajuela, por favor." Por fin ya cansado de estar oyendo mi corrido

de medidas y litros sollozó profundamente y cerro la puerta de la cajuela con un golpazo

"Ya pues. Anda largate." Le sonrei muy dulcemente, "Gracias Capitan, muy amable."

Para entonces Caro y Toña ya habian cruzado la frontera. Despues de todo no me pidio mi identificacion. Pancho se habia quedado sentado dentro del auto todo este tiempo con la Tarjeta Verde en la mano esperando, tampoco se la pidio.

Cuando salimos de alli le dije a Pancho, "Mi siguiente causa sera de liberar la frontera y mandar todas estas casillas de inmigracion al Diablo." Le explique el porque estaba peleando naranjas y botellas con tanto ardor.

"Me alegro que estas luchando en nuestro lado," me contesto riendose.

PANCHO - ABRIENDO LOS OJOS

"Cada vez que arrestaban a uno de nuestros miembros o que lo golpeaban, era como hecharle gasolina a las brazas, y subia el coraje como llamas ardientes." Magdaleno Botello

En cuanto saliamos a la carretera cada amenecer, Pancho y yo empezabamos a cantar 'Desde Que Dios Amanece'..Ya que no habia nada mas que hacer mas que conducir el auto y platicar, era facil revelar nuestro pasado y dar nuestras razones de porque estabamos aqui en este momento especifico. Teniamos mucho en comun. Yo observando las injusticias asi al trabajador Mexicano y él viviendo dichas injusticias. Todo esto causa dolor.

Pancho era originario de Mexico del area 'La Ermita de Guadalupe' cerca de Jerez en el estado de Zacatecas, Me contó que habia venido a EU. de la edad de 15 años, Paso sin los preciados 'papeles'. Sin embargo pronto consiguio trabajo en el campo.. Conocio a su presente esposa Margarita. En el año 1957 fueron a residir en Yuba City, una pequeña ciudad en el norte de California. Alli siguio haciendo el trabajo de las cosechas hasta el dia que cambio su vida y su futuro.

En 1965 atendio una reunion para escuchar a Cesar Chavez. Se sabia que Chavez andaba haciendo campaña organizando trabajadores del campo. Cesar les informó que los trabajadores se habian salido en huelga en el Condado de Kern, la ciudad de Bakersfield. Agrego que necesitaban el ayuda de todos. Me dijo que, " Cuando nos habló Cesar del movimiento, pense que era como tirarle un cuete a la luna sin direccion."

Chavez les habia informado que en esos dias, el blanco eran el ranchero de uvas Robert DiGiorgio y la vinata de whiskey, Industrias Schenley. DiGiorgio tambien tenia ranchos en Yuba City, de manera que las elecciones para ser representados por el Sindicato de Campesinos, tambien incluía los trabajadores de esa area. El grupo se habia manifestado muy entusiasta en ayudar a Chavez con sus propuestos cambios.

En ese tiempo Pancho estaba participando en una organizacion comunitaria - 'Desarrollo Comunitario de California Central [CCCD] Lo habian recomendado para que participara y fuera padrino de este proyecto.. Mencionó que uno de los organizadores de CCCD era George mi ex colaborador durante mis 12 meses con MOP. Le dije, "Que coincidencia, tenemos mucho en comun."

"CCCD me abrio los ojos," me dijo, "era facil organizar en Yuba City. Organizamos muchas campañas para mandar alimentos para los huelgistas en Deleno."

Tambien me platicó de los problemas que resultaron con las elecciones con DiGiorgio.

"Se valian de tanta movida chueca, que nos era casi imposible llevar las elecciones a su fin. Ya perdi la cuenta de cuantas veces cancelamos esas elecciones." Dichas movidas chuecas incluia acusar a los trabajadores de traer tarjetas falsas de seguro social y no les permitian comunicarse con los organizadores de la Union.

"Yo habia trabajado en el rancho de DiGiorgio y por razones, que solo el ranchero sabia, no encontraban mi nombre en ninguna de las listas de raya. Otros archivos perdidos por casualidad le pertenecian a muchos simpatizadores de Chavez. Esos nombres eran esenciales para poder votar en las elecciones, sin pruebas de haber sido empleados del rancho no podiamos votar." Con tristeza se acordaba de aquel empiezo, " Era muy dificil hacer los cambios para el mejor porvenir de nuestras vidas. Era aún ms dificil mantener la promesa de seguir actuando sin-violencia."

Seguia platicando mientras yo conducia y atravesabamos las millas. Me platicó que habia conocido a Toña durante esos dias tan ardientes. Toña y su hermana Maria habian ido de Deleno a prestar su ayuda en Yuba City. Rebelde como el solo, pronto andaba organizando por todo el estado de California.,

"Me arrestaron varias veces por andar de mitotero. Hasta que un dia me llamó Chavez y me dijo que necesitaba ayuda en el boicot de las uvas. Yo se que para mi va hacer un surco muy largo que azadonear. Para mi esto de ir hasta Chicago es un gran desafio porque hablo poco ingles. Pero con suerte muchos de estos gringuitos hablan español.

Ya veremos.."

Las millas se desaparecian bajo las llantas de mi carrito Huelga Bird

Durante aquellos momentos raros cuando Pancho se quedaba dormido, cansado de hablar, yo manejaba y pensaba en Fred Ross. Las palabras de Ross eran como una espinita de nopal, piquetito tras piquetitos, parecian cartelones de piquete dando vueltas y mas vueltas frente al mercado.

"Las personas que te pueden ayudar, no tienen tiempo de ayudarte." pero que consejo tan iritante.

MILLAS RODANTES

"La gente que te puede ayudar, no tiene tiempo de ayudarte." Esta frase, ésta espinita guardaba el secreto de mi éxito con el boicot en Filadelfia. Eran palabras profeticas. Antes de dormirme escuchaba esta frasesita que me gritaba, 'la gente que te puede ayudar, no tiene tiempo de ayudarte.' Mil gracias Ross.

Pancho y yo cantabamos en turnos, el me acompañaba o yo le hacia segunda.. Teniamos un repertorio inagotable. Mas del tiempo me llenaba de risa con sus chistes color de rosa.

Llegando a Oklahoma, Pancho sugerio que si yo queria acompañar a la familia Reyes para pasar un rato con mis hijos. "Sirve de que descansas un rato, Rafael me puede ayudar a manejar tu carro." me dijo. Ya que la espalda me estaba gritando, le dije, "Es buena idea."

De manera es que Pancho y Rafael se hicieron cargo de conducir mi auto. Estaba muy cansada para imaginarme que este par de locos tenian otros planes para mi Huelga Bird.

Mucho tiempo despues Pancho me confesó que habian tratado de poner el carro a prueba haber que tan rapido podia volar. Se atrevieron hechar a mi pobre carrito a quemar la carretera a mas de 100 MPH.. Deben tener un angel guardian muy potente.

Puede que iba mas cansada que me imaginaba. Poco antes de llegar a Columbus,Ohio empezo a nevar, y yo empeze a moquear. Tanto cambio y cansancio habia reducido mi resistencia imune y me habia expuesto a algun resfrio.

En Columbus nos alojaron en otro hotel. Me sentia de los diablos y no tarde en irme a dormir. Los Rebeldes cuclillos de tierra Pancho y Rafael me visitaron. Traian una botella de Mezcal que habian comprado en Juarez. El Mezcal es conocido como el Cognac de las Tequilas. "Tomate esto," me dice Pancho y me ofrecio un vasito de una onza del agua ardiente. Lo tome y lo deje caer, como lo hacen los vaqueros Mexicanos en las peliculas, de un golpe. Santo remedio. Dormi como bendita, de un hilo.

El siguiente dia me senti totalmente recuperada. Todo el tiempo que pase de aquel lado del país, nunca me volvio a pegar otra gripe. Filadelfia y sus contornos son ciudades muy heladas en tiempo de frio, pero yo segui de buena salud. Ahora cuando tengo sintomas de resfrios, me acuerdo del Antibiotico de los Indios, el Mezcal. Olvidate de las pastillas.

Nuestra ultima parada antes de llegar a New York, era el pueblo de Syracuse, parte de la Ciudad de New York. Todos los que hibamos en la caravana rumbo al boicot, nos ibamos a reunir en New York para recibir nuestras ultimas instrucciones.y conocer a nuestros co laboradores en la lucha.

El Huelga Bird empezo a fallar. Como que ya iba muy cansado. "Parece que le estan fallando los anillos," dijo Pancho. Paramos en un garage para que le revisaran el problema y para que cambiaran los anillos. El resto de la caravana siguieron su camino sin esperarnos. "Ay nos alcanzan despues." Ni modo.

SYRACUSE, NEW YORK

Llegamos a Syracuse como a las siete esa noche. Aún no llegaban los otros. Nuestros amfitriones eran Padres y Monjas. Tenian mesas llenas de comida que habian donado simpatizadores de los campesinos.

Cenamos y esperamos al resto de la caravana que aún no llegaban. Aparentemente habian decidido seguir hasta llegar a New York sin llegar a Syracuse. Que poca consideracion para esta gente que tan generosamente habian preparado todos estos alimentos. Por fin llamaron para avisarles que no les esperaran.

Note la desilusion en sus caras. Habian estado planeando y esperando esta caravana desde el dia que habiamos salido de California. Me sentia tan mortificada. Pancho tambien lamentaba lo ocurrido.

Otro dia me disculpe por que habia quedado toda esa comida preparada.

"No te preocupes," me dijo una Monja," solo ay que llevarselo a la Mision de Amparo."

Gracias a Dios por las Misiones de Amparo..

VECINO AL MAR ATLANTICO - EL EASTERN SEABOARD

New York. New York. Ciudad que se observa con la boca abierta. Pancho y yo asi observabamos esta gran ciudad, embobados.. Alla en la distancia la vi, el Estatua de la Libertad. Todos mis problemas disolvieron cuando le vi abriendo sus brazos asi ami, una pobre estrangera con deseos de respirar la libertad de uvas manchadas por el poder del dinero de los rancheros tramposos. Que gran recepción!

Llegamos a nuestra destinación donde estaban los otros boicoteros. Nos ibamos a reunir para planear estrategias.

Pancho y yo terminamos nuestro viaje. El se reunio con su grupo y yo con Toña, Caro, y mis hijos Valentin y David. Durante esa junta nos introducieron a los "Comités Amigos de los Campesinos". Venian de distintos estados y ciudades vecinas de New York. Otros eran boicoteros ya establecidos en areas circunvecinas.

Todos habian acudido a la reunion para darnos la bien venida a los recien boicoteros de refuerzo. Nos recibieron con gritos de animo y nos aplaudieron de pie, nos dieron mil encomios hasta que se nos quito el cansancio.

Muchos de los atendientes eran jovenes, estudiantes, pero tambien habia representantes de los sindicatos, de las iglesias, grupos femeniles y profesionistas. Todos 'Amigos de los Campesinos.'

Una pareja joven se acerco asi a nosotras y se introducieron como Eric y Jean. Esta pareja eran nuestros colaboradores y compañeros de vivienda en Filadelfia. Ellos habian estado coórdinando el boicot. Estaban esperando que llegaramos para darles la mano.

Eric era un joven Voluntario originario de Texas. Parecia ser un tipo medio nervioso, delgado con bigote y pelo castaño.

Jean tambien era Voluntaria, Ella era residente de Filadelfia. Tambien joven, con cara de manzana, pelo corto, algo repuesta. Era muy energetica, amistosa y parecia ser mas cerebral que Eric.

Despues de la bien venida todos nos fuimos en el auto de Eric y nos fuimos rumbo a nuestro nuevo hogar en la calle Mascher en Norte Filadelfia, Pensilvania.

Jean conducio el auto y trató de darme información al dia de que se habia logrado.

"Whoa! Esperate," le dije, " Todo se me va olvidar para cuando llegemos a casa."

Queriamos ver la Ciudad de New York antes de empezar la tarea. Jean nos dio un viajecito de turistas para que siguieramos abriendo la boca con los rascacielos de New York.

Eric conducio el Huelga Bird, y Joe otro Voluntario Filipino, tambien huelgista, se fue con el. Yo, en lo personal no hubiera podido manejar otra sola milla mucho menos otras cien millas desde New York hasta Filadelfia.

Todos estabamos felices de haber llegado con bien.

FILADELFIA NORTE

La oficina del Boicot Filadelfia, nuestro nuevo hogar era un edificio de ladrillo de tres pizos, cuatro si se incluye el subterraneo. Todas las casas parecian igual. Todo el cuadro era de edificios de ladrillo tras otro edificio de ladrillo. Parecia mas un area industrial que una vecindad residencial.

Jean me informo que este era el Norte de Filadelfia. Le llamaban 'North Filly" la seccion de los pobres. Ay que bueno ya que veniamos el carro lleno de pobres. Aun asi no parecia barrio de pobres, solo que se veia muy gris y vacio. No se veia ni un solo arbol, ni pasto en las yardas, no habia yardas, ni jardines. Tenia que ver directamente para el cielo para poder ver dicho cielo.

No se puede quitar el campo de una campesina por mucha ciudad que le pongan.

Aún sin embargo, habia un cierto entusiasmo en esta Ciudad que hacia olvidar la falta de vacas y pastos. El entusiasmo se metia como olas de osmosis en mis venas de accion. Yo llegue con ganas de darle gas y darle duro.

Nos establecieron a mis hijos y a mi en el piso de arriba. Yo tenia mi propio cuarto y los muchachos otro cuartito cerca del mio.

Toña y Caro compartieron un cuarto en el segundo piso. Jean y Eric compartian otro en el mismo piso.

Con todas las ganas que traia de mover montañas, cai muerta en la cama y dormi hasta otro dia.

El dia siguiente nos reunimos los residentes de la Casa Boicot durante el almuerzo. Terminado el desayuno, ya listos para hacer planes y empezar el accion. Pero como dice el dicho, 'todos los mejores planes pronto se los lleva el diablo'.

Fue entonces cuando Eric hizo su comentario machista "Deleno perdio tres organizadoras y yo me gane tres cocineras Mexicanas,". Asi nos veia este infeliz gusano.

Sus palabras me dieron como patada en ayunas. Fue lamentable y no dudo que lo dijo en broma. Pero yo lo acepte como una broma de muy mal gusto.

Carolina y Antonia eran lo suficiente hogareñas para pensar que iban a ser delegadas a la cocina. Cesar Chavez nos habia mandado atraves del país con otras intenciones, y la cocina era solo un incidente y no tarea de largo plazo.

Ya sabiendo en que nivel de criadas nos tenia Eric. Decidi ignorar la ofensa y hacer lo que vine hacer, y dar lo mejor de lo que estaba a mi alcance en terminar con las uvas de California.

LOS AMIGOS DE LOS CAMPESINOS COMITIVA DE FILADELFIA

"... para cuando llegó la segunda ola de boicoteros, los primeros pioneros ya habian escardado el terreno y habian planteado la semilla." Doug.

Como de costumbre El Comite de Los Amigos se reunian en las oficinas del Concilio Judio Laboral . Las cabecillas de varios departamentos formaban parte de la Comitiva. Eran organizadores y directores sindicales con nombres tal como Wollock, Stahl, Ben Ezra, Dinkin, una pareja Wally y Juanita no miembros de ninguna union. Eran voluntarios por el bien de la humanidad.

En las reuniones planeabamos agendas para diferentes occasiones. Lo primero que teniamos que hacer era de conocer a todo aquel Voluntario significante en esta lucha. Aquellos Voluntarios mas activos en el Boicot, y luego llamar una Conferencia de Prensa

02 Marzo 1969, el periodico Filadelfia Inquirer anuncio nuestra llegada. Los avances declaraban en letras mayusculas - EL BOICOT DE UVAS ESTA MUY AGRIO AQUI.. Lo desconocen tanto los mercados, como los mercaderos.

El articulo les daba saber al publico de Filadelfia y areas circunvecinas, que yo habia llegado a hecharle brazas a este caldo tan frio. Me preguntó el reportero

¿"Cuanto tiempo piensa estar en Filadelfia y terminar con las uvas de California?"

"Oh. Como unas dos semanas," le conteste con mucha confianza. "Cosa que le causo mucha risa al reportero.

Sin embargo hizo un reporte muy informativo acerca de los rancheros de California. Les dio a saber a los lectores que este agrinegocio producia mas de $100 millones de dolares de uvas anuales, o sea casi el 90 por ciento de las uvas de todo el país.

Las dos semanas que le prometi a Filadelfia se extendieron hasta dos años.

Jean demostro ser una organizadora sin limites. Diario hacia llamadas telefónicas, establecia juntas con distintos grupos para que fueramos hablar con ellos. Ella era empleada de un organizacion local, pero la permitian que prestara sus talentos en ayudar a los campesinos. Organizaba las juntas tanto para ella como para Eric. Toña o Caro les acompañaban para relatar sus experencias como huelgistas.

Yo pronto llegue a conocer las calles y callejones de la Ciudad de Ladrillos. Parecia que Filadelfia era un sin fin de organizaciones de hombres, mujeres, iglesias, estudiantiles, labor, politicas. Haciamos todo lo posible para ponernos en contacto con uno y todos.

Cada persona era un consumidor. Cada consumidor puede que consume uvas. Teniamos que darles a saber el porque no es buena idea comer uvas. Menos uvas de California.

Yo me comunicaba con los sindicatos locales. Habia sindicatos en cada rincon. Me daban cheques donativos para los campesinos. Donaban papel para hacer los volantes informativos, nos donaban alimentos, consejos de como organizar, cual persona o presidente era la o el mas indicado para ponerme en contacto.

Por lo visto toda esta gente tenia tiempo de ayudarme. Es mas estaban encantados de poder ayudarnos.

Sentia que me llovian las bendiciones porque esta gente estaba tan dispuesta en querer ayudar al campesino

DINERO FOBIA

Una de mis debilidades le llamo 'dinero fobia'. Yo sabia que esta limitación hiba llegar a ser mi Waterloo, mi fracaso. No puedo pedir dinero.

Esto es el resultado de la crianza de mis padres que nunca les gustaba andar pidiendo 'limosna'.. Para mis padres. aunque muy pobres, el pedir caridad o andar de 'pediche' era lo mas vergonzoso del ser humano y ellos hacian de tripas corazon antes de pedir lo mas necesario. Acabaron con pasar ese orgullo a sus hijas, inclusive yo.

Pense que podia hacer un lado este inhibición para poder solicitar fondos para ayudar a la Union.. Trataba de convencerme yo misma, "el dinero no es para ti idiota, es para los campesinos," pero como quiera que la pintaba de todos modos era andar de 'pediche'.

Fracase rotundamente en esa funcion. Caro y Toña me acompañaban a las juntas, y durante mis discursos las veia yo que me hacian señas de que pidiera alguna donacion, que no se me fuera olvidar.

Yo hablaba acerca de los sacrificios de los trabajadores y estadisticas de las ganancias de los rancheros, pero nunca podia abrir la boca para pedir la donacion. Nomas no podia.

Por fin confese que soy un fracaso en el Departamento Pediches.

Hice la decision de entrar al Plan B. Tenia que delegar la tarea a otra persona que hiciera el pedido

Cuando hacia una cita para discutir 'la lucha de los campesinos', siempre le pedia a la persona encargada de organizar las juntas, que por favor asignara alguno de los miembros que pidieran una donacion para los campesinos.

Toña o Caro tambien las delegaba antes de llegar a una reunion, cuando me acompañaban. La gente respondia favorablemente. Eran muy generosos.

Para mis compañeras de boicot era tan facil pedir donaciones y lo hacian con gran satisfaccion. Nunca trate de quitarles esa dicha.

EL BLANCO

Aunque las uvas se cosechaban y se producian en nuestro bello estado dorado California, los Californianos no comprabamos ni comiamos uvas. De manera es que toda la uva se vendia en los mercados en el Este del país. Era necesario transportar la fruta hasta los Terminales de Producto .por medio de ferrocaril. en immensos vagones refrigerados.

La meta del Boicot era de concentrar nuestros esfuerzos en las cadenas mayores de mercados del 'Eastern Seaboard' El enfoque en New York estaba concentrado en el mercado A& P. Esta cadena se conocia como la mas grande en ventas de menoreo en New York y esos vecindarios.

En Filadelfia, la cadena mas grande era ACME. Desde luego que todas estas cadenas de mercados de menoreo estaban muy conformes en que los boicoteros dedicaran todo su tiempo en hacerle lineas de protesta al Mercado A&P. Otras cadenas tambien competidoras en el Mercado eran PENN FRUIT Y FOOD FAIR.

Aunque el periodico Filadelfia Inquirer habia predicho las noticias tan desfavorables con respecto al boicot en esa area, no tomaban en cuenta todos los Comites Amigos de los Campesinos que estaban surgiendo en varios pueblitos en las orillas de la ciudad - Los Suburbios. Por alla les llaman suburbios, de este lado del país, les llamamos areas rurales.

Cabe decir que los Suburbios del Este no son iguales que los Rurales del Oeste. Los residentes de Suburbia mas adinerados residen fuera de la ciudad, las casas parecen mansiones entre los arrabales, con acres de yardas. De manera es que los residentes de Los Suburbios cuentan con un gran poder politico. Cuando levanta la voz una consumidora Suburbianita, todo mundo escucha. Aparte de tener una gran voz, tambien tienen una gran cuenta de banco.

Mientras aqui en el Oeste, las areas rurales cuentan con liebres, borregas y una manada de vacas .

Las participantes en los Comites Amigos en Suburbia, iban directamente con los gerentes de los mercados en blanco, registraban su protesta personalmente, demostraban ser patrocinadoras del Mercado, hacian el pedido que no querian ver uvas de Californina en los estanques de fruta en ese Mercado, de no ser asi, iban a llevar su patrocinio a otro Mercado mas coóperativo

Los gerentes pronto removian las uvas del Mercado. Mas vale el patrocinio de una buen consumidora que una caja de uvas.

ERI

Uno de mis contactos mas valiosos era La Union de Mercados Menoristas -Local 1357. Esta Union estaba bajo la direccion de Wendall Young. Young asigno uno de los Representantes Sindicales Eri. Su mision era de ayudarme acerca de las reglas y reglamentos relacionados a cualquier protestas que habiamos planeado los Comites Amigos en contra de los mercados. Ya que todos los mercados en Filadelfia estaban organizados por los sindicatos.de menoristas.

Eri era un amor. Con el pelo negro ondulado como Tom Jones, las caracteristicas de un pandillero, la cara de John Travolta y el vocabulario de Al Capone, esto describe a Eri, mas o menos. El era de descendencia Welch-Irlandes, pero su hablar y su acento eran del lexicon de las calles de Filadelfia. De alli venia su crianza y su educacion. Era muy bromista y a la vez muy sexista. Saludaba a las voluntarias con

"Eres rica.?"

"Yo no. Pero mi papá si es."

"Porque no vamos a mi coche y hacemos el amor?" una de sus muchas conversaciones para molestar a las damas. No le hacian caso.

A mi pronto me nombró 'La Malvada Bruja del Oeste" con el intento de buscarle tres pies al gato,. Yo lo dejaba que hiciera su papel juguetón. Conveniamos en serio cuando era tiempo de tomar las cosas en serio.

Los hombres en esa parte del país se refieren a las mujeres con un apodo muy grosero, muy denigrante. La mujer la nombran "broad" como si toda mujer fuera una libertina.

Eri acostumbraba a llamar a las mujeres "broads estupidas, o broads tontas," Sabia que si queria hacerme accionar solo tenia que llamarnos 'broads'.

Yo no supe aceptar esa palabrita 'broad' cuando se referia a mi, o a Caro y Toña.

Esa palabra la oia yo en peliculas de pandilleros con el vernacular de los mafiosos. Palabra que usaban cuando se dirigian a una mujersuela, "esa estupida, o esa tonta."

"Nosotras no somos 'broads' mucho menos estupidas o tontas." le dije la primer vez que nos llamo de esa manera. "Y no nos llames asi, si es que quieres discutir las cosas en serio. No te voy hacer caso hasta que nos hables con respeto."

Solo que para Eri no era falta de respeto. Ya estaba tan acostumbrado hablar de esa manera. El pedirle que dejara de hablar a su manera, era ponerle valores a su caracter. Asi como lo hacian los maestros en la escuela que no nos permitian hablar el Español.

Pense que cuando estes en Roma debes hacer lo que hacen los Romanos. Era yo la que tenia que hacer unos cambios para no ofender a nadie. De manera habia veces que se las pasaba hasta que me fui acostumbrando, pero lo de 'estupida y tonta' nomas no me la tragaba.

Sin embargo Toña y Caro adoraban a Eri. El no dirigia sus picardias asi a ellas. En primer lugar no entendian todos sus chistes de mal gusto. De manera es que no le seguian la corriente a Eri. Mis hijos Val y David les encantaba escuchar las conversaciones de Eri, ya que parecia estar escuchando al jefe de los mafiosos.

Tenia que haber un acuerdo con aquellos mercados que estaban representados por las Uniones de Menoristas, con respecto al conflicto de las uvas y hacer protestas en frente de dichos mercados..

Los Campesinos ahora eran partidiarios de un sindicato - la AFL-CIO. Y como estaban en huelga, aunque en un estado tres mil millas de lejos, habia un obligacion por parte de todo sindicato bajo la misma sombrilla - AFL-CIO de respetar dicha huelga y a la vez respaldar el boicoteo de las uvas.

Acorde en ponerme en contacto con Eri cuando tenia pensado poner una linea de protesta frente a cualquier Mercado en la ciudad. Los Comites Amigos tambien tenian que informarle a Eri y a mi.

Nos explicó Eri que los Dependientes de los mercados todos eran miembros del sindicato,

"Y no esta muy bien que Uds esten haciendo linea de piquete a sus hermanos miembros de otro sindicato" Yo le dije,

"No estamos haciendo linea a los Dependientes en el Mercado. Estamos protestando el hecho de que el Mercado esta vendiendo uvas de California."

EL PLAN C.

No tardaron las "broads tontas" en Suburbia en darse cuenta que los mercados quitaban las uvas durante el tiempo que ellas estaban presente para darles el gusto, pero en cuanto se iban el gerente ordenaba que volvieran a poner las uvas en los estanques de nuevo. Traviesos. Tramposos, Malcriados. El teléfono no dejaba de sonar. Las Suburbianitas estaban furiosas

Bueno vamos a poner el Plan C en marcha.

Nos agrupamos de nuevo. Asignamos espias que fueran averiguar si de verdad nos habian dado puñaladas traseras. Si como no. Alli estaban de nuevo.

Aumentamos las participantes del Comite Confrontador y otra vez a platicar con el gerente traidor.

"Pero es que mis clientes estan exigiendo uvas. Yo tengo que darle gusto a mis clientes".: dijo el muy mentiroso. "Yo se que Uds son buenas clientes y voy a quitar las uvas otra vez." Y ordenó que retiraran las uvas

"Ah no." dijo la cabecilla del Comite, " No las lleves otra vez al almacen. Yo quiero ver que las tires en el bote de la basura. Asi estaremos seguras que no las volveremos a ver en venta."

"No. No puedo hacer eso. Yo no tengo autoridad para botar la fruta." dijo el gerente. "Necesito autorizacion de la oficina central."

."OK. Vamos hacer linea de protesta afuera hasta que recibas tus ordenes de autorizacion." le dijo ella con una sonrisa muy dulce. Recogimos los cartelones y nos fuimos a marchar afuera del Mercado. Empezamos hablar con los clientes antes de que entraran y los clientes en sus autos antes de que bajaran.

Lo mas bonito de Filadelfia y esto me lo aprendi en la escuela durante mis clases de historia. Filadelfia es La Madrina de los Sindicatos. Casi el cien porciento de las industrias estan representadas por un sindicato De manera es que todos conocen el significado de una linea de protesta. Nadie cruza estas lineas. Piden informes, Sacan la vuelta y siguen su camino. Nadie cruza la linea. Los sitios de estacionamiento pronto quedan vacios

"Este Mercado vende uvas! Apoyen a los Campesinos.:" Pos todo cliente, consumidor y patrocinador de dicho Mercado en blanco no se molestan en abajarse de sus coches solo dan la vuelta y van a otro Mercado. Otros llegaban a pedir informacion acerca del motivo por la protesta, les deciamos acerca del boicot de las uvas, "este Mercado vende uvas", les dabamos un volante informativo, otros nos informaban "yo no compro uvas y sigo apoyando a los campesinos de California," y seguian su camino. Tambien habia aquellos que solo sonaban el claxon, nos saludaban del coche. Mas del tiempo los Dependientes nos observaban desde adentro, dichosos de no haber nada que hacer mientras el espacio de estacionamiento quedaba mas y mas sin clientes.

Volvio el gerente y nos dijo,

"OK. La oficina central ya me dio autorizacion."

Los Dependientes vaciaron las uvas en el bote de la basura.

LA GENTE QUIEN TE PUEDE AYUDAR.

De diario me sentia espantada por las palabras de Fred Ross, durante mis horas despierta y tambien cuando dormia.

"La gente quien te puede ayudar, no tiene tiempo de ayudarte." Tenia que descodificar el significado de esa frase

Llego el dia cuando Eric y Caro tenian una cita para discutir el asunto con un grupo de estudiantes, Jean y Toña habian programado otro encuentro, mis hijos estaban en la escuela, yo tenia una reunion esa tarde y no llevaba mucho apuro en bañarme y hacer preparativas. Estaba cantando mi Frasesita Espinosa, "la gente que te puede ayudar, nooooooooooo tiene tiempo de ayudaaaaaaaaaaaaarte." y asi estaba pasando el tiempo. De pronto vi mi imagen en el espejo cuando quise limpiarle el vapor, y alli vi la respuesta,

"Desde luego. Como seras boba. Las Mujeres!"

Cuando habiamos estado en New York, durante la reunion y note que una gran mayoria de los Voluntarios eran estudiantes. Ellos tenian su propio estilo de vestir, un lexicon obsceno, y sus habitos de descuido personal el cual dejaba mucho que desear pero en ese entonces era La Moda. "No le hagas confianza a nadie mayor de 30 años." era su lema

Yo en lo personal no podia relacionar a este estilo de moda y sentia que no hiba poder ser efectiva en el reclutamiento de estudiantes. Yo ya era mayor de 30 años y era muy vieja para ellos. "Y como me voy a ganar su confianza." era mi lamento.

Los Voluntarios en Filadelfia, al contrario, eran un grupo muy distinto. La mayoria eran adultos, de esa generacion que suelen bañarse, peinarse vestir traje y corbata antes de salir a sus empleos. Sus modales muy profesionales y su hablar muy respetoso. Muchos eran mucho mayor que yo y no me sentia tan lejos del corral.

Eric y Jean llevaban a Toña o a Caro a las reuniones de sindicatos donde podian relacionar con otros trabajadores. Trabajadores que comprendian lo que era laborar bajo de condiciones insatisfactorias, sueldos bajos y patrones tramposos.

Ellas les informaban el porque se habian visto obligadas a salirse en huelga, el conflicto que habia surgido por medio de esa huelga, y la responsabilidad de recaudar fondos para los huelgistas. La experencia que habian vivido y sufrido ellas, sus padres y sus compañeros les daba mas animo en discutir la lucha.

Yo en cambio era mas efectiva en aquello de discutir las estadisticas, numeraciones o el tema de las pesticidas tan venenosas que se estaban aplicando en los campos de California.

Los participantes hacian sus donaciones sin que yo les pidiera

Notaba yo que en estas reuniones, conferencias y seminarios, siempre estaban llenas las salas de personas interesadas en el tema. Que diferencia a las reuniones en California donde se utilizaban muchas disculpas para no atender o informarse de lo sucedido

Aqui de este lado del pais tambien note que la gran mayoria de personas quienes atendian estas reuniones eran mujeres.

Forme una lista de personas que no tienen tiempo de ayudarme

Mujeres profesionistas desde luego estaban muy ocupadas,

Mama no tenia tiempo,

Maestras, Trabajadoras Sociales, Organizadores Sindicales, Miembros Sindicales, la Mano de Obra. Todo mundo no tenia tiempo para ayudarme

Sin embargo el poder que empujaba la carreta de Mercado era Mami, pero el poder de las finanzas, el que firmaba los cheques era Papi.

Es mas muchos hombres se veian en los mercados haciendo compras, y muchas mujeres ahora eran las que firmaban los cheques de las compras,

Me tube que conformar con el hecho de que El Poder que empuja La Carreta de Mercado eran todos los arriba escritos, - EL CONSUMI-DOR.

EL PODER DETRAS DE LAS ESCENAS

JEAN Y ERIC

Jean y Eric eran los coordinadores del boicot hasta que llegamos nosotras. Mucho del trabajo inicial ya se habia hecho. Ya habian establecido contactos, Comitivas en diferentes areas, pueblos y suburbios. Varios grupos, organizaciones y sindicales ya estaban al tanto del conflicto en California. Solo habia que seguir comunicacion con los contactos y no dejarlos enfriarse.

Jean era quien hacia las llamadas telefonicas, las citas para discursos, las reuniones con los distintos grupos. Siempre estaba ocupada con este oficio. Ella y Eric tenian su propio agenda, se acoplaban y manejaban su rutina muy bien sin necesidad de intervencion de ninguna de nosotras. Nuestras programaciones nos mandaban en distintas direcciones.

De manera es que aprendi poco de ellos, de donde venian o acerca de sus pasados

TOÑA

Toña y su familia eran huelgistas, residentes de un pueblito agricultural llamado Earlimart.

En el año 1965 se habian salido en huelga de una de las grandes vinatas propiedad de Guimarra Productores de Uva. Vinata que contaba con miles de acres de uva en el area de Deleno.

Antonia se habia prestado. como Voluntaria para acompañar a la primer ola de boicoteros. Grupo que habian hecho el viaje atraves del país en un camion viejo quejumbroso que tambien cadecia de calefaccion.. Toña la habian asignado al boicot de New York.

En esos dias llego a conocer a Chuck. Se conocieron por accidente ya que ocurrio durante un accidente de auto. Segun nos conto ella,

"Habiamos asistido a una junta sindical. Despues de la reunion ibamos por las orillas del lago Potomac y por ir de turistas le dimos el golpazo al carro que iba en frente de nosotros.. Por suerte los pasajeros del auto accidentado eran representantes del Sindicato Internacional de Trabajadores en Muelles.

Resulto que me quebre la nariz y me llevaron a uno de los hospitales del sindicato."

Durante su estancia como paciente, Chuck, uno de los representantes la visitaba con frecuencia y acabo con ser su pretendiente. Cuando yo conoci a Toña hablaba de su enamorado como 'mi fianceé'.

Cuando estabamos en Tres Rios preparando para salir al boicot. Cesar Chavez habia hablado con Toña, oi que le dijo,

"Ya fuiste al boicot una vez y te regresaste. Cuanto tiempo piensas estar esta vez? La Union no puede estar mandando gente en viajes de placer." Chavez estaba enterado de que habia un noviazgo entre las uvas podridas en los muelles de New York. Toña le habia contestado, " Fue necesario regresarme porque mi Madre estaba enferma y me necesitaba. Si no fuera por eso yo todavia estuviera en New York."

Por tal de evitar otro fracaso del corazon en New York, Chavez le habia designado que trabajara conmigo en Filadelfia, para que se enfocara solo en el boicot de uvas.

Quiera que no quiera Toña fue delegada hasta Filadelfia lejos de los muelles. de New York.

Toña es una muñeca con medida de poco mas de cuatro pies. Con pelo negro, tan largo que le colgaba hasta sus cuadriles. Por tal de evitar incidentes peligrosos, le gustaba contener las mechas en coronas de trenzas arriba de su cabeza. No usabe maquillaje en su cara redonda como manzana. Si lucia una sonrisa constante que hacia que le brillaran sus ojos negros. Nos mantenia despiertos y alertas con sus canciones rancheras. Canciones que cantaba a grito abierto hasta en sus sueños.

CARO

"...tengo que hablar muy rapido antes de que se vayan los esqui-
roles y no me escuchan."

Carolina habia trabajado con campesinos Filipinos y se habia salido en huelga con ellos cuando se hizo la decision de dejar los trabajos. Guapa, atractiva de raza India Cherokee y Mexico Americana. Tambien le gustaba lucir su pelo negro largo trenzado en dos trensotas al estilo de las Indias. Estas dos cuerdas de pelo cuando no le colgaban por la espalda, lo traia enredado en el cuello. Su figura ya habia perdido la linea, pero aún no le pegaba a la obesidad. Es de un caracter muy placentero, igual que Toña. Esto les dio la ventaja de llegar a ser buenas amigas y compañeras de re-camara muy compatibles. Nunca las oi que discutieran. Caro tambien le gustaba cantar. Juntaban sus voces las dos y se acoplaban en un dueto que deleitaba escucharlas.

La oficina de Boicot siempre estaba llena de musica, rancheras, roman-ticas y desde luego aquellas canciones de Revolucion, Esperanza y Union.

Pronto me dieron la información que Caro tambien tenia intereses del corazon en las orillas del mar Atlantico. Este amor tenia por nombre Mike. Mike, tambien huelgista era uno de los primeros campesinos que habian marchado con Cesar Chavez en la marcha de tres cientas millas, desde Deleno hasta Sacramento, la capital de California. Era originario de Deleno. Ahora se encontraba en Boston, Massachusets ayudando a Marcos con el boicot de uvas en esa area.

Por esa razon tambien Caro fue delegada hasta Filadelfia para que se concentrara en eliminar uvas.

Caro acostumbraba hablar muy rapido cuando se levantaba durante un discurso y para contestar alguna pregunta. Hasta se le acababa el resuello. Por fin le dije,

"No hables tan rapido Mija. Mas despacito para que puedas entregar todo tu mensaje de manera que se te entienda,"

"Yo se que hablo muy rapido. Es que cuando andabamos en la huelga, teniamos que hablar con los esquiroles antes de que corrieran y ya no me escuchaban. Tambien los reporteros de television nos daban pocos minutos para dar nuestra informacion y yo trataba de decirlo todo y no me alcanzaba el tiempo."

'Esquirol' era el sobre nombre que los huelgistas llamaban a las personas que cruzaban las lineas de piquete asi quebrando la huelga.

Poco a poco Caro empezó a moderar sus discursos. Con tanta presion, apuros, reuniones, juntas, conferencias y la falta de comida Mexicana, Caro empezo a perder peso. Muy pronto parecia una bella Pocahontas.

El amor jala toneladas y no paso el tiempo cuando Mike hizo el viaje desde Boston a visitar a Caro. Se llevo una grata sorpresa cuando observo el cambio tan positivo en Caro. Hasta entonces Mike habia arrastrado las patas en proponerle matrimonio a Caro. Durante su visita se dio cuenta que habia muchos vecinos Portoriqueños jovenes, muy guapos y cual mas de todos veian a Caro con ojos brillantes de interes.

Antes de regresar para Boston Mike aseguro el compromiso, y es mas la fecha del matrimonio. Le regalo un disco "Sweet Caroline" o sea 'Dulce Carolina'.

Despues que se fue Mike, teniamos que escuchar las notas musicales baroniles de Neil Diamond quien le cantaba a la Dulce Carolina,

TODOS LOS DIAS!!

SEÑOR SAN ANTONIO

Mi cuarto en el tercer pizo no tenia ventanas y por tal de ver para afuera yo tenia que pasar por el cuarto de mis compañeras. El cuarto de ellas en el segundo piso si tenia una ventana al lado de la calle.

¿Por que era necesario traspasar la recamara de ellas? Varias razones, - una a ver que andaban haciendo mis hijos y tambien los hijos de los vecinos. - - otra que a los chamacos les encantaba mi carrito Huelga Bird. Una vez los sorprendi tratando de quitarle el techo al coche. Si no llego a tiempo me hubieran convertido mi carrito en un convertible sin tapa.. Cuando estaba descansando acostumbraba a echarle un ojo tanto a mis hijos como a los vecinos y al auto.

En esas ciudades de ladrillo no hay mucho donde se puedan divertir los chamacos. Mi auto era un juguete para ellos..

Caro y Toña guardaban un estatua de San Antonio en su cuarto. Un dia pase por el cuarto con el fin de arriba dicho, note que San Antonio estaba con la cabeza metida en un vaso de agua y los pies bailando en el aire.

"Oh. Pobrecito Beibi." Rescate a San Antonio del vaso de agua. Le puse una toalla para secarlo con cuidado y le volvi a su lugar. Mucho despues oi un grito del cuarto de las mujeres,

¿"Quien sacó a San Antonio del vaso de agua?" Escuchaba yo el panico en la voz de Toña. Subi al cuarto y confese que yo era la culpable salvavidas de santos.

"Esperanza, lo tenemos en el vaso de agua para que nos ayude con el boicot," me explicó algo desesperada.

"Como nos va ayudar si lo estas ahogando! No puede resollar de bajo del agua!" Por lo visto yo no soy muy sabia con respecto a los santos.

"De eso se trata," me dice Toña, "cuando empieze a sofocarse va tener que prometernos que vamos a ganar el boicot. De otra manera se va quedar con la cabeza bajo del agua" Dando un grito al cielo "Dame fuerzas Señor! Sali del cuarto hablando sola.

Toña agregó la información que si dejara a San Antonio con las patas pa'rriba con su cabeza en el agua, por algun tiempo, tambien tenia poderes de traerme un novio, amante o esposo.

"Todavia mas fuerzas Señor!"

Con esa informacion me comprometi a pasar el cuarto de mis amigas lo mas frecuente posible para rescatar a San Antonio de su sepulcro aquatico. Este no era tiempo para perder en amorios y busqueda de maridos.

Caro y Toña se acostumbraron a mi proceder tan anti Catolico y metiche de andar rescatando santos. Pronto metian al pobrecito San Antonio a su vaso de agua. Aún sin embargo pudimos sobrevivir el conflicto religioso.

LILI
Alguna persona con mucha visión como esos que tienen el don de descubrir aquellas personas movedoras, activas y luchistas refirio a Lili a nuestra oficina de Boicot en la calle Mascher.

Lili, una jovencita de 20 años, estudiante de la Universidad Temple de Filadelfia, tenia una piel blanca como el algodon y montones de mechas rizadas. Esta pila de pelo lo mantenia guardado severamente y bajo control con una liga de ule. Lilli no queria perder su tiempo con el pelo durante todo el dia y asi poder llevar acabo su plan del dia.

Llego con gran motivación de querer ayudar.

Sabiendo que yo no era muy util con los estudiantes, de inmediato le delegue a Lilli el reclutamiento de estudiantes. Lilli no tenia mis limitaciones neuroticas acerca de platicar con gente desconocida.

Ella no perdio tiempo en reunir a los alumnos que apoyaran a los Campesinos de California, que boicotearan las uvas y es mas que las removieran totalmente de las cafeterias de la Universidad.

Lili era un verdadero seismo. Una tardecita despejada, llegó Lili con una camioneta llena de ropa. Habia conseguido la camioneta de una tintorería la cual habia donado toda la ropa, ya limpia, que no habian reclamado los clientes por meses. La ropa estaba abandonada, olvidada por sus dueñas y la tintoreria necesitaba el espacio. La camioneta venia llena de tendederos de ropa de mujer. No era ropa barratona, traia etiquetas de tiendas de calidad.

De manera es que las ganadoras de esa loteria de moda, fuimos nosotras, las Campesinas.

De alguna manera u otra San Antonio estaba poniendo su granito de arena.

Pusimos mano a la obra, hicimos limpieza del subterraneo, vestuario de verano para un lado, trajes de invierno al otro. Por suerte y quizas intervención de San Antonio, toda esa ropa estaba exactamente de nuestra medida. y nuestra sala subterranea pronto parecia una verdadera sala de modelos

Deleno tenia su Casa Rosada Macys, nosotras teniamos la Casa Boicot Nieman Marcus. Cada dia cambiabamos de vestido o traje.

Cuando regrese a California, aún habian vestidos que no habiamos estrenado.

OCTAVIA

Nos cayo lluvia de suerte con la presencia de la siguiente Voluntaria Poderosa - Octavia, joven, madre de dos hijas quinceañeras, guapa con su pelo rubio y sus ojos azules era producto de las Sierras Apalachias y se habia creado en ese ambiente de pobreza y necesidad. Su condicion de existir habia cambiado positivamente.. Ahora era parte de aquellas familias influyentes - una Suburbianista. Estaba casada con Richard un escritor de peliculas televisadas. Vivian en un Suburbio llamado Amber.

El pasado de pobreza, Octavia aún lo tenia muy presente. La pobreza para ella era igual que tacos llenos de gusanos eran para mi, las Semillas de la Ira..

Convenimos desde un principio. Octavia era muy activa y motivadora en su paroquia.

Cuando le informe que la iglesia no era muy pro activa en el conflicto de los campesinos, ni con el boicot de las uvas, " No lo puedo creér," me dijo con la boca abierta.

"Segun los que mandan mas en la iglesia opinan que es un tema muy controversial," le dije. "Como que un tema muy controversial!" explotó Octavia, "Pos ya veremos!."

Ella adoptó a Los Campesinos como su propia Causa Privada. Se convirtio en una de las grandes amigas en esta lucha.

HERMANA REGINA

Octavia como la mas reciente participante del Comite de Los Amigos, quedó aún mas asombrada cuando se dio cuenta que ella y nosotras eramos las unicas Catolicas en el grupo. Todos los del Comite era Judios.

Gracias a la intervención de Octavia conocimos a la Hermana Regina. Hablando con la Hermana le informe de nuestro propósito y la necesidad de incluír a todo mundo en el boicot de las uvas para poder lograr nuestra meta - justicia para los trabajadores mas explotados en California,

"Nos hace mucha falta el apoyo de la Iglesia. Trate de hablar con el Cardinal que se encuentra aqui en Filadelfia, pero no he podido lograr una cita con el. ¿Sabia Ud Hermana que el 99% de personas que apoyan a los campesinos y al boicot son Judios?." Se le abrieron los ojos a la Hermana como platos, "El apoyo y la mano que nos dan son tan generosos e iguales a Cristo, que ay veces que considero convertirme en Judia." Se le rosearon los ojos a la pobre Madrecita con mis amenazas de conversion. Senti como una traidora por haberle causado ese dolor aunque esto no era mi intento.

Hermana Regina no estaba para perder el tiempo en lagrimas, enderezo sus hombros y me dirigio una mirada muy fija, me dice, "Yo me encargo de esto." Asi fue.

Habló con la Comision del Cardinal en Relaciones Humanas de la Archidiócesis de Filadelfia, y nos informó que hicieramos cita con el Padre Devlin.

¿"Porque quieres hablar con el Cardinal?" me pregunto el Padre.

"Porque el es el encabezado de la Iglesia. Quien mejor que el puede convencer a los filigreses Catolicas que den su apoyo. No tanto a Los Campesinos de California pero a todo campesino en este país. Hasta horita no he podido hablar ni con el Monseñor Dowling."

"Ay Esperanza. Esperanza! Esperanza! Que no te has dado cuenta que muchas veces el Numero Dos trabaja mejor!"

¿"Y quien es el Numero Dos?"

"Lo tienes presente." Asi era. En asuntos de manejos, el Padre Devlin era el Segundo del Monseñor.

El Padre Devlin, la Hermana Regina [y quizas San Antonio] eran un equipo formidable. Producieron peticiones para toda la Diocesis. Mobilizaron a todas las iglesias del area local y de afuera y cada una recibio peticiones para los filigreses. Cada peticion contenia unas treinta nombres que firmar. Cada firmador prometia no comprar uvas de California hasta que se resolviera el conflicto con los trabajadores en Huelga.

Todas estas peticiones iban ir hasta Washington y ser presentadas a los miembros del Congreso.

Ese mismo año nos trasportaron en camiones hasta Washington, DC, cargados de libros llenos de peticiones firmadas por los Catolicas de Filadelfia. Segun nos informaron las peticiones contaban unas 30,000 firmas de personas que no iban a comprar uvas.

MI REINO POR UN JALAPEÑO

La ciudad de Filadelfia era mas que generosa con nosotras. No cadeciamos de nada. Quizas porque San Antonio se estaba ahogando o quizas porque yo lo sacabe de su aguario, estabamos benditas. Recibiamos donaciones de los Sindicatos locales y de la comunidad en general. Estabamos bien mantenidas. Filadelfia no queria pasar la vergüenza de que a las campesinas de California les faltaba alguna cosa. California permitia esto pero no Filadefia. Ni lo mande Dios.

Aún, sin embargo. Siempre ay un sin embargo. Aunque pudimos sacar a las campesinas de la cocina, no pudimos sacar la cocina de las campesinas, a pesar del dictamen que yo habia impuesto de que cada quien iba ser su propia cocina en este boicot,

Carolina era maternal de nacimiento y solo con verle las carras de hambre a mis hijos se ponia hacerles que cenaran junto con lo de ella. Ella y Toña se encargaban de darles de comer en mi ausencia. Ninguno de mis hijos se quejaron de ver la cena en la mesa tan seguido.

En Filadelfia, al principio aprendimos a conocer los platillos del Este, platillos de las distintas razas de alli, de Judios, Italianos, Irlandeses, Porto Riqueños y en fin. Platillos tal como -*kniches, matzo, blintzes, lechon, pretzels, hoagies* y asi por el estilo de alla de aquel lado.

Los *blintzes* eran como tacos Judios, el pan *matzo*, parecian mas bien tortillas duras. Los *hoagies* eran tortas que se vendian en puestos mobiles, y estaban repletas de todo jamon, queso, pastrami, y verduras, o sea un *burrito gringo*. Los *pretzels* son unas tiras de pan entrenzados como un numero ocho. Tambien los vendian en carritos mobiles Pan calientito, recien cosido y con un olor a cielos. Y con el frio que hace en Filadelfia esos panecitos calentaban hasta el alma. Eran grandisimos y suavecito que hasta quedaba una con la boca abierta y saboriando. Que olores, perfumes de alimentos nos asaltaban la nariz, Los alimentos en este lado del país eran nada mas que deliciosas..

Cuando ya terminó la novedad de estas dietas, entonces nos alcanzó el hambre. Volvimos a la realidad. Nos dirigimos a los mercados en busca de tortillas, frijoles, arroz, chiles, Nada! En ninguna parte encontrabamos la comida de Dios.

Nos agrupamos de nuevo Toña, Carolina y yo. Esto ya era cosa seria. No podiamos organizar con hambre. Teniamos que mover toda esta comida judia para atras de la estufa y que sirviera como aperitivo mientras que encontrabamos alimentos con sustancia. Por el momento hicimos las uvas un lado tambien, ya que este asunto se trataba de sobrevivir

Llame a Eri, ya que el era el experto en mercados de menoreo.

"En los mercados no van encontrar esos articulos," me dijo. ":Porque no vas a la bodega de mayoreo, puede que alli encuentran todo eso, pero en mayoreo."

Hice llamadas a las distintas bodegas hasta que una me informó que tenian harina, frijol y arroz pero en costales de cien libras cada uno.

Con el hambre que traiamos, cien libras eran pocas

Con peligro de que se nos poncharan las llantas del auto, lo llenamos de costales pesados de granos. Ahora si ya podiamos comer.

Pero no habiamos encontrado chiles. Esta Guerra aún no la ganabamos.

Le escribi una carta llena de lagrimas a Jessie en Fresno. Le conte que ya habiamos encontrado lo basico pero que estabamos sufriendo por una salsa de chile. Le llore que en este paraiso todo teniamos menos chiles y que estabamos en peligro de delirar

Jessie no perdio tiempo en mandarnos una caja llena de botes de chiles jalapeño y otros de nopales. Bendita mujer. Hicimos fiesta con tortillas de harina hechas a mano, frijoles del olla, arroz al estilo terre, y una gran salsa de chile jalapeño. Era como darle oxigeno a uno que le falta la respiración.

Esa tarde cantamos canciones de Union en honor de Jessie.

VAMOS A PONERLE RUEDAS A ESTE SINDICATO.

Corrimos la palabra y mantuvimos el Boicot alerta. Cuando no teniamos citas para algun discurso, saliamos a pasar volantes en frente de los mercados, en los centros de compras, hablando con el consumidor donde quiera que se encontraba, e informandoles del proposito de nuestra visita a Filadelfia.

Platicabamos con amas de casa, niñeras, profesionistas, mujeres en general. No nos tenian miedo, ya que eramos tres campesinas que no inspirabamos mucho terror, ni componiamos ningun amenaza,

Una señora se detuvo y me dice, " Porque no se vuelven Uds para Cuba de donde vinieron. Ese dictador Chavez es un comunista.:"

"No señora," le dije, "Cesar Chavez no es un comunista. El es nacido en este país, es un campesino sin violencia, el participo en el servicio militar durante la Guerra, es residente de California y mas Catolica que el Cardinal. Chavez tiene ocho hijos y siempre le ha sido fiel a su esposa y nunca a estado en Cuba."

Despues de escuchar mi discurso la Sra prometio no comprar uvas.

Mi hijo David de doce años no perdio tiempo en hacer amistades en el barrio. Formo un grupo de sus amiguitos, les platico el porque habiamos venido desde California. Decidieron formar una linea de piquete frente de Penn Fruit, una de las mayores cadenas de menoreo la cual estaba situada cerca de la calle Mascher donde viviamos. Yo no les quite la intención, pero les dije, "esperen a que vayan algunos adultos con Uds para que no vayan a creér que son unos vagos."

Los adultos que acordaron en participar en la linea de David eran Juanita, Evelyn, Veronica, Toña, Carolina y yo. Los amigos de David eran unos diez chamacos

Ese fin de semana les estableci las reglas de norma y responsabilidades a los chamacos,

- nada de insultos, no van hacer groseros con la clientela del Mercado, traten a los clientes con respeto y cortesia. El consumidor no es el enemigo. Uds van a compartir informacion y pasar estos volantes. Uds van a enseñar, pero tambien van aprender.- .

Dicha linea de informacion de mi hijo David se llevo acabo de mil maravillas. Los chicos aprendieron que no hay necesidad de violencia para convencer al cliente.

Un domingo se le ocurrio a Eric que era tiempo de tomar un dia de descanso. Sugerio que fueramos hasta el estado de New Jersey,

Los Estados del Este estan tan cerca como los condados aqui en California y tan pequeños

El famoso Boardwalk de Atlantic City se encontraba en la playa de New Jersey.y hasta alli fuimos a conocer. Despues de visitar el Boardwalk, nos pasamos a ver otros sitios historicos. Yo estaba facinada con la Campana de la Libertad y con la Sala de Independencia. ¿"Porque estas tan encantada con esas antiguedades?" me preguntó Toña.

"Porque los conoci en mis libros de la historia. Son viejos amigos," le conteste. me observó como que yo ya habia perdido el sentido por completo.

Pasamos el dia como turistas, todos agradecidos con el dia de descanso.

ESTRES NU YORQUINO.

Recibi una llamada de Pancho, mi co-piloto tras-país, "Aqui estoy en la estacion del tren. Puede alguen venir por mi?" Me di voluntaria para ir a levanter y traerlo a la casa.. Cuando lo devise me quede aombrada boca abierta. La cara se le veía decaida, acalenturada, los ojos sumidos. Venia solo huesos andando. Quizo sonreirse al saludarme pero no pudo. Venia muy debil. Despues del choque emocional le dije,

"Pareces la muerte comiendo galletas," quize darle un saludo de alegria.

Cuando subio al carro, Pancho saco una botella de brandy que traía y con las manos que le temblaban levantó la botella y se tomo un trago grande, Le dije como si yo fuera su madre, "Oh. Con razon te vez tan fresco y lleno de salud. Vienes borracho!"

"No te preocupes," me contestó, " es Brandy de Christian Brothers. Es una vinata de Union." Con esa aseguranza de licor me dio otra sorpresa emocional, sacó una toalla que traía de bajo de la chamarra. La toalla estaba empapada de sangre fresca, roja obscura. Se puso la toalla a la boca y escupio aún mas sangre. Entonces si me asuste,

"Pancho estas con hemorragia! ¿ Que acaso tienes tuberculosis?" se me subio lo de enfermera. "No. Es el estomago. Siento las rodillas como pedazos de tela vieja mojada y la cabeza me esta zumbando que parece que esta llena de abejas. Me siento muy mal. No te puedo describir." Se le cerraban los ojos.

"Vale mas llevarte a emergencia. Tu necesitas asistencia de un médico." le dije

"No. No tengas cuidado. Solo llevame a la casa. Necesito acostarme y descansar." Se recosto en el asiento del carro y cerro los ojos. Ya no le hice platica.

Cuando llegamos a la casa, las mujeres estaban alegres de verlo, y trataron de ocultar el asombro al verlo. Toña y Caro se les subio lo maternal tambien y pronto se pusieron a cocinarle algo que comiera. Yo no estaba muy segura de que hiba poder comer, con la calentura que demostraba o que hiba retener ningun bocado antes de vomitarse de nuevo. Por lo visto el pobre no habia probado comida por mucho tiempo, quizas dias.

Me puse a pensar que quizas las uniones de New York, no eran tan generosas con sus Boicoteros locales como lo eran las organizaciones con nosotras en Filadelfia.

Pancho siguio tomando tragos de la botella de brandy. "Mira Pancho, yo se que parezco ser tu madre, pero no creés que eso le esta haciendo mucho daño al estomago?"

"Es que el alcohol detiene la hemorragia,"

Pues yo nunca habia oido que el brandy servia como coagulante, pero quien sabe. El Mezcal me habia curado de la gripe en Ohio, puede ser que Christian Brothers curaba ulceras en Filadelfia.

"Porque no tratas de comer algo fresco. Tenemos nieve. Eso te puede coagular la sangre. Parece que tienes fiebre" Otra vez la enfermera surgia. Pancho quizo comer algo ,

"El conductor en el tren me miro que estaba tosiendo con sangre, y quizo llamar un ambulancia en una de las paradas, pero le dije que solo queria llegar aqui con Uds." le dije que "Yo lo que necesito son 24 horas de dormir sin interumpcion.."

Despues que probó un caldo que le hicieron Toña y Caro, le preste mi cuarto el cual estaba en el tercer pizo y alli no habia ruido. Parece que se calmó con el caldo y se quedo bien dormido en un sueño de agotamiento. Lo vigilé durante la noche para asegurar que no fuera a vomitarse dormido y ahogarse el mismo en su propio vomito..

Lo dejamos que durmiera todo el siguiente dia sin molesterlo pero siempre estabamos con el pendiente que no fuera despertar jamas. Cuando por fin despertó nos dio gusto verlo sonriente de nuevo y con su caracter burlon, dandole carrílla a Toña y a Caro. Almorzó con un apetito de tigere malnutrido. Nos confeso que habia venido a Filadelfia porque

"Supimos que Uds tenian frijoles y tortillas hechas a mano en esta oficina, y otra que no queria morirme en Nueva York sin volver a comer una comida de verdad"

Hubiera resucitado con la salsa de jalapeños.

Pancho nos informó acerca de los acontecimietnos en el boicot en New York. Originalmente Pancho habio sido asignado a Chicago. Pero cuando estubo en la reunion de orientacion en New York, le cambiaron la programacion y se quedó en New York para coórdinar el area de Yonkers

Como el habia predicho, la tarea habio sido una reta formidable. Las desveladas, el frio la falta de alimentacion, la presion, la falta de comunicacion, todo fue contribucion de su deterioro,

"No le dije a nadie en New York que estaba enfermo, ni que me venia con Uds. Solo me subi al tren y vine a dar aqui."

Poco despues que se lleno de nutricion, liquidos, frijoles, jalapeños y dozenas de tortillas calientes, se sintio mejor y regresó a New York.

Dias despues me llamó y nos informó que tenia que regresarse para Arizona.

"Me llamo Chavez y dice que me necesita alli.. Quiere que vaya ayudarles para organizar los trabajadores de lechuga en Phoenix."

" Te vamos a estrañar," le dije.

"Es que Chavez tiene mejor guerra que tenemos que pelear. Como en cualquier guerra un buen soldado cumple con la orden. Pero me voy contento porque lo que es aqui en New York estamos limpiando los mercados de uvas y me da gusto con la tremenda cooperacion de los consumidores de New York."

HUELGA DE HAMBRE

La venta de uvas caminaba muy despacio. Las uvas que sobraban en los estanques estaban ya viejas, arrugadas, y nadie las compraba aunque estubieran a descuento.

En el area de Filadelfia y suburbios con respecto a la cadena A&P, tambien seguian renuentes. No querian dejar de vender uvas aunque nadie las compraba. Las otras cadenas, Penn Fruit y Food Fair nos decian qu si A&P dejaba de comprar el producto, tambien ellos harian lo mismo. Nos traian dando vueltas. Estaban como Mamá y Papá,

"Si tu Papá te deja ir, entonces puedes ir," y mi Papá me decia "Alla preguntale a tu Mamá"

El Comite de Amigos de los Campesinos me aconsejaban,

"Sabemos que la cadena Acme es la mas grande aqui en Filadelfia,"

"Que no seria mejor que nos olvidaramos de A&P y enfocar nuestros esfuerzos en Acme?"

"Para que estamos perdiendo el tiempo con A&P?"

Pero la oficina central en Deleno estaba fijada, " No. Tiene que ser A&P."

Por meses el Comite ya habia intentado de convencer al adminitración de A&P que dejara de vender uvas en el area. La oficina central estaba localizada en Filadelfia.

Nuestro Arbolito telefónico estaba siempre ocupado. Los distintos grupos de boicot inundaban las oficinas con llamadas y mantenian a las recepcionistas tambien ocupadas contestando los teléfonos.

Las mujeres escribian cartas, mandaban telegramas, se reunian con ejecutivos del Mercado, para nada. Teniamos que volver a redactar otro plan

Nos reunimos con el Comite con el fin de llenar el barril cerebral con ideas mas asertivas.

" Cesar ayunó por cerca de un mes. Ese ayuno fue muy efectivo en destacar el conflicto."

"Seria bueno hacer huelga de hambre en frente de A&P."

" Podemos tirar palitos de paja haber quien es el escogido." Por fin les dije,

"Yo me doy voluntaria como borrega de sacrificio,"

"No tu no puedes. Nos haces falta,"

"Si no me voy a morir. Voy a tomar te."

"De por si no pesas mucho,"

"Puede ser que Ted Kennedy venga y me consuele, Como quiera yo no soy muy amante de comer a cada hora, Los voy engañar. Le pongo miel al te"

"No. Es mejor tirar palitos de paja. Usaremos papelitos en lugar de paja."

"Yo soy nativa de California y puede que tenga mas impacto la huelga el saber que vengo del otro lado del país nomas hacer huelga de hambre,"

El resto del grupo trataron de quitarme el intento de ayunar, pero aún asi quedaron agradecidos que no teniamos que tirar pajitas.

"Ahora tenemos que decidir cual mercado A&P vamos a seleccionar para la demostración,"

Cada quien tenia su lugar preferido, ya que habia tantos mercados de A&P. Ninguna me gustaba porque estaban localizadas en areas muy ricachonas.

"Debemos tratar de informar al publico labriego. Quiero poder hablar con el consumidor en esas areas. Consumidores que entiendan lo que es tener hambre y estar sin empleo."

"El mas probable es el mercado en Progress Plaza."

Progress Plaza es un Centro de Compras, donde la mayoria de los empleados son de raza Negra. El Centro se habia construido con el fin de generar empleo para los residentes del area, tambien mayormente Negros. Habia resultado muy exitoso, con puestos de zapaterias, joyas, boticas, cafe, restaurantes y en fin todo para el agrado de los consumidores. Los residentes orgullosamente reconcian a Progress Plaza como algo suyo.

Uno de los mercados y Empleador en Progress Plaza era A&P.

MI AYUNO SEGUIRA

Mayo 1969.Estableci mi mesa de informes en frente del mercado A&P en Progress Plaza. Mi puesto estaba en frente de la ventana con anuncios que prometian chicharros Green Glo de 16 onzas por solo diez centavos, Similac para bebés, cuatro por noventa y cinco centavos.

Yo estaba rodeada de volantes informativos y cartelones que citaban a A&P

No Somos Cuidadores de Nuestros Hermanos, La Gerencia

Denle la mano a los que nos proveén los alimentos.
mas un termo lleno de té enmielado.

DIA UNO

Toña y Caro repartian volantes de información. Los clientes llegaban a platicar y pedir informes. Se iban despues de prometer que no iban a comprar uvas. Los chamacos tambien llegaban curiosos. Cada uno recibia un boton "No Compren Uvas"

Paso el dia sin mal tiempos. El hambre la callaba con traguitos de té enmielado.

DIA DOS

Llego un caballero muy elegante con un sombrero Fedora y dandole vueltas a un baston,

se acerco a platicar con Toña. Ella le dijo que yo no habia comido por dos dias. Voltio y vino a donde estaba yo y me dice,

"Ven conmigo. Te voy a llevar a uno de estos restaurantes y te voy a comprar el bistek mas grande que tengan. Pobrecita chica, estas apenas del tamaño de un grillo."

Le explique que no habia dejado de comer por la falta de alimento. Le explique el motivo del ayuno. Se razco su cabeza rizada y siguio su rumbo hablando solo.

DIA TRES

El Comité de Amigos vinieron a Progress Plaza con refuerzos, miembros de las Uniones locales, Iglesias, y grupos civicos, todos se unieron para dar su apoyo.

Reyes, quien estaba coórdinando el Boicot de New Jersey tambien vino a dar su apoyo. Reyes y su familia tambien eran del condado de Fresno. El habia sido uno de los organizadores en su area cuando andabamos organizando miembros al principio. Este dia venia con su hija pequeña Margarita. Mercedes su esposa no podia venir debido a que esperaba la ciguëna y ya estaba por dar su anuncio de bien venida al recien nacido Emiliano.

El grupo pasaron el tiempo cantando, Eric habia hecho copias de las melodias de acción que andaban de moda, otros se inspiraron en ofrecer discursos y oraciones para un pronto resolucion al conflicto.

DIA CUATRO

Los calambres de hambre ya no aparecian. Esta tarde se acerco una señora muy bien vestida con un gran sombrero. Venia enojada y me informó que era locutora de un programa de radio. Mucho de su auditorio eran predominante de la raza Negra.

"Mira nomas como esta este lugar. Es un asco con Uds y sus cartelones por donde quiera. Se vé horrible. Hemos tratado de mantener a Progress Plaza como un lugar decente, limpio y mira ahora como lo tienen." Tratamos de informarle que todo esto era temporal para destacar el problema de los campesinos. Pero ella venia en plan de guerra y no nos quizo escuchar.

Poco despues llegaron dos reporteros de la Prensa Asociada. Venian con el fin de entrevistarme. La reportera me informó que Jessie los habia mandado. Les habia dicho que los miembros de area de Fresno querian saber que estaba pasando conmigo y con esto del ayuno. "Y aqui estamos," me dijo ella.

Me sentia la cosa mísera despues de la regañada que habia recibido de la Sra Locutora. La Prensa habia escogido el peor de los dias para hacerme una entrevista y tomar mi foto de remate. Para estos dias traía los ojos sumidos, ojeras negras que parecian lagos negros. Del todo parecia un mapache. Esta foto se mando atraves del país.

LA VOZ DE MISTER. SULLIVAN

Esa noche recibi una llamada de un señor con una voz suave y dignificada. Me informó que su nombre era Sullivan.

"Quiero hablar con Ud acerca de Progress Plaza." Pronto pense, Oh.Oh. Aqui viene otra regañada por llenar la comunidad de cartelones y botones de 'No Compren Uvas.' Pero no fue asi. Al contrario Mister Sullivan que Progress Plaza habia sido una ventura no facil de lograrse.

"Nos ha costado mucho trabajo. Es mas se llevo mucho tiempo, reuniones y negociaciones para que llegara el plan a una conclusion positiva." me informó.

"No vaya Ud a creér que no apoyamos el boicot de los campesinos. Nuestra comunidad de raza Negra hemos estado de su parte desde el inicio." siguio con su discurso,

"Si algun grupo entiende la crisis económica de los campesinos es el nuestro. Los respaldamos un cien porciento." Agrego el inevitable 'sin embargo.'.

"Ud y su Comité estan errados en escoger a Progress Plaza para destacar su problema. Sra. Lopez, permitame explicarle. Estoy seguro que Ud se esta dando cuenta del hambre que existe en Biafra. Yo simpatizo con esa tragedia, y estoy seguro que tambien Ud.."

Mister Sullivan siguio contandome acerca de dicha hambre en Biafra , país que se encuentra 3,000 millas de distancia.

"Desde luego que sentimos lo sucedido pero no nos sentimos tan culpables porque ésta pobre gente se esta muriendo de hambre. Ahora cuando dicha hambre esta occuriendo mas cerca de nuestra comunidad, tambien la culpabilidad se acerca. Esta proximidad nos motiva de hacer campaña para recaudar alimentos para que puedan comer nuestros vecinos con hambre." Acorde que tenia razon, y me dijo,

"Ud ha traido su causa a las puertas de Progress Plaza. Creé Ud que eso le importa al Administración de A&P? Para ellos haga Ud de cuenta que Progress Plaza esta mas de 3000 millas de distancia. Ud esta en la puerta errada" .

Mister Sullivan me aconsejó que yo deberia hacerme visible frente las puertas del Administración de A&P,

"Lleve Ud esta huelga de hambre, esta causa, este conflicto directamente frente a sus puertas. Cuente con nuestras oraciones para el bien de su grupo."

"Gracias Mister Sullivan," le dije ya mas pensativa de lo que me habia dicho, " Esta misma noche voy hablar con el Comite para considerar su consejo."

Sin duda Mister Sullivan habia usado un método mas diplomatico para deshacerse de mi, pero a mi ver tenian mucho sentido sus palabras.

El Comite se reunio de nuevo y decidimos que yo deberia de llevar todo mi encampamento hasta las puertas del Administración Central de A&P . Llamamos a los Comites en los suburbios. El Arbolito Telefónico se puso en acción y los Comites hicieron planes de mobilizar este ayuno.

Teniamos una sorpresa para A&P.

DIA CINCO

Como si estubiera en mi casa, me acomode junto con todos mis cartelones y parafernalia informacional frente al oficina de A&P, antes de que llegara el personal y trabajadores de las oficinas. Alli me estableci para que todos me vieran sentada junto con mis ayudantas Toña y Caro. Tambien tenia un cartelon que decia,

MI AYUNO TERMINARÀ CUANDO A&P HAGA CAMBIOS!

En cuanto las recepcionistas abrieron las puertas con fin de empezar su negocio, el Arbolito Telefónico entro en acción. Cada cliente con una llamada ocupaba el teléfono por cinco y mas minutos declarando que "esa pobre se va a morir de hambre y A&P va ser el solo responsable," o algo asi por el estilo. Cada una tenia su manera de explicar su disgusto con toda esta resistencia del mercado.

Cuando la primer llamada se terminaba, otra llamaba con declaraciones similares. Asi siguio el Arbolito toda la mañana.

Nueve a.m. mujeres empezaron a llegar al edificio. Tambien como si estuvieran en su casa, se sentaron y se acomodaron en el vestibulo. Le informaron a las recepcionistas que estaban alli para apoyarme, pero que pensaban hacerlo desde alli, adentro.

Diez a.m. llegaron mas mujeres con niños, infantes,chiquitines de dos años conocidos como Los Terribles Dos. Les dieron galletas, sanwiches de jalea y dulces de chocolate para que se divirtieran. No hicieron ningun intento de disciplinar a los chiquillos. Al contrario los chamacos tenian libertad de hacer todas las travesuras que solo uno de esa edad sabe hacer. Encantados de la vida, dejaron sus huellas enchocolatadas en las cortinas, pan endulzado, y galletas en los planteros y alfombras.

Aunque las secretarias hubieran querido rescatar el desastre en el vestibulo, no podian dejar de contestar los teléfonos. que no dejaban de sonar.

Las mujeres de los Comites continuaron se llegada y las que no encontraron asientos en el vestibulo se sentaron en el suelo, parecian roscas de pan torcido. Los niños seguian con sus juegos de terrorismo.

Las Suburbianistas venian en un plan de seriedad, 'ahora nos cumplen o ya veremos.'

Era imposible que Administración de A&P pudiera conducir nada de negocio por teléfono. Las lineas estaban siempre ligadas con llamadas de las clientes determinadas en establecer su punto.

Esa tarde, recibieron noticias las mujeres de Los Comites. Administración. les informó que esa tarde hiban a conducir una reunion ejecutiva para discutir el tema de las uvas.

"Les vamos avisar de nuestra decision." le dijeron.

Poco antes de cerrar el negocio les informó que los representantes de Administración querian reunirse con representantes de Los Comites, "Solo que sera necesario esperar hasta el siguiente dia de negocio."

 Desafortunadamente esto tenia que ser el martes despues de los dias festivos ya que los siguientes dias era Dia Memorial incluyendo el fin de semana. Las oficinas permanecerian cerradas hasta despues del Memorial.

En su generosidad, A&P pensaron que yo iba cesar el ayuno durante estos dias y que iba acompañar a mis compañeras en los festivos de barbacoa.

Le informe al Comite que no pensaba dejar de ayunar durante estos dias de espera.

DIA OCHO

A pesar de que tenia que seguir el ayuno durante este fin de semana, me sentia agusto que habiamos conseguido una junta para discutir el asunto con los ejecutivos de A&P. Solo este éxito valia la pena el té enmielado.

DIA NUEVE

El martes despues de Memorial, estabamos de nuevo frente a las oficinas de A&P. Las mujeres de Los Comites se reunieron con los ejecutivos y cual fue su dicha que A&P les dio noticias positivas.

Administración les dijo que habian acordado que ya no iban a vender uvas en la ciudad. es mas todas las uvas en los mercados se iban a retirar en La Ciudad de Filadelfia.

Estabamos tan alegres con nuestro éxito tan inmediato, que ninguna de nosotras leimos entre las lineas del Acuerdo. El Acuerdo solo incluia la Ciudad.

Mucho despues las Espias de Suburbia encontraron uvas en los estanques en Suburbia

Es cierto ya habiamos metido las patas en las puertas de la Ciudad. Ahora podiamos enfocarnos en Acme, Penn Fruit y Food Fair, todas estaban situadas en la Ciudad.

De Filadelfia.

Todo empezó a moverse con mas rapidez. Las Suburbianistas estaban mas determinadas que nunca.

DOLORES MEDIADORA

Eric y yo nos hablabamos con cortesia. No estabamos en los términos mas amistosos que digámos. Segun mi punto de vista él ya habia establecido su mentalidad patronizante desde el principio y yo ya le habia dado a entender que no hiba a tolerar sus comentarios tan menospreciantes. Como quiera ya nos entendiamos.

El nunca me criticó ni tampoco me confrontó acerca de mis acciones aunque irrazonables, malas o buenas. Yo en cambio estaba satisfecha de que él desempeñaba sus tareas del boicot sin necesidad de criticismo. No veía yo la necesidad de pedirle permiso para ninguna de mis actividades.

Nos reuniamos con los Comites, discutiamos, haciamos planes, decisiones, cambios y poniamos los planes en marcha. A mi ver no habia ningun conflicto verdadero, por lo menos asi pensaba yo. Parecia que estabamos haciendo lo mejor para seguir adelante con esta ventura. La Voz de ponerle alto a las uvas de California seguia corriendo atraves de las ciudades de Pensilvania y las orillas del mar este. Los consumidores escuchaban esta Voz y nos daban su apoyo.

Asi como yo tenia mis habitos repugnosos, Eric tambien los tenia. Por ejemplo la costumbre de guardar una botella de cerveza entre las piernas. Agarraba la botella bien apretadita entre las dos manos como con el temor de que se le fuera escapar. Parecia ser su cobija de seguridad. Nunca ofrecia un solo trago de la botella con nadie. Si alguna de
nosotras queriamos un trago de cerveza, bien podiamos comprar nuestra propia botella.

Para serle justa a Eric, el pobre solo ganaba cinco dolares por semana, igual que nosotras. Cinco dolares no abastecian para comprar botellas tanto como para compartir con los colaboradores. De manera es que el pobre Eric tenia que hacer que le durara una botella.

Por casualidad, ni Toña, ni Caro, ni yo eramos muy amantes de cerveza, si no puede ser que le hubieramos rebatado la botella de entre las piernas.

Nos informaron desde New York que Dolores, nuestra valiente Vice presidente de la Union. estaba alli de visita. Despues de su visita a dicha gran ciudad pensaba llegar a visitarnos en Filadelfia. Desde luego que estabamos todas alborotadas haciendo preparativas para la llegada de Dolores.

Cuando por fin llego le demostramos lo feliz que estabamos con tenerle alli con nosotras. Le platicamos de todo nuestro recien exitos con el boicot, pero tambien le contamos de aquellos planes que no habian tenido mucho éxito. En fin la pusimos al dia con los acontecimientos de nuestra area.

Ya terminada la discusion, Dolores se dirigio a mi y me dejo con la boca abierta al decirme,
"Estoy enterada de que tus relaciones con Eric no van en paso muy positivo,"
Ah. Cerre la boca, Con que con estas andabamos. Esta era la razon por la cual habia venido Dolores a Filadelfia.
"Tenemos que trabajar juntos sin conflictos," me dijo. El chismoso de Eric tenia que haberle llamado para que ella se hubiese dado cuenta de nuestros mal o bien entendidos. Por lo visto Eric aun seguia ofendido porque yo me habia negado en cocinarle los frijoles desde un principio.

Yo pertenezco a la escuela donde ' Criticas en privado, Encomios en publico' Ella podia haber hablado conmigo en privado y preguntado el porque mi actitud hostil con Eric. Pero por lo visto este era asunto de Eric. De ninguna manera hiba yo a darle la satisfacción a este hombre de enredarme en su juegito de 'haber quien las puede'.

No respondi a los comentarios de Dolores, ni tampoco hice ningun esfuerzo para defenderme o explicarle la razon del silencio entre Eric y yo. Alli permaneci sentada y escuche lo que tenia que decirme. Si Dolores esperaba que yo le diera un explicación, no se la ofreci, ya era muy tarde para eso.

Sin embargo respeto el hecho de que ella es mi superior y como dice el dicho,

"La que manda, manda y si se equivoca vuelve a mandar."

Despues que se fue Dolores, no le dije absolutamente nada a Eric, ni ese dia, ni el dia siguiente o ninguno de los dias que siguieron. Yo segui con la tarea por la cual habia venido y eso era de ponerle alto a las ventas de uvas de California. Ese era todo mi propósito. Yo no vine a perder tiempo preciado en chiquitear a señoritas con bigote..

Eric por fin dejo el boicot. Ni adios dijo.

El asunto acerca del comentario que hizo Eric cuando llegamos a Filadelfia de

"Deleno perdio tres organizadoras pero yo me gane tres cocineras Mexicanas" era un insulto para toda mujer. Esa mentalidad de machista que las mujeres solo servimos para estar en la cocina y de vez en cuando traer niños al mundo no tiene cavida en situaciones cuando las mujeres estamos desempeñando y colaborando en igual forma que los hombres.

Esta mentalidad machista ya son bromas de muy mal gusto.

MARIE

Nuestro Comite de Amigos estaba encargado de pedazos de Estados. Teniamos el Norte de Pensilvania, el Sur de New Jersey, y el estado de Delaware. Delaware esta como del tamaño del pueblito agricola Parlier.

Alberto y su esposa Maria Elena eran los coórdinadores del boicot en Pittsburg, el Sur de Pensilvania.

Jose era el encargado del boicot al norte de New Jersey. Su oficina estaba basada en Newark.

La parte sur de New Jersey me pertenecia a mi y a nuestro Comite. Esta area estaba un brinquito de Filadelfia. Lo unico que habia que hacer era brincar el Rio Schuylkill.

Conoci a Marie en Cherry Hill, New Jersey en una de las juntas donde tenia yo cita para discutir el asunto de los campesinos de California. Marie era una muñeca rubia con ojos azules y con unos escasos veinte años. Despues que termine mi discurso se acerco y me dijo, " Tenemos un grupo de mujeres amas de casa en nuestra area de Cherry Hill y queremos formar un Comite de Boicot para ayudar a los campesinos.."

"Muchas gracias de parte de Los Campesinos. Porque no vienen a nuestras juntas semanales de Comite. Asi podemos darles una manita." Y asi fue.

No perdio tiempo Marie en confrontarse con las Cadenas en Jersey. Con sus éxitos agarro mas confianza. En una de las juntas me dice, "Queremos hacerle linea de piquete a una de las cadenas mayores en nuestro terreno, Pero me gustaria que fuera de mayor impacto"

"Horita nos estamos concentrando con A&P. Parece que vamos progresando un poco," le dije "Porque no te esperas a que téngamos un compromiso con A&P y entonces le damos en la torre a tu Cadena en Jersey." Yo veía que Marie era muy pro-activa y estaba ansiosa por tumbar uvas.. Por fin llegó su dia.

Para fines de Junio, llame a Marie y le dije, " Ahora si ya estamos listos para ayudarte en Cherry Hill. Tu estas encargada de organizarlo todo, tu escoges tu cadena favorita, el dia y el lugar, solo vamos ir a darte el respaldo.".

Marie le gustó el Cuatro de Julio para hacer su demostración. Ese era el dia festivo de Independencia.. Era un fin de semana cuando los mercados hacian bastante negocio debido a las compras para el dia de campo, barbacoa, ensaladas, bebidas, refrescos y en fin un dia familiar. Los mercados dichosos anticipaban aumento de ventas.

Hice una llamada a Eri en la Local de Menoristas. Como habiamos acordado, yo tenia que darle a saber donde pensabamos dar lata. El dia era Viernes, antes del fin de semana de el Dia Festivo. Nadie contestó el teléfono en la oficina. Aparentemente el personal de la Local ya habian empezado sus vacaciones de Independencia y habian abandonado el barco sindical.

Ni modo. Nosotras teniamos asuntos pendientes que no se podian posponer. Junto con el Comite de New Jersey nos unimos tambien el Comite de Filadelfia. Por todas contabamos unas treinta y varios niños traviesos. Marie se acercó al Gerente del Mercado y con gran dulzura le explicó el motivo de la visita, y le pidio que quitara las uvas de sus estanques.

Las participantes del Comite en New Jersey llevaban sus recibos de compras, para comprobar que en realidad eran clientes de dicho Mercado y de la vecindad.

El Gerente respondio con la misma respuesta de siempre,

"Yo no tengo autoridad para quitar ningun producto de los estanques, inclusive las uvas."

Marie le dijo, "OK. Vamos a poner una linea de piquete frrente al mercado hasta que te den autorización."

Empezo la linea frente al mercado favorito de Marie. Los autos empezaron su salida del sito de estacionamiento. Otros llegaban y se iban sin dejar los coches, El sito de estacionamietno empezo a quedar mas y mas vacio

Los dependientes del mercado salian a la ventana y nos saludaban. Ellos estaban dichosos de que no habia nada que hacer en un dia donde habian esperado estar de lo mas ocupados.

El Gerente salio para hablar con Marie, "No hay nadie con quien hablar en la oficina central en New Jersey. Es dia de fiesta. Nadie trabaja hoy."

Marie le hizo un gesto de simpatia "TSK, TSK, TSK," pero la linea siguio dando vueltas frente al mercado. Ya no se acercaba ningun cliente. En dos horas el sitio de estacionamiento estaba vacio.

El Gerente trataba de mover los diablos junto con la compania de teléfonos queriendo dar con alguna persona con bastante poder para que le diera autorización. Por fin salio de nuevo y le dijo a Marie, "Bueno ya me dieron autorización. para quitar las uvas. Yo calculo que hemos perdido cerca de $20,000 dolares en las dos horas que han estado Uds. aqui con su linea," les dijo a las mujeres, casi llorando.

Le deseamos un feliz dia de Independencia y lo dejamos que siguiera doliendo.

Marie y su grupo, ya con mas confianza, continuaron con sus éxitos en retirar uvas de los estanques de su terreno. Aumento su confianza y tambien la cantidad de sus voluntarias en las lineas.

ERI - MEDIADOR

Elsiguiente Martes primer dia de trabajo, entro Eri a la Oficina con una cara de terremoto, y hechando espuma por la nariz,

¿"Que diablos andaban haciendo todas Uds viejas estupidas este fin de semana? ¿Porque no me avisaste que pensaban hacer linea de piquete en ese mercado? Cuantas veces debo acordarte que es muy importante que necesito saber de antemano que es lo que intentas hacer y a quien?" me hablaba de gritos.

Yo le conteste, " Y donde diablos estabas tu, este fin de semana Viernes, Sabado, Domingo y Lunes? Como te puede avisar si no estas disponible!" tambien con voz alta, "Como esta que los sindicatos dejan de existir durante el fin de semana y dias festivos! El mejor tiempo para que podámos lograr mas éxito con nuestras lineas son los fines de semana. Estos son los dos dias mas importantes cuando podemos ser mas efectivas."

Me dice Eri, un poco mas calmado, "Tenemos derecho de un dia de descanso vieja tonta,"

"Mira hijo," le dije, "Uds pueden descansar todo el mes si se les parte la gana, pero no esperen que yo me la pase rascandome el ombligo hasta que Uds despierten. Este boicoteo tiene que seguir en marcha y caliente de dia y de noche, inclusive los fines de semana y dias de festivos." Luego le sonrei de lo mas dulce,

"Eri, deberias de haber estado alli. Limpiamos el lote de autos en dos horas!" Yo no iba a permitir al mal encachado de Eri que aruinara el triunfo de Marie.

"Whoopi," me dijo con un tono burlesco y sarcastico, "Sabes Tu a quien le estaban haciendo linea de piquete Uds viejas estupidas? Sabes Tu que los dueños de esos mercados suelen cargar metralladoras, y muy facil podian haber agujerado a toda la bola de viejas, enterrado en cemento y aventado al Rio Schuylkill?"

Otra vez quede con la boca abierta y asombrada, solo pensaba en treinta mujeres con sus chiquitines en la linea de piquete, miraba a Eri muda porque tenia la boca abierta. En fin le dije,

"Tu estas tratando de asustarme y tratas de amanzarme," los ojos aún los tenia del tamaño de platos.

"Mira Esperanza tienes que prometerme que no vuelve a suceder esto." Su voz era mas seria. Ya que Eri me llamaba por todos los apodos del idioma, eso de que me llamo por mi nombre era otro paso ganado.

"Prometemelo."

Volvi a sonreirle,

"Si mi amor. Pero tienes que darme a saber donde puedo dar contigo."

EL GRAN HERMANO

Supimos que en el pasado año, el Pentágono, Departamento de Defensa Nacional, estaba comprando las mismas uvas que el consumidor Americano estaba rechazando. Para colmo de insultos estaba enviando dichas uvas a los soldados Americanos prestando sus servicios en Viet Nam. Es mas dicho Pentágono habia aumentado su compra de uvas con unos 350% o sea cerca de ocho libras por soldado cada semana.

Los Boicoteros tanto en Estados Unidos como en Canada, aventamos el grito a los cielos. Cuando se dio cuenta El Pentágono del alboroto que estabamos armando acerca de esta puñalada politica, emitio un reporte que el aumento de compra de uvas era "porque los soldados en Viet Nam tenian antojos por uvas." Con esa perla burocrática soltamos las carcajadas los huelgistas y boicoteros..

Recorde uno de los consejos que nos habia dado Cesar Chavez, en Tres Rios

"Siempre tomen cada obstáculo y conviertanlo en una ventaja."

Con sus palabras en mente decidi utilizar los comentarios memorables del Pentágono a bunea ventaja durante mis discursos.

Llego la occasion durante una Convención Internacional de Litógrafos. Contaban con algunos seis mil miembros quienes estaban presentes. Este era el grupo mas grande con quien habia tenido la dicha de compartir mi información. La mayoria eran puros machos. Les informe, " Consumidores atraves de éste país de diario estan rehusando comprar uvas para apoyar el conflicto de los Trabajadores Campesinos. Ahora el gobierno esta tomando esas mismas uvas rechazadas y las esta enviando a los hombres en Viet Nam. Han reportado que el Departamento de Defensa esta comprando once millones de libras de uvas. Los envios para Viet Nam aumentaron de medio millon hasta dos y medio millon de libras, o sea ocho libras de uvas por cada miembro en el servicio. Segun el razonamiento de estos politicos, es que los soldados Americanos estan antojados por comer uvas."

Le di un vistazo a mi auditorio masculino, todos escuchando mis palabras con interes, ya que el tema se trataba de soldados. Note que la mayoria de estos compañeros eran de la edad de haber tambien servido algun tiempo en el Servicio del país, veteranos de la Segunda Guerra Mundial, Korea o de Viet Nam y les dije,

"En verdad yo no sé que cosa desean o se les antoja a los soldados cuando estan en el Servicio lejos de sus seres queridos, pero les apuesto diez a uno que no estan con el deseo de uvas."

Los hombres soltaron las carcajadas, golpeando los pies en el suelo y con silvidos picarezcos.

Claro que mis palabras fueron algo rosadas para una hija de campesinos pero estoy segura que no me faltaron el respeto al amanecer.

Los miembros del Sindicato de Litógrafos hicieron una donación de seis mil dolares del auditorio y la Internacional les igualo con otros seis mil dolares.

Esa misma semana le mande una carta al Senador Walter Mondale quien era parte del Sub-Comité en Labor Migratorio. Le presente mi protesta acerca de la intervenciòn negativa del gobierno contra la lucha de los Campesinos.,

"Nuestro gobierno deberia de estar mas al tanto con el hecho de que las uvas estan polviadas de pesticidas y de hecho estan contribuyendo al deterioro de salud de nuestros jovenes en el Servicio en Viet Nam..

Quien necesita al Viet Cong, cuando tenemos al Pentágono."

UNA MUJER A LOS CUARENTA AÑOS

Durante ese tiempo, la gente del actual presidente de E.U. Richard Nixon andaban programando audiencias en Washington DC. acerca de problemas pendientes en el agricultura. Recibi una llamada de uno de los achichincles del Comite de Preparaciones. y me dijo una voz masculina,

"Sra Lopez quiero extenderle la invitación para que haga una presentacion y nos dé algun información acerca del conflicto en California, en las próximas audiencias.

Yo le dije, "El presidente Nixon es nativo de California, si acaso él no sabe cuales son los problemas en los campos de California y los trabajadores campesinos, con razon estan las cosas en tal fango. Lo que deberian hacer si de verdad les interesa el asunto es venir aqui a la oficina y yo estoy dispuesta a darles el discurso del siglo,"

El me contestó,"Me encantaria conocerla en persona y visitarle a su oficina. Ud nomas digame cuando." Asi el de la voz se invito e hizo una cita para conocer la oficina del boicot.

Cuando lo conoci, me informó que era originario de Colombia. Vestia el mismo vestido de todos los politicos, traje y corbata aunque ese mes estaba haciendo mas calor que en Mexicali. Filadelfia tiene un calor muy humedo e incomodo. De manera fue que mi visitante pronte aventó la corbata y chaqueta.

Me costo trabajo pero le ofreci cafe, aunque esto era contra mis principios de ofrecerles nada de comer a los hombres, pero como este hombre era Latino tenia que cumplir con mi crianza concerniente al respeto para las visitas.

En la cocina mientras preparaba el cafe, me siguio y empezó la platica. Me fije que me observaba de arriba abajo, y me llego al pensamiento 'OH. OH. Aqui viene la caca machista.' y me prepare para darle su merecido si me faltaba el respeto. Dicho y hecho

"Sabes eres una mujer muy atractiva. Como esta que una mujer tan joven como tu esta haciendo este tipo de trabajo. Se puede saber que edad tienes?"

"Pues si me descuido en pocos años voy a cumplir cuarenta," pense que el numero cuarenta me serviria como agua fria . No. Este señor no estaba para que le pusiera obstáculos femenistas.

Se puso las manos al corazon, cerró los ojos y con un profundo suspiro me dijo,

"Cuarenta. Ah cuarenta! Una mujer de cuarenta es como jamon ahumado!" y luego se puso los dedos a los labios y empezó aventar besos ecstaticos al aire, "MMMMMMUUAH!" Quede muda, supita, con la boca abierta y luego pegue el grito,

"Jamon Ahumado!"

SEÑOR TEN MISERICORDIA!!

Ahora ya sé porque las mujeres no admiten tener cuarenta años aunque ya tengan unos ochenta.

Ese dia quede tan sin palabras que no me acuerdo que balde de agua le iba hechar si se portaba incortes.

UN TEMA SIN VIOLENCIA

El mes de Agosto fue uno de hablar con decenas de grupos acerca del tema de los Campesinos, las huelgas en California y del boicot en el país.

Habiamos recibido gratas noticias de California la cual nos daba mas animo. Para medias del mes las estadisticas estaban mas que alentadoras. Hasta la fecha se encontraban mas de un millon tres cientos sesenta libras de uvas que no podian venderse y se encontraban en las bodegas de refrigeracion.

Recibi un invitacion que fuera a dar un discurso al respecto en la próxima Conferencia Trenial de Resistentes a Guerra, la cual se hiba llevar acabo en el Colegio Haverford. Me pedian que tomara parte en el Panel Social, Sin Violencia y Revolución Económica. Otros partidiarios en el Panel incluian el Sr. Thakurdas Bang de India, Michael Chaartrand de Canada y Alfredo di Pacce de Venezuela y yo de Estados Unidos.

Le informe a mi auditorio,

-- Legislacion en favor de trabajadores campesinos se ha intentado varias veces, pero dicha legislacion ha sido mas en favor de los rancheros que para el beneficio del trabajador. El Acta Nacional de Relaciones Laborales, protege a todo trabajador en este país, pero no incluye a los trabajadores del campo, el grupo que mas proteccion necesita.

Dos veces han enmendado el Acta y dos veces excluieron a los campesinos.

El Boicot de Uvas sigue siendo nuestra arma sin violencia mas efectiva en esta guerra con el agrinegocios.

Pero nos guian las palabras de nuestro Director Cesar Chavez y eso es,

"el método mas apropiado para una Union sin violencia como la nuestra, es llevar una suplica directamente a la consciencia de elPueblo Americano. Ten-

emos el derecho de hacer esta suplica y el consumidor tiene el derecho de negarse a comprar uvas de California. Esto no nos pueden quitar los rancheros.

El Boicot es una revelacion de las fuerzas morales cuales respaldan nuestro movimiento."

Continuando con mi discurso les dije, " Las uvas se han retirado de los estanques de los mercados con la presion de parte de los consumidores, Uvas que se han retirado en las ocho cadenas mayores en Filadelfia. Mas de un millon de libras de uvas quedan en los almacenes de refrigeracion porque no se han podido vender. Han estado en refrigeracion por tanto tiempo que ya no estan frescas. Sin embargo los mercados siguen queriendo venderlas como si aún estuviesen frescas."

Les introduci a nuestra oposicion. La Compañia del Condado Kern con 348,000 acres y quien recibia $838,130 dolares en subsidio federal. Aceite Standard con 218,485 acres, Southern Pacific con 201,851 acres, J.G. Boswell propietario de 32,364 acres y recipiente de cerca de Cinco Millones de dolares en subsidio fedcral. La pequeña compañia de Giumarra con solo 12,459 acres y recipiente de $278,721 dolares de subsidio.

Se sabia que ganaban un grueso anual de cuatro Billones de dolares. Cuando toda la cosecha se habia levantado, el Agrinegocio de California acababa con un valor de mas de diez-y-seis Billones de dolares.

Los trabajadores Campesinos ganaban un sueldo anual de $2,000. dolares.

CONVENCION FEMENIL

Caro, Toña y yo fuimos invitadas a otra convencion para que llevaranos nuestro mensaje.

La Convención Internacional Anual de Trabajadores en Vestido Femenil estaba por reunirse en Allentown.

Recibimos una recepcion calurosa de parte de las miles de mujeres delegadas en la Convencion.

Les informe acerca de los eventos actuales en California. Eventos que podian ellas relacionar como trabajadoras por el sueldo diario, como amas de casa trabajando para abastecer el pan del dia, y como consumidoras. Les dije,

"Los rancheros se niegan a reconocr a los Trabajadores Campesino como un Sindicato, pero tambien se niegan en llevar acabo elecciones para que los trabajadores decidan si en realidad quieren o no una Union.

Empezaron platicas para negociar, pero esas platicas se quebraron en Julio.

La Union pide dos dolares en sueldo minimo para los trabajadores, reglas en salud y segurida y algun control sobre el uso exceso de pesticidas en los campos donde andan trabajando.

Es dificil actuar sin violencia en esta batalla por la Justicia Social, agradecemos que ese no es el caso aqui en Filadelfia.

Hemos conocidos miles y miles de mujeres quienes estan acostumbradas en ganar batallas diarias con armas de cariño y no con armas de destruccion.

Gracias a mujeres como Uds. nosotras somos las ganadoras en este boicoteo de uvas, porque siguen prestando su voluntad detras de las escenas."

-ESTE Y OESTE SE ENCUENTRAN

Dijo el escritor Estado Unidense Mark Twain,
"El Este es el Este y el Oeste es el Oeste, y nunca ambos se encontrarán."

Eri entro a la oficina y anuncio, dirigiendose a mi,
"Voy a venir a levantarte a la seis esta tarde. Espero que estes lista para entonces," y luego me dijo antes de salir, " Y te pones los zapatos. No quiero que parezcas un peon del monte."

Este comentario era algo de mejoramiento ya que no me dijo, 'vieja tonta o vieja estupida'.

Cuando llego por mi y que aparentemente pase inspección de su agrado, le pregunte,
"A donde vamos?"
"Ah. Ya veras." fue todo lo que me contesto.

Llegamos a un restaurante. Yo esperaba que seria alguna junta donde iba yo a dar algun discurso a un grupo sindical y espere que me dirigiera hasta la sala de conferencias.

Llego la anfitriona y nos dirigio a una mesa. Eri me ayudo a sentarme como todo un caballero. Me sente y con la boca abierta lo veia sin decir nada. Luego me dice,
"Que? Que nunca te han llevado a un restaurante de categoria alla en ese desierto de donde vienes?" Quizo hablar con mucha seriedad. Le dije,
"Si. En occasion. Pero cual es la occasion ahora?" Aún estaba sorprendida y no sabia que esperar. La mesa era para solo dos personas.
"Es que tienes que salir de vez en cuando y olvidate de las uvas. Ya empiezas a parecer como una uva."

Eri ordeno la cena sin preguntarme que queria yo. Esto no me sorprendio ya que tampoco me habia preguntado que si acaso queria cenar.

Nos sirvieron la cena y note que la mesera habia puesto un pan grande como una torta en un platillo a mi lado y una ollita de consomme junto al pan. Pense que si fuera caldo la mesera hubiera puesto la ollita frente a mi y no al lado. Si acaso el caldo era para bañar el bistek que habia ordenado, no me gustaba arruinar un buen pedazo de carne con salsas ni caldos. Tenia su misterio.

No sabiendo que hacer con tamaña torta y el consommé espere haber que iba hacer Eri.

Eri resolvio el misterio, vacio el caldo en el pan y le dije,
"Porque estas vaciando el caldo en el pan?"
"Este es un Pan Ingles" me dijo. "Y este no es caldo. Que nunca has probado Pan Ingles? Que solo comen cascabeles alla en el desierto?" Esta era su idea de una conversacion para una cena de categoria. Pero le segui la corriente,
"Has estado viendo peliculas viejas de John Wayne verdad Eri?" sin embargo a pesar del espacio cultural Este y Oeste, gozamos de la cena y la tranquilidad que ofrecia el restaurante.

Eri me explicó que su esposa y su hijo de dos años estaban fuera de la ciudad visitando a los abuelos y me dijo,
"No quise comer solo y me acorde de ti. Pense que eres mejor tu que nada."
"Ay Muchas Gracias. Tus palabras me hacen sentir tan especial."

Entre seriedad, bromas y piquetes Eri me platicó de su niñez llena de trauma. Sus padres no eran los acusados. El problema existia en las escuelas de los Barrios donde se crio. Alla les nombran 'Ghettos'. Los chamacos formaban sus grupitos mafiosos y buscaban pleito con otros grupos o de los mas inocentes.Muchas veces, Eri se vio obligado a sacrificar su dinero del lonche a los pandilleros mayores. Solo asi podia pasar el dia sin recibir una golpiza en manos de sus <u>agresores,</u>

Hubo un sin fin de veces cuando Eri no comia en todo el dia. Nunca se rajo con sus padres. Todo esto era parte del desarrollo de los chicos en los Ghettos.

No cabe dude que era un ambiente lleno de temor para un niño originario de Wales, o de cualquier país.

Eri tenia otra sorpresa para mi. de el Restaurante me llevo a un
teatro.

"Este es un teatro," empezo el sarcasmo, "Supongo que no pueden
construir teatros alla abajo de todo ese sacatal."

"De hecho si fui a ver a "Hello Dolly" en un teatro hecho de puros
nopales. Solo que los murciélagos espantaron a la actriz Ginger Rogers
cuando estaban polinizando las tunas y ya no pudo cantar."

"Con quien fuiste?" me pregunto "Con algun coyote?"

"No. Era un pulpo del Golfo de Mexico. Te juro que tenia ocho manos."

La obra teatral era <u>El Hombre de La Mancha</u>. . Al escuchar a Don
Quijote que cantaba "El Sueño Imposible" 'el corregir el mal incorregible,'
y 'vencer el enemigo invencible', me di cuenta porque Eri habia querido
que yo viera esta obra teatral.

El Super Macho Eri era un borrequito en traje de lobo.

ENCHILADAS KOSHER

Los padres de Lili querian conocernos y le habian pedido a Lili que
nos llevara para su casa para cenar. Su padre tenia una carniceria 'kosher'.
en el pueblo de Rhawnhurst, un suburbio de Filadelfia.

Su mama estaba ansiosa de comparar la comida Mexicana con la cocina
Judia. Quedamos de acuerdo en cocinarle enchiladas para la familiia. La
Señora se comprometio a enseñarnos como se cocina al estilo 'kosher'.

Esta fue otra experencia cultural de aprendizaje Este vs Oeste. Nuestra
amfitriona nos explicó acerca de las dos diferentes baterias de casuelas y
ollas que eran necesarias en la cocina Judia.

Un set se usaba exclusivamente para platillos con carne. Ese set nunca
se mezclaba con el otro. El otro set se usaba exclusivamente para aquellos
platillos que requieren leche.

La cocina era una de las mas limpias y estaba muy bien organizada para
que la usaramos como centro de cocina. Nada de manchas, ni pedazos de
pan o galletas, nada de chile coloriaba las paredes.

Con mucha nerviosidad me imagine como quedaria esta cocina despues de la primer clase de Enchiladas, bañada con manchas de chile colorado, despues que terminaramos con preparaciones con las casi ingredientes para construir enchiladas A La Este..

Le explique a La Señora los ingredientes para hacer enchiladas con queso. Lamente que no podiamos usar los ingredientes de costumbre ya que no se encontraban en esa area.

"Tengo que usar puros sustitutos. Hicimos tortillas de harina porque no se encuentran las tortillas de maíz. Tengo que usar chile de polvo, esto es otro sustituto muy debil pero es lo mas cerca a lo que necesitamos."

Quedó satisfecha de que mis ingredientes no iban hacer conflicto con sus casuelas, se sentó a observar la creación de las Quasi - Enchiladas.

Cabe contarles que a mi no me gusta cocinar, pero cuando me aplico me gusta empezar desde las raizes, nada de sustitutos.

Me gustaria haberles presentado a los padres de Lili con enchiladas de verdad, pero no se iba poder ese dia.

Pasamos una tarde muy agradable sin embargo haciendo un lado los obstaculos que nos ofrecia la distancia y la falta de ingredientes.

Despues de todos estos años recuerdo el modo Kosher de cocinar cuando en momentos raros me pongo hacer enchiladas en mi cocina llena de manchas de chile colorado

LILI

"La falta de compromiso moral esta prolongando la privacion que estan sufriendo los trabajadores campesinos."

Las tiendas menoristas estaban coóperando con mas frecuencia despues que A&P dejo de vender uvas en la Ciudad de Filadelfia. Seguiamos con el afan de concentrar nuestros esfuerzos en el mercado Acme, ya que era la cadena de mercados mas grande en esa area.

Acme queria seguir jugando con nosotros, y seguia negandose en dejar de vender uvas a pesar de todas las confrontaciones de los consumidores locales.

Nos juntamos con El Comite de Amigos para formular planes y estrategia para el mes de Septiembre. Septiembre celebrabamos el Cuarto Aniversario de la fecha cuando los campesinos habian hecho su decision de salirse en huelga en 1965.

Lili queria hacer una demostración en frente del mercado Food Fair. Ella tenia un tio que trabajaba con esa cadena en las oficinas administrativas. Su intento era de hacer una huelga de hambre frente a las oficinas administrativas. Envio un aviso de prensa,

"Ya es tiempo que los encabezados de estos mercados actuen acerca de apoyar el Boicot de Uvas y ponerle alto a la venta de uvas. Su falta de compromiso moral esta prolongando la privacion que sufren los trabajadores campesinos."

Agregó que hiba seguir su huelga de hambre con el fin de que el publico se enterará del Boicot y de la falta de empatia de parte de Food Fair.

CAROLINA

"No podemos comer promesas y compasion."

Caro se dio voluntaria para hacer una huelga de hambre junto con Lili, Ella declaro que,

"Los mercados solo ofrecen promesas y disculpas lamentando la situacion. Pero no podemos comer promesas y compasion. Aparentemente el dinero es mas importante que la gente."

Quedaron de acuerdo que Lili iba ayunar como representante del consumidor en Filadelfia y Caro se unia con ella representando a los huelgistas en California.

Las dos empezaron su huelga en frente de Food Fair.

Despues de nueve dias Food Fair acordo en retirar las uvas de los estanques de sus mercados y de ponerle alto a todas las ventas del producto junto con A&P.

WALLY Y JUANITA

Wally y Juanita eran una pareja de raza Negra. Ellos se dieron voluntarios a servir en el Comite de Amigos poco despues que llegamos a Filadelfia. Los dos eran muy activos en convencer a los mercados que retiraran las uvas.

Wally se dio voluntario para hacer una huelga de hambre frente a las oficinas de Acme. El queria tambien compartir la informacion a los consumidores y clientes del mercado.

Octavia ofrecio unirse en la huelga de hambre junto con Wally. Quedaron de acuerdo que seguirian el ayuno hasta que la Cadena acordara en dejar de vender uvas.

Una semana despues del ayuno llegaron todo un grupo de lideres religiosos. Entre ellos se encontraban notables tal como:

Dr. *Rufus Cornelsen,* Director ejecutivo del Concilio Cristiano Metropolitano en Filadelfia; *el Muy Reverendo Monseñor Phillip J. Dowling,* Director ejecutivo de la Comision del Cardenal en Relaciones Humanas; *el Reverendo George N. Hippel,* Secretario ejecutivo de la Sociedad Civica de Misioneros de la Iglesia Metodistas Unidos;

James Laird, Director ejecutivo de la Junta por Preocupaciones Sociales, Sociedad Religiosa de Amigos de la Junta Anual de Filadelfia; *Theodore J. Mann,* Presidente del Concilio Judio en Relaciones Comunitarias de Filadelfia Mayor, *el Reverendo Robert Neumeyer,* Director de la Paroquia Luterana de la Ciudad Central, *el Reverendo Robert Strommen,* Ministro de la Mision Metropolitana, Iglesia Unidad de Cristo; *el Rabi Harold B. Waintrup,* Presidente del Comite en Acion Social y Religiosa del Consejo de Rabis en Filadelfia Mayor, y *el Muy Reverendo Robert Wainwright, Arcediano de la Diocesis Episcopal de Pensilvania.*

En mis oraciones siempre rogaba yo por una lista de notables como estos que me dieran la mano con las uvas, y Bendito Sea Dios aqui estaban todos apoyando a Wally y a Octavia.

Todos nos reunimos en frente del mercado Acme donde estaban Wally y Octavia ayunando. El grupo de religiosos hizo una declaracion en conferencia de prensa. Hicieron una suplica al adminstracion de la cadena, igual a los consumidores -que dejaran de comprar o vender uvas - que tomaran en cuenta la seriedad del asunto - que escribieran a los rancheros en California - que les pidieran a los rancheros que empezaran platicas con los campesinos para resolver el conflicto - que apoyaran legislacion ante el Congreso la cual pedia que los trabajadores del campo fueran incluidos en el Acta Nacional de Relaciones Laborales.

Agregaron que dicha legislacion seria de beneficio para todo trabajador del campo no solo en California.

Despues de leér la declaracion, el grupo entraron a las oficinas adminstativas de Acme y le dejaron una copia de la declaracion al asistente del presidente de Acme - Samuel Gould.. Gould prometio digerir lo escrito pero por lo pronto no hubo nada de accion.

DOS HEROES

La huelga de hambre de Wally y Octavia se largo hasta trece dias. Aunque Octavia no queria dejar el ayuno se vio obligada en terminar su huelga por consulta de su medico quien le informó que estaba peligrando su salud.

Mientras tanto recibimos reportes de la Suburbianistas que Food Fair tenia uvas en los estanques de nuevo. Cuando los Comites confrontaron a los gerentes de los mercados, les informaron que Acme aun no habia retirado las uvas de sus cadenas   y que Penn Fruit tambien estaba vendiendo uvas... Igual que los changos, lo que hace un chango tiene que hacer el otro.

Wally continuó su huelga de hambre a pesar de que su esposa Juanita ya le empezaba a aconsejar que terminara porque le estaba deteriorando la salud. Los del Comite tambien le suplicabamos que dieran por terminado. Despues de todo ya establecimos el punto de que Acme es un equirol de primera.

Las Cadenas de Mercados seguian renuentes y amachadas en vender las uvas que tenian almacenadas.

Nadie compraba las uvas.

Los mercados estaban perdiendo clientes.

Wally resistia el tener que terminar el ayuno y le siguio por tres semanas. Por fin el medico le insistio que terminara porque la salud le iba costar complicaciones.

Despues de 21 dias Wally dio por terminado su huelga de hambre.

Estos sacrificios de parte de Wally y Octavia no quedaron por desapercibidos. Al fin del cuento los dos iban hacer los heroes del Boicot en Filadelfia.

El tema del conflicto en California y el boicot de las uvas se mantubo vivo y activo. Todos los dias seguiamos la campaña de informar al publico que no comprara uvas, o que no patrocinara mercados que seguian vendiendo uvas.

Repartiamos volantes, hablabamos con grupos, con consumidores individualmente, lineas de piquete, confrontaciones y alli estabamos presentes Voluntarios de toda indole determinados en ponerle fin a esta batalla.

EL OTOÑO CAYO.

El mes de Octubre fue uno de mucha dicha para nosotras. Nos informaron que el Director de la Union Cesar Chavez andaba en jira hablando con los diferentes Comites de Boicot. en las diferentes ciudades.

Viajaba en una casa mobil Winnebago. Dicho mobil se lo habian donado uno de los Sindicatos. Cesar aún habia quedado muy debil despues de tanto ayuno y la casa mobil era mucho mas comoda que andar por auto en sus viajes.

Esto era un gran paso adelante comparado con el primer autobus cual fue el transporte del primer grupo de boicoteros. Dicho autobus no tenia calefaxion, y aparentemente estaba mas viejo que el primer Ford que construyó Henry Ford.

Pero milagrosamente llego desde California hasta New York.

El Comite de Amigos en Filadelfia hizo planes y preparativas para la llegada de Cesar. Pusimos el Arbolito Telefónico en accion y mandamos avisos a todo notable de las iglesias, sindicatos, escuelas, politicos y desde luego los medios de comunicación.

El dia de la reunion teniamos casa llena en el auditorio. No quedaron asientos solo lugar para estar parados.

Para empezar la reunion Toña, Caro y yo nos pusimos a cantar canciones de revolucion y huelga con el fin de animar al grupo. Aunque no lo necesitaban.

Cuando estabamos cantando, de pronto se pusieron todos de pie y empezaron aplaudir y a dar silvidos, en una gran ovación que solo los residentes del Este saben conceder.

Yo pense que seria que nuestras canciones estaban tan alentadoras o que nuestras voces tan sin par, que no habia otra que ponerse de pie.

Realmente

Cesar decidio entrar al foro mientras estabamos cantando, "Viva la Huelga en el Fil" en vez de esperarse a que lo introducieran. El queria sentarse en frente para escucharnos de cerca y cuando aparecio en el foro, todos se pusieron de pie ofreciendole la gran ovacion ruidosa.

Cesar Chavez nunca fue persona que le gustaba la ceremonia.

Nunca se cansaba de escuchar a sus apoyadores.

Fue una reunion muy alegre y muy amistosa. Todos Voluntarios presentes querian platicar con Cesar y demostrarle que Unidos Venceremos.

DENLE OPORTUNIDAD A LA PAZ

El mes de Noviembre no se quedó atras con accion y animo.

El dia 15 de Noviembre 1969, miles de cienes nos juntamos y llenamos autobuses de Voluntarios rumbo hasta el Capitolio de Estados Unidos, Washington D.C.De todas partes del país acudieron a dicha reunion y nos unimos en los parques del Capitolio. Jovenes, viejos todos veniamos con el fin de protestar la guerra en Viet Nam

en este dia memorable El Dia de Moratorio.

Todos unidos cantabamos

"Solo les pedimos, denle oportunidad a la Paz."

El tiempo estaba muy frio, pero la contagion del compañerismo nos calento hasta el alma y nos mantuvimos calientitos. Nosotros los del Comite de Amigos de Filadelfia portabamos una bandera grande con el Aguila de los Campesinos que volaba mas arriba que las otras. Asi nos encontraban los Comites de Boicot de otras areas.

Muchos Voluntarios del Este reconocian el Aguila como simbolo del Boicot y no de la Union de Campesinos.

Entre el medio millon de participantes ese Dia de Moratoria, se veia la Bandera de Los Campesinos por todo el Capitolio, dandole color a los edificios de gobierno.

Los Campesinos estabamos presentes, Unidos de Pie Por La Paz.

OCTAVIA CANTA GLORIA.

Ese mismo mes tuvimos oportunidad de un segundo viaje hasta el Capitolio.

Montadas de nuevo en autobuses, esta vez con la Bendicion de la Iglesia Catolica, ahora mucho mas activa en asuntos del pobre campesino.

Caro, Toña y yo acompañadas de Octavia, Religiosos, y Voluntarios.

Miembros de la Iglesia llevaban unos treinta libros llenos de peticiones con nombres de Catolicos atraves de Pensilvania. Todas las peticiones y firmadores se comprometieron a no comprar uvas de mesa de California hasta que se resolviera este conflicto. Estas peticiones se iban a presentar a especificos legisladores federales.

Las peticiones les pedia a los legisladores que usaran su posicion federal para intervenir acerca de este tema inmoral, y que presentaran alguna propuesta para incluir al trabajador del campo en el Acta Nacional de Relaciones Laborales.

Octavia y yo ya estabamos mas contentas con pertenecer a la religion Catolica.

SOLIDARIDAD PA' SIEMPRE

Para seguir el movimiento de terminar con las uvas, Locales de los Sindicatos sacrificaron su hora de lonche y pusieron una linea de piquete frente al Centro Municipal. Portaban un camion con vocina anunciando el mensaje

'NO COMPREN UVAS DE CALIFORNIA."

Pasaron literatura a los consumidores, hablaban con los peatones acerca de los éxitos en reitrar las uvas en la Ciudad de Filadelfia.. Les informaron que cuatro cadenas mayores en la Ciudad habian retirado las uvas de los estanques.

Locales que participaron incluian Presidentes y Representantes Sindicales del Concilio AFL - CIO de Filadelfia, Federacion de Maestros, Trabajadores de Autos Unidos, Trabajadores Amalgamados de Tela, Dependientes Menoristas, Concilio Aliado de Comercio, Sindicato de Estivadores, y el Recien Concilio Democratico.

Varios representantes de las Iglesias locales, de Gesu y Kingsway Iglesia Comunitaria., todos parecian estar dichosos de poder ayudar aunque tubieron que sacrificar el lonche.

Tambien dichosos de que el ejercicio les hizo de mucho provecho.

TRABAJADORES DE AUTOS UNIDOS [UAW]

La semana antes del Dia de Dar Gracias, yo les informe al Comite que pensaba ayunar todo ese dia festivo.

"Mientras haya gente y niños pobres y con hambre en este país donde tenemos sobre abundancia de alimentos, ninguno de nosotros debemos sentarnos a la mesa festival y rellenarnos como a los pavos.

Debemos dar Gracias a Dios que tenemos que comer el resto del año.

Recibi noticias del Coordinador en Indiana que tambien se iba unir conmigo en el ayuno en ese Dia. de Dar Gracias.

Wally y Juanita tambien participaron en el ayuno por ese Dia.

Aunque nos llegaron decenas de invitaciones de varias organizaciones que querian que los acompañaramos para festejar el Dia.

Les dije a Caro y a Toña que fueran ellas a representar a La Union.

"Uds merecen tomar el Dia de descanso y festejar," les dije

"No. No te queremos dejar atras que te quedes tu sola," me dijo Caro.

Yo se que para ellas iba ser un sacrificio el no poder celebrar el Dia con cualquiera de los grupos.

DEMOS GRACIAS!

El dia antes del Dia Festivo, llego un camion lleno de alimentos enlatados y en cajas. No era una camioneta, este camion era el padre de los camiones, grandisimo.

Aparentemente los miembros de las diferentes Locales de los Trabajadores de Autos habian iniciado una campaña para recaudar alimentos para las Boicoteras en Filadelfia. No cabe duda que esta gente del Este no hacen donaciones a manos llenas pero no estan felices hasta que hacen donaciones en camiones llenos.

Recibimo toneladas de comida, botes y mas botes, cajas y mas cajas sin fin.

Todo esto el dia antes de que pensabamos ayunar, pero no podiamos negar que era mucha tentación.

El Dia de Dar Gracias note que tanto Toña como Caro no estaban desayunando, y junto con ellas tampoco mis hijos Valentin y David.

Dimos Gracias a Dios que el dia tiene solo veinte y cuatro horas, y nada dura para siempre a menos que el Sol y la Luna.

Pasando las veinte y cuatro horas de ayunar le entramos a los alimentos donados por los Sindicatos de Automobilistas, sin remordimientos.

Pasamos el dia sortiando los botes y cajas y convertimos el subterraneo en bodega, entre todos los vestidos y trajes que habia traido Lili. Parecia mercado de alimentos y ropa.

Ocho meses despues cuando sali de Filadelfia, aún habia botes de comida y ropa sin usar en los roperos en nuestro mercadito Nieman Marcus & Campesinos Boicot.

ENTRA EL AMOR.

El dia llegó cuando teniamos que perder a Carolina. Habia hecho sus planes para casarse en la oficina del Boicot en Boston, Masachusets despues del Dia de Dar Gracias.

Octavia se habia dado voluntaria para comprar el vestido de novia y hacer todas las preparativas de la boda.

Richard, esposo de Octavia hiba entregar a la novia. Desde luego que Toña era la indicada para ser la Madrina.

Marcos estaba encargado de coordinar el boicot en Boston. El y su esposa Cuca iban a ser los padrinos.. Todos los Voluntarios circunvecinos a Boston quedaron invitados a la boda para ser testigos de esta Union y compromiso entre Carolina y Mike.

PARA COLMO DE MIS MALES

Yo no andaba muy bien de salud. En los pasados meses habia desarrolado un dolor estomacal, el cual preferia ignorar. No habia tiempo para tratar con dolores del sistema. Por fin no hubo otra que consultar con un médico y fui a la sala de emergencia en el hospital general de Filadelfia.

El doctor me examinó y encontro que tenia un tumor,

"Tenemos que operarte, puede ser maligno." me dijo.

"Es que no tengo tiempo para ninguna cirugia. Horita no." Yo negaba la seriedad del tumor.

El doctor me dio unas pastillas de hierro, junto con otras pastillas para el dolor.

"Tienes el hemoglobina muy bajo. Tenemos que elevar el nivel un poco mas normal.. Entonces en Enero podemos programar la operacion. Tal vez el ayuno que hiciste en el pasado mes de Mayo alborotado cualquier tumor que tenias durmiente en el vientre"

.

Sali de la sala de emergencia en lagrimas. ¿ Porque se la antojo a mi cuerpo convertirse en un merengue femenino.? ¿ Porque ahora?

SEA LO QUE DIOS QUIERA.

Chueco o derecho fuimos hasta Boston, Masachusets a la boda de Caro.

La inflamación estomacal me estaba matando. No le dije nada a Caro ni a Toña. No queria arruinarle su dia.

Festejamos, bailamos a la musica que ofrecio Mark, el coordinador de New York. El nos entretuvo con su guitarra..

Yo no estaba muy preparada para despedirme del año 1969 o de recibir el venidero 1970. Ya estaba perdiendo mi familia boicotera. y no se diga mi salud y consiguiente mi confianza.

Toña tambien estaba haciendo preparativas para empezar su nueva vida, junto con planes para su próxima boda.

Maria, hermana de Toña se habia reunido con nosotras poco despues de la visita de Cesar a Filadelfia. Ella habia estado coordinando el boicot en el estado de Indiana. Ahora ella y Toña pensaban volver hasta su casa en Earlimart, California donde se iba llevar a cabo la boda de Toña.

Extrañaba mucho a Caro, su caracter tan agradable, sus canciones de diario y su favorita la cancion de Neil Diamond - Sweet Caroline - Dulce Carolina.

Afortunadamente, Maria lleno el lugar de Caro sin mucho esfuerzo, tambien le gustaba cantar a grito abierto. Despertaba cantando canciones de la revolucion " Carabina Treinta, Treinta era su despierta peresosos.

No habia porque quejarme, habiamos tenido un año lleno de éxitos. Un año de las mil maravillas El asunto de las uvas era mucho mas visible y vocal en la Ciudad, los Suburbios de Filadelfia, y los estados de Delaware y New Jersey.

Terminó en notas muy tristes para mi, aunque no para mis compañeras. Eran jovenes y tenian derecho a seguir sus vidas.

Y asi fue como perdi a mis compañeras a las garras del Amor y el Matrimonio.

AÑO NUEVO. EQUIPO NUEVO.

Jose, un Voluntario de Deleno llego de California para ayudarme, pero poco despues lo enviaron para otra parte del país.

Quedamos Lili y yo solas en la oficina de Boicot de la calle Mascher. Teniamos como respaldo a nuestros fieles Amigos de los Campesinos.

Lili seguia trabajando con escuelas, colegios y universitarias. Marie en New Jersey, Octavia en los Suburbios, a la vez que seguiamos planeando, confrontando, y haciendo lineas de piquete para darles a saber que aún seguiamos vivos con el boicot de uvas.

ENERO 1970

Acudi a la cita programada de cirugia. El doctor le puso fin a la masa ofensiva . Despues de la operacion abri los ojos, me estaba mirando un doctor. Le pregunte,

"Tengo cancer?

"No. Tenias un tumor, pero no era canceroso. Te perdimos por unos cuatro minutos. Tubimos que entubarte, pero todo salio muy bien sin mas problemas." Volvi otra vez al mundo de Morfina. ¿Cuatro minutos?

Abri los ojos. Juanita estaba mirandome. Me apreto la mano, yo quize apretarle la suya pero no tenia las fuerzas, y solo volvi de nuevo al Valle del Eter.

Abri los ojos. Estaba una enfermera tratando de levantarme y sacarme de la cama.

"Andale. Vamos. Tenemos que ir a dar una vueltita," yo la oia con la mente toda llena de algodon. "No. Vete tu. Yo aqui te espero," le dije medio dormida. Insistio y por fin pudo sacarme de la cama y volverme al camino de Planeamiento Boicot de Uvas.

Antes de que me dieron de alta, muchas enfermeras y doctores traian botoncitos rojos con aguilas negras con la imprenta " Boicot Uvas" en sus uniformes. Eran articulos notables para colectores.

 Dos semanas despues de mi operacion ya andaba de nuevo en la linea de piquete.

METI LA PATA CATOLICA.

Febrero 1970, tiempo de Cuaresma.
Las uvas estaban estancadas en Filadelfia, sin venderse.
Los consumidores seguian tercos a no verlas en los mercados.
Dos vagones de refrigeración, llenos de uvas de California habian estado parados en el Terminal de Productos Perecederos del ferrocarril Baltimore y Ohio, por las utimas dos semanas.
Los mercados ya mejor no querian comprar mas uvas. No podian vender las que ya tenian en almacen.

Los Amigos de los Campesinos, dirigidos por Octavia, estaban haciendo planes para una manifestacion para el Dia de Pascuas. Habian discutido varias opciones, con sugerencias de un Servicio al Amanecer, una Misa el Viernes Santo al amanecer, o mejor a media noche. Sugerian varios lugares y sitios donde llevar acabo para la Misa.
Plan A. sonaba algo asi, _
Jim, uno de los Voluntarios en el Comite, se dio voluntario para hacer un ayuno durante la Semana Santa. Pensaba ayunar por cada dia que se vendieran uvas de uno de los dos vagones refrigerados.
Lili se dio voluntaria para acompañarlo en el ayuno.

Por fin decidimos conducir una linea informacional de piquete en frente del Terminal de Produccion empezando a las cinco de la mañana. Pensabamos tener a los consumidores con informacion al dia. acerca del ayuno o si acaso se vendian uvas en el Terminal.
El Viernes Santo ibamos a conducir una vigilia frente al Terminal empezando a media noche.
Pensabamos conducir una Misa al amanecer el Dia de Pascuas. Jim y Lili darian su ayuno por terminado esa mañana. Pensabamos darle a saber al publico si acaso se habian vendido uvas de los vagones, o si habia sido necesario para que ayunaran Jim y Lili.

Dividimos la lista de organizaciones. Pusimos al Arbolito Telefónico en accion, para informar a los grupos, organizaciones, consumidores en la lista, iglesias, sindicatos, estudiantes, politicos, hombres, mujeres. Desde luego compartiamos la informacion en cualquier cita de platicas.

Avisamos a las medias de comunicación, llamamos una conferencia de prensa. Cabe decir que la prensa en Filadelfia reportaban muy favorable acerca del conflicto de los Campesinos. Los reporteros escribian articulos en grande, acerca de las riquezas y abundancia en California, y mantenian al consumidor enterado del progreso del Boicot.

La lista que me correspondia a mi, incluia las Iglesias. Hice llamadas a las paroquias locales, Padres, Monjas, Ministros, Reverendos y el Consejo de Rabis.

Los Rabis habian dado su apoyo y respaldo a los Campesinos, mucho antes de que yo llegara a Filadelfia. Durante el Festival de Tabernaculos, Succoth, un Dia para Dar Gracias a Dios por una cosecha plena, el Consejo habia pedido a sus miembros que observaran ese año como "un Succoth sin uvas," a pesar de que las uvas se acostumbran frecuetnemente en sus celebraciones religiosas.

Los Rabis habian citado "el pecado de Oshek, la explotación del hombre empleado."

El apoyo estaba alli y yo queria tambien incluir a Los Rabis en nuestra celebracion el Dia de Pascuas.

Hice la llamada y le extendi la invitación al Rabi quien contestó el teléfono. Me escucho por un rato, y cual fue mi sorpresa cuando me interumpio,

"Sra. Lopez," resono su voz en el teléfono, " se da cuenta que es lo que esta Ud diciendo? Nos esta pidiendo Ud a nosotros? El Consejo de Rabis? Que celebrémos Misa el Dia de Pascuas? Tiene Ud un idea lo que significan las Pascuas para la gente Judia?" y asi siguio, " Por los ultimos dos mil años los pueblos Cristianos nos han perseguidos, excluidos y desterrados por hecho de Jesu Cristo, y Ud nos esta pidiendo que celebremos con Uds su Ascención. Acaso tiene sentido esto para Ud!"

Mientras el Rabi me daba una leccion en las diferencias de religion, yo quede como congelada en la silla, "Bendito Dios. Que hice." corria por mi mente ofuscada. Empezaron a rodar las lagrimas. Me sentia tan mortificada. Como pude ser tan insensible. Casi todos los miembros del Comite eran Judios, porque no me habian dicho nada.

El Rabi seguia con su discurso, recordandome de las muchas veces que el Consejo de Rabis habian alentado a los residentes Judios que continuaran su apoyo de los Campesinos, a punto que habian eliminado el uso de uvas en todas sus ceremonias y hogares Judios.

Cuando por fin dio por terminado su sermon, le di mis disculpas y le dije que en verdad mi llamada habia sido insensata.

Segui sentada en la mesa derramando lagrimas. Lagrimas del tamaño de canicas rodaban por las mejillas, "Que si Los Rabis empiezan a comer uvas por culpa mia."

En eso llego Lili. Ella que me consideraba una mujer decidida, fuerte, temele a nada, mujer de sustancia, entró y me encontro en llanto y moquiando en el cafe, como si todas las uvas ya estaban de nuevo en los estanques menoristas, se quedó asombrada,

"Que? Que? Esperanza? Que pasa?" Entre moquiadera, le explique lo que me habia dicho el Rabi y la regañada que me habia dado acerca de los Judios y el Cristianismo.

"Oh. Eso es todo. Yo pense que habias recibido alguna mala noticia. No le hagas caso al Rabi. Esto no tiene nada que ver con la religion."

"No Lili. Tu no tienes razon. Tiene todo que ver con la religion. Aqui yo estado predicando lo insensible que son los rancheros de California y yo soy igual de insensible, tanto contigo que con Los Amigos de los Campesinos. Porque no me dijieron nada. Tenemos que cancelar todo lo que hemos planeado para la Semana de Pascuas." Segui con mis lloriqueos. Viendo que ya no servia para nada, Lili tomo las riendas,

Ella llamo al Comite y les explicó lo que habia sucedido con el Rabi.

Nos regrupamos para llegar con un Plan B. Los miembros del Comite querian saber que me habia dicho el Rabi. Llena de remordimiento y lagrimas, quize ponerlos al dia

Al principio me escuchaban con expresiones de seriedad. Cuando le estaba explicando empezaron a reirse, aunque trataban de volver a la seriedad volvian a soltar la risa. Yo no veia porque se les hacia tan chistoso, pero ellos se les hizo la charra divertidisima sin importar mis sollozos.

"A Uds se les hace muy comico todo esto, porque Uds no estaban de este lado de la ira del Rabi." les dije moquiando.

La discusion para los Planes de B, siguio entre risas y carcajadas. Se divirtieron a costillas mias.

Cabe decir que con excepcion de Octavia y La Hermana Regina, todos los del Comite eran Judios.

SERVICIO ECUMENICO

El Comite acordó en seguir adelante con el ayuno de Semana Santa por los no Cristianos Jim y Lili.

Tambien se llevaria acabo la vigilia de media noche en Viernes Santo.

La Hermana Jane, socia del grupo El Santo Grial [The Grail], sugerio que en lugar de una Misa de Madrugada conducieramos un Servicio Ecuménico despues de la vigilia. Aún podiamos celebrar como un grupo de amigos.

Los vagones llenos de uvas no se movieron en toda la semana.

Jim, ni Lili tubieron que ayunar.

Las uvas no se vendieron.

Los concurrentes a la linea informacional de piquete, en la vigilia y al Servicio Ecuménico fueron bien atendidos.

Solo faltaba una cosa. Mi motivación previa. Parecia que se me estaba acabando mi adrenolina. El mensaje del Rabi me hizo reflexionar y me volvio a la realidad. Yo no queria convertirme en una osa sin sentido.

Por lo visto ya me habia convertido en eso mismo. Habia estado tan enfocada en eso de retirar las uvas de los mercados que nada mas tenia importancia.

Me di cuenta que mas y mas mis pensamientos se iban atraves de las millas, a mi casa, con mas y mas frecuencia.

Yo queria seguir esos pensamientos.

De pronto me senti muy lejos de California,

de mis raices.

me entro una ola de añoranza.

RESFUERZOS

> *"... llegue a Deleno en*
> *un autobus Greyhound. Tenia yo diez y seis años. Vestia con una corbata, una*
> *chaqueta de tela Sirsaca y zapatos Penny lofers.....Tom*

Resfuerzos. Voluntarios llegaron de California y Nuevo Mexico.

Gilberto, uno de los Vice presidentes de las Union llego con su esposa Dolores, un hijo Tami, y dos niñas..

Doug, antes estudiante de la Universidad de Berkeley, antes trabajador campesino y huelgista, tambien miembro de la Union desde el año 1965 cuando los trabajadores se salieron en huelga. Antes de venir al Boicot, Doug habia asistido en el periodico de los campesinos, El Malcriado.

Evan, y su novia Carol, ambos de Nuevo Mexico tambien venian con el grupo. Los otros quienes llegaron despues, incluian Estevan, Leonore, Harriet y Tom.

Harriet, era una muñeca tamañita con una risita muy contagiosa. Ella era producto de New York. De manera es que las Orillas del Mar Este no eran ninguna sorpresa para ella. Sus padres tenian historia de ser activistas sindicales. Harriet habia estado en el Medio Este y habia participado en las huelgas en California. El Boicot no era ningun desafio para Harriet.

Tom, calladito pero con mucha determinacion. El permitia que los otros pasaran el tiempo con sus payasadas. Cosa que acostumbran los jovenes.

Lili estaba encantada de tener tanto joven entre nosotras. Los hombres pronto convirtieron el subterraneo en un cuarto para dormir. Alli se aco- modaron entre los botes del mercadito y vestidos de moda.

Era un grupo que les gustaba bromiar y esto me sirvio para levantarme el animo que ya andaba arrastrando.

Doug era el comico del grupo y nos mantenia llenos de risa. Era una persona con un sentido de humor que encontraba algo comico en un rollo de papel sanitario.

Teniamos un excusado en el primer piso. Este cuartito era pasto para sus comedias. Se sentaba en la silla, dejaba la puerta abierta y nos saludaba sonriente cuando pasabamos por alli.

Un dia le saque su foto mientras estaba sentado en la silla haciendo sus payasadas. Un dia de estos pienso enseñarselo a sus nietos.

De mañanita se levantaba Doug y se acercaba conmigo. Quiero que sepan que antes de tomar mi cafe parezco la muerte en ayunas.

Se detenia Doug y me decia, "No. No te muevas. Que es lo que veo ante mi. Ah bella dama, permiteme festejar mis ojos con tanta belleza efemeral." Asi tratando de citar a Shakespeare.

Despues de eso trataba de tomar mi cafe antes de que se levantara Doug.

GILBERTO

Gilberto es un tipo delgado, con un aire callado y profesional. El habia sido socio de Cesar Chavez desde los inicios. Trabajaba con un grupo Organizacion de Servicio Comunitario [CSO] y se habia unido con Chavez desde el principio en los esfuerzos de organizar trabajadores campesinos.

En este punto ya era uno de los varios Vice presidentes del Consejo Ejecutivo de la Union.

Lleve a Gilberto a conocer a los varios jefes de las organizaciones y sindicatos locales en el area de Filadelfia. El padecia de un problema del espalda, el cual le molestaba bastante. No podia estar sentado, o parado por mucho tiempo, ni podia andar por largas distancias sin que le estorbara la espalda.

Una tardecita primaveral, fuimos Gilberto y yo a las oficinas de la Regional AFL-CIO . Matt era uno de mis contactos alli. Lleve a Gilberto para que lo conociera. Mientras estaban platicando Gilberto y Matt, el presidente de la Regional salio a saludar y decidio quedarse a platicar y ofrecer su opinion.

Se agarro habla y habla acerca de asuntos sindicales, la politica, el pasado, el presente, el futuro.

Yo estaba sentada y le permiti el honor a Gilberto que se hiciera cargo de responder a la platica del presidente. Ya me estaba dando sueño. El cuarto estaba calientito. Note que Gilberto se veia muy incomodo y empezaba a bailar en su asiento con frecuencia. Ya brincaba de una nalga a la otra.

El presidente seguia con su discurso interminable.

Por fin nos dijo, "¿Saben Uds cual es el problema en California?"

Yo, de pronto me sente alerta y en atención, Desde luego que yo queria saber cual era el problema en California.

Gilberto dejo de estar tan inquieto en su silla y tambien prestó toda su atención.

"El problema es que a los campesinos les estan dando el tiro por la culata." y asi termino el presidente con mucho orgullo.

Con esa perla del juicio presidencial, Gilberto brinco de la silla, se puso andar de lado a lado del cuarto, tallandose la rabadilla mientras ambulaba, y nos dijo,

"Con razon me duele tanto la cola."

Yo solte la risa y me rei hasta que me dolio el estomago.

No esperaba esto del siempre serio Gilberto.

LA CAMPANA NO REPICA

"... voluntarios ... fue la mejor combinacion que sirvio de beneficio a esta $\qquad$ *Union, fue el tiempo apropiado, nunca mas se ha duplicado." Andy*

10 Abril 1970. recibimos informacion de la oficina central que Lionel Steinberg un ranchero de uvas Perlette, de Coachella, Valle Imperial de California, habia firmado el primer contrato de uvas de mesa.

Pase el dia cantando 'Aleluia, aleluia," y mandaba besos atraves de las millas a Lionel Steinberg.

Para fines de Abril los campesinos en California obtuvieron siete contratos mas - firmados. Dichos contratos cubrian unos 900 trabajadores del campo.

La Union habia exigido un sueldo de dos dolares la hora, pero solo consiguieron $1.70 por hora. Esto ya era ganancia.

Antes del primero de Mayo, un Dia que se reconoce como Dia Laboral por los sindicatos. La Union de Campesinos recibio una campana. Esta era un regalo de White Chapel Foundry en Londres. White Chapel era la misma fundadora que habia forjado la famosa campana Americana - Liberty Bell, excepto que la de los campesinos estaba mucho mas pequeña.

El Sindicato de Automobilistas [UAW] habia pagado por la embarcación. Dicha campana llego a New York y fue recibida con mucha publicidad. De New York hiba llegar a Filadelfia.

La Campana tenia que seguir todavia desde New York hasta California

El Comite llamo una Conferencia de Prensa con fines de destacar la llegada de la Campana.

Hicimos volantes informativos, explicando el origen de la Campana y su proposito.

Le agradecimos a UAW por haber sido instrumental en el transporte de la Campana desde Londres hasta Estados Unidos.

109

Gilberto le habia pedido a Bill Kirscher, el Director de Organizaciones AFL-CIO que dijera algunas palabras constructivas acerca de la Campana.

Bill no estaba muy de acuerdo con hacer eso, ya que UAW era un Sindicato Rival. Era UAW quien habia transportado la Campana y no AFL-CIO. Yo no habia mencionado a AFL-CIO en los volantes informativos.

Bill le contestó a Gilberto, "Tu sugerencia es igual como pedir que lleve uno a la querida a conocer a la esposa".

Sea como sean las capillitas, La Campana se recibio en Filadelfia con gran ceremonia en frente de la Sala de Independencia.

La Sra. Fae Forman, secretaria del Consejo Administrativo del Alcalde James H. Tate, fue quien le quito el velo a la Campana. La acompañaban lideres de ambos sindicatos UAW y AFL-CIO.

NO SERA LIBERADA

"Si los Trabajadores Campesinos no son libres,
La Campana tampoco sera libre." Cesar Chavez

La Campana se descubrio envuelta en cadenas de acero con un enorme candado.

Cesar Chavez habia mandado la directiva que la campana permaneceria encadenada y sin repicar hasta que los trabajadores del campo ganaran un derecho de negociar Convenios Colectivos.

El regalo se iba a transportar a todas las ciudades mayores atraves del país como un exhibicion para destacar el hecho que los campesinos en America estaban laborando encadenados.

Nos amontonamos en autobuses que nos llevaron al estado de Maryland. La Campana iba arriba de una carreta.

De Maryland iniciamos una marcha de treinta millas hasta Washington D.C. el capitolio de Estados Unidos. Cada uno de nosotras participabamos en jalar o empujar la carreta con la Campana.

Convertimos los caminos de Maryland en un arco iris llenos de miles de nuestras banderas de distintos colores, rojas, negras , azules. Muchas con el Aguila Negra de los Campesinos.

Marchabamos y cantabamos " NO COMPREN UVAS."

Tomabamos quebradas en las lomitas y declives verdes en las orillas de los caminos.

Durmiamos en casas de apoyadores de los Campesinos, o en bolsas de dormir en los parques.

Perdimos de peso y construimos bastante muslo.

En Washington nos unimos con los Comites de Washington, Maryland, Virginia y areas circunvecinas. La unica vez que Washington se haya visto mas bello es en la primavera cuando florecen los famosos arbolitos de cereza.

Las banderas rojas alegraron los edificios gris de gobierno.

Tanto mis hijos Valentin y David como yo quedamos encantados con la alegria tan contagiosa del grupo. Metimos los pies en la fuente para refrescarnos.

Nos reunimos todo mundo frente al Departamento de Agricultura, demandando que los Campesinos fueran incluidos en Derechos de Convenios Colectivos.

¿LA QUE? ¿LA COMO?

Ese mes el Sindicato de Automobilistas [UAW] estaba por llevar acabo su convención en Atlantic City. La Campana estaba presente en la entrada como estrella..

A nosotros los del personal de la Union, nos habian hospedado en un hotel muy popof, pagado por UAW.

La noche despues de los discursos y resoluciones, nos reunimos el personal para discutir como llamarle a la Campana. Necesitaba nombre. El Comite AdHoc eran los dos Vice presidentes- Gilberto, y Andy, Luming, esposa de Andy, Pablo, Toña, Caro, yo y otros

Ya era tarde, despues de media noche, traiamos los ojos medio cerrados, el cerebro ya dormido, síndrome de Convenciones, ofreciamos nombres supuestamente creativos y apropiados para nombrar la Campana:

"La Campana de la Libertad"   No.. Eso ya se hizo"
Campana de Liberacion   No.
Campana Liberada   No.

Campana de Silencio	No.
Libertad en Cadenas	No.
Campana de Los Campesinos	No.
Justicia en Cadenas	No.
Campana Muda	No.

Ya nada tenia sentido. Nada mas abriamos la boca y no salia nada.

Andy se levantó del suelo donde estaba sentado, se dio un estiron, y bosteseando dijo,

"Ya se. Vamos a llamarle 'El Ding Dong de Cesar'".

Despues de eso las cosas se pusieron de mal en peor. Ofrecimos otras Perlas del Juicio tal como 'El Ding a ling de los Campesinos.', 'Ring a ding ding de UAW' y asi por lo consiguiente, la falta de dormir, cerebros llenos de aire no logramos nada historico.

Sin mas, cabe decir que otra persona, ninguno en nuestro grupo, con mucho mas cerebro que nosotros nombro la Campana.

CORETTA SCOTT KING

Viuda de Martin Luther King.

La siguiente tarde de la Convención, nos informaron que la Sra. Coretta Scott King estaba programada para dar su discurso a los miembros automobilistas en la Convencion.

Luming, esposa del Vice presidente Andy y yo andabamos todas alborotadas porque ibamos a conocer tan famosa y gran personaje como la Sra King.

Luming estaba preparada para que la Sra King le diera su autógrafo. Esperamos en el pasillo donde sabiamos que iba a pasar a la Sala de Convencion rumbo al foro.

La vimos que se acercaba, venia rodeada de guardias. Luming corrio y se acerco a ella y le dijo, "Sra King. Sra King. Yo soy campesina. Por favor deme su autógrafo."

Uno de los guardias agarro a Luming y la avento contra una pared, evitando que se acercara a la Sra.

La pobrecita de Luming quedó sin aliento. La Sra King siguio su paso aparentemente abstraida del asalto a una de sus fanaticas.

Luming quedó devastada por el rechazo y la golpiza que recibio. Se fue para su cuarto y lloró toda la tarde. Quizimos alivianar su duelo, pero estaba inconsolable. Era por demas.

Esa noche Luming recibio una carta. Venia de parte de Coretta Scott King. Se habia molestado en buscar quien habia solicitado su autografo, y en cual cuarto se estaba quedando.

En su carta la Sra King pedia disculpas por la manera que habian tratado los guardias a Luming. Ella explicó que los guardias tienen ordenes de obrar de ciertas maneras para llevar a cabo su posicion como guardias. "Yo, en lo personal, no tengo ningun control." decia en su carta. Le suplicó a Luming que tratara de comprender.

Luming seco sus lagrimas. Estaba ecstatica. Nosotras agradecimos que Luming habia logrado lo que queria, yo le dije,

"Wow! Luming esta carta es mejor que un simple autógrafo."

EL PEQUEÑITO

Nuestra vecina, una Señora de raza Negra, tenia un niño de unos tres, cuatro años. Gilberto se encariño con el niño y el niño se le pego como chicle. Gilberto lo llamaba Pequeñito.

Pequeñito pronto se hizo como parte del grupo de boicoteros, y nos acompañaba frecuentemente en la mesa de la cena. Los otros jovenes les agradaba jugar con el e incluirlo en las varias actividades no sindicales.

Gilberto se convirtio en el padre de crianza del pequeño. En cuanto llegaba Gilberto a la oficina, Pequeñito corria y se le pegaba como pegadura. Se acurrucaba cerca de Gilberto en el escritorio, o donde quiera que estuviera sentado. Gilberto lo abrazaba sin dejar lo que estaba haciendo. El niño estaba feliz de estar cerca de su padre adoptivo. A veces se quedaba dormido en los brazos de Gilberto.

Yo los observaba y me preocupaba esta relacion.tan apegada. Una tarde vi al pequeño que estaba muy contento en los brazos aceptables de Gilberto. Le dije,

"No creés que le estas haciendo daño a ese niño con permitirlo que se te acerque tanto.?"

"Que mal tiene el querer a una criatura?" me contesto sin dejar lo que estaba haciendo.en el escritorio..

"No tiene nada de malo horita. El niño esta agusto. Pero cuando tu te vayas lo vas a lastimar mucho emocionalmente." y le di mi criterio.

"La separacion nos duele a los adultos y casi entendemos ese dolor. Los niños no reconocen estos alejamientos repentinos. Sufren ansiedad de separacion.."

"Es cierto," me contestó, "me va estrañar y quizas va a llorar. Pero cuando este mas grande el va a recordar que en un tiempo hubo un hombre quien lo amó. El recordará que cuando era niño hubo un hombre quien estubo dispuesto en representar a su padre cuando mas lo necesitaba."

Yo no entendia la logica de Gilberto, pero despues de todo yo no era un niño quien necesitaba un padre cariñoso.

VIVA LA CAUSA !!!

Eran las seis de la mañana. Ya estaba preparado mi cafe y estaba a punto de dar el primer trago cuando sono el teléfono.

"Buenos Dias Sra. Lopez. Habla Sam Gould del mercado Acme." Me empezo a bailar el corazon.

Gould era el asistente del Presidente de las cadenas Acme. Estaba segurisima que ya estaban las uvas de nuevo en los estanques en cada mercado en Filadelfia.

Porque me estaba llamando este hombre a estas horas.

"Buenos Dias Sr. Gould. Que lo trai tan temprano? le dije

"Si estas parada, te sugiero que te sientes," me dijo. "Te tengo unas noticias y quiero que seas la primera en saberlo." Las rodillas se me convirtieron en chicle. Hasta horita ninguno de los manda mas de los mercados se habian molestado en darme una llamada de cortesia. Y ahora tan temprano? Continuo el Sr.

"Hemos publicado una pagina entera en todos los periodicos de la ciudad, para anunciar que Acme venderá las primeras uvas Perlette de Coachella."

"Hombre muchas Gracias," le dije, " Ya se comunicaran con Uds los Comites del Boicot."

"Espera. Esperate Esperanza. Guarda tu incendio. Estas uvas son de Union. Los miembros de tu Union pizcaron estas uvas. Es mas las cajas tienen la etiqueta Sindical de la Union de Campesinos.'

En ese momento preciso escuche que aventaban el periodico en frente de la oficina y dio el golpazo en la puerta.

"Yo se que vas a recibir llamadas telefonicas acerca del anuncio. Quize prepararte para estas llamadas." me informó

Yo empeze a tartamudiar. Quize decirle algo oportuno y no me salia nada, solo

"Dios Mio! Santos! Gracias! No lo creo! " y muchos otros comentarios sin sentido. El Sr. Gould se despidio mientras yo seguia casi muda. Para entonces ya empezaban a rodar las lagrimas de la alegria.. Ahora si ya me podia volver a mi casa. Corri a levantar el periodico y les grite a los dormidos que se levantaran.**UVAS   FRESCAS Y JUGOSAS.**

Asi como lo prometio Gould estaba el anuncio de una pagina completa,

"OTRA VEZ PRIMERO- ACME. UVAS FRESCAS POR PROPULSION A CHORROS

. Gorditas, jugosas, frescas. Uvas de California, cuarenta y nueve centavos la libra. Cosechadas por Union."

Venia la foto de las uvas, y un avion Jet, que segun el anuncio " vuelo de uvas frescas las primeras para Acme y Ud por avion Jet.."

Yo andaba bailando por toda la oficina cuando por fin subieron los del subterraneo y bajaron los que durmian arriba.

El teléfono empezo a sonar, "Esperanza, ya viste el periodico de hoy?" Todo el dia, me llamaron los boicoteros preocupados por la noticia.

Yo con todo gusto les explicaba, que en realidad eran uvas de Union, pizcadas por los trabajadores de La Union de Campesinos.

Doug, Tom y Lili fueron al mercado Acme para desengañarse haber si era cierto.

Regresaron con una caja llena de uvas verdes Perlette de California. Un regalo que habia mandado Acme. Cada caja traia estampada la rubica de la Union.

Nunca pense que iba tolerar ver uvas en esta oficina. Pero alli estaban. Las mire por largo tiempo con ganas de echarlas al excusado.

RENUNCIA

En California, los Huelgistas estaban logrando éxito tras éxito.

Los rancheros se habian dado cuenta que los Huelgistas no iban a dar el brazo a torcer.

Se dieron cuenta que los Boicoteros atraves del país y en Canada seguian renuentes y el accion era de lo mas serio en terminar con las uvas en las cadenas menoristas.

Puede que los esquiroles estaban pizcando las uvas, pero los consumidores seguian rechazandolas.

No tanto era immoral comprar y comer uvas, pero tambien era Anti Americano.

Empeze hacer planes para regresar a mi casa.

Mi trabajo se habia cumplido. De menos asi lo pense.

Le mande mi renuncia a Cesar en Deleno.

Cesar Chavez aceptó mi renuncia en el Boicot, pero dijo que tenia otros planes para mi en California.

Esto seria agarrarme de los cuernos con los rancheros , ya con contratos, pero rebeldes.

TERCERA PARTE
CUMPLIMIENTO DE CONTRATOS

A Gritos y Sombrerasos

Dedicada a Todo Trabajador Campesino

Porque Se Puede.

ADIOS FILADELFIA

Yo soy una persona que no me gustan las despedidas. Esa es una emoción que no puedo manejar muy facil. Siempre trato de evitar todo tipo de separación. Sin embargo las amistades tienen esta tradicion sadistica - La Fiesta de Despedida.

Antes que fuera para Filadelfia, amistades en Fresno ya habian planeado esta Reunion de Tortura para mi despedida al Boicot. Lo supe por medio de otra amiga durante la orientacion en Tres Rios.

Mientras preparabamos para volver a Fresno me dijo Bernice,

"No se te olvide la junta el Viernes. Es muy importante que estes alli tu." Yo andaba mala del estomago por alguna comida que me hizo daño o quizas eran los nervios por el cambio en mi vida que estaba por iniciarse. Tenia una calentura junto con los nervios. Le dije a Bernice que pueda que no iba atender dicha junta,

"Me siento de los diablos. En cuanto llegue a mi casa me voy a la cama. Tu haces el reporte al grupo". Ella me dijo con mucha ansiedad,

"Pero es que tienes que estar alli, estamos contando contigo para que reportes al grupo."

"Bueno y por que es necesario que yo acuda a la junta. Yo no soy el presidente, ni siquiera soy la secretaria para tomar notas de la junta. Lo unico que quiero es poder llegar hasta Fresno sin incidentes embarazosos, segun la revolución que traigo en el estomago.'

Luego me confesó Bernice, "Pos prometi que no te iba decir nada, pero te estan preparando una fiesta sorpresa en tu honor y de despedida" Le suplique al Cielo,

Ay no! Por favor!

"Bueno te prometo que voy atender y te prometo que me voy a dar por muy sorprendida." Esto era media verdad. Yo sabia que eran mentiras, pero puede que la conciencia me picara y me obligara a ir a la junta de sorpresa. Despues de meditarlo con mas paciencia, se me murio la conciencia y no acudi a la reunion.

Estoy conciente que quedaron muchos gran amigos decepcionados, pero soy muy cobarde.

Ahora aqui de este lado del mundo en Filadelfia, hacia yo mis preparativas para volver a California . Esperaba, y rogaba a Dios que esta costumbre aún no llegaba al Este,

"Señor Eterno Dios, por favor no permitas que el Comite de Boicot resulte con fiestas de despedida."

Como podia yo despedirme de toda esta gente tan generosa, tan buena, y a la vez retener mi dignidad. Yo sabia que no los volvia a ver jamas. Yo sabia que iba a derramar lagrimas a chorros. Solo de pensarlo me brotaban las lagrimas. Estaba ya muy cansada para pretender que era muy valiente.

Se aproximaba la partida con emociones mezcladas. Ya ansiaba por volver a mi casa. Tenia tantas ganas de ver un Mexicano que hasta me dolian los ojos, sin embargo tenia que dejar todos mis recien amigos del Este. Esto me dolia mucho.

Recibi una llamada de Octavia, "Estamos planeando una cena en el pueblo y queremos que nos acompañen, tu y tus hijos," Oh boy. Aqui viene la despedida. No podia decirle que 'no' a Octavia. Ella que siempre estubo alli para nosotras. Ella que nunca nos dijo que no. Ella quien sacrifico tanto por nuestro éxito. Al diablo con mis emociones. Le dije que con todo gusto estariamos alli.

La tarde de la cena, llego Richard, esposo de Octavia y sus dos hijas a levantarnos,

"Octavia no puede acompañarnos por lo pronto. Tenemos un problema con la plomeria en la casa. El plomero se va a tardar otras dos horas con la reparacion, y ella tiene que estar alli hasta que termine." Que se estaran tramando estos traviesos, pense yo. Me explico Richard, "De todos modos vamos al pueblo a cenar porque ya tenemos las reservaciones para las siete. Luego vamos a reunirnos con Octavia para tomarnos unos tragitos."

Esto me parecia suficiente inocente para que hubiera una movida chueca de despedida. Disfrutamos de la cena aunque hubiera querido que estubiera alli mi compañera. Richard nos entretuvo con platicas de su carrera como escritor de peliculas.

Yo, todavia seguia con esa espinita que alguna sorpresa me esperaba en el departamento de Los Adioses. Reserve mis dudas.

Richard y Octavia tenian una linda mansion fuera de la Ciudad en Suburbia. Las yardas se estrechaban acres y acres de pasto verde.

Me recordaban de Tara, la mansion querida donde vivia Scarlet O Hara, protagonista del libro 'Gone with the Wind'. Las otras casas tambien estaban separadas con acres de pasto.

Cuando llegamos a la casa note que solo el auto de Octavia estaba en la entrada. Que sera que yo tengo estas sospechas sin razon? Puede que yo este errada con respecto a mis amigos de este lado. Puede que tengo 'Adiositis' y vale mas que olvide esta paranoia y disfrute del tiempo con mis amigos.

Entramos a la casa donde nos encontró Octavia, como siempre muy amable y llena de sonrisas de bien venida. Disculpandose me dijo,

"Se acaba de ir el plomero. Pero pasense vamos a tomar un vacito de vino." Nos encamino al cuarto familiar, abrio la puerta, prendio las luces y Sorpresa! Sorpresa! Sorpresa!

El cuarto estaba lleno de pared en pared de todos los boicoteros y el Comite. Todos gritando "Sorpresa!" Mis hijos y yo quedamos con la boca abierta. Lo unico que pude decirles, una de mis Perlas del Juicio, "Donde diablos dejaron todos los carros?"

Todos estaban presentes, Marie y sus tropas de New Jersey, Wendall, el presidente del

Sindicato de Menoristas, John uno de los Representantes Sindicales, [John fue en lugar de Eri.]

Tom de Cambridge, el grupo porto riqueño Los Lords, Dean, Carl, Lawrence, el reportero del Enquirer, Jim, Matt del AFL-CIO, Gilberto, su esposa Dolores y sus dos hijas, Lili, Tom, Leonor, Harriet y todos aquellos que no recuerdo pero que nunca olvidare.

Wendall me presentó con un radio despertador de despedida.CALI-FORNIA - AQUI VOY

Julio 1970 - el dia de mi partida. Lo primero que empaque incluian mi maquina de escribir - Smith Corona, y mi Buddha sonriente que siempre viajaban conmigo. Lili me habia regalado un Television pequeño y una figura de un Revolucionario Mexicano hecho de madera. Ambos ocupaban parte del asiento en frente. Cualquier otra cosa que cabia en los pocos espacios tambien se incluyeron..

Pablo, uno de los organizadores de Farmersville, ayudaba en distintas ciudades ya sea la huelga o en el Boicot. Tambien habia hecho planes para volver para California. Quedamos de acuerdo que mis hijos Valentin y David iban ir con el, y el los depositaria en California.

Despues me entere que Pablo tambien decidio hacer una parada en otro estado antes de irse para California. Pablo tenia familia en Texas. Se le hizo mas facil mandar a mis hijos en un camion Greyhound, y se fue para Texas para visitar a su familia. Yo no me di cuenta del cambio hasta mucho despues que llegue a California.

LOVELAND OHIO

Tenia una cita en Loveland Ohio. Habia programado un discurso antes de salir para California. La Hermana Jane me habia llamado y me informó que su grupo El Grial querian que les diera los ultimos acontecimientos del Boicot. Todas ellas eran muy activas en sacar uvas de los mercados. Este mes de Julio conducian su convencion anual en Ohio. El grupo querian un discurso antes de que siguiera mi camino fuera del Este. Quedamos de acuerdo que yo llegaria a Ohio de paso a California..

Los mapas son, para mi, un crucigrama. Loveland, Ohio se veia unas cuantas lineas pasando estos pequeños estados. Cada dia nace una tonta que no entiende mapas. Se ven tan cerquitas y estan tan lejos. Despues de tantas horas en el camino supe que Loveland Ohio estaba diez horas de distancia de Filadelfia.

No paraba en ninguna parte solo para hecharle gas al Huelga Bird. Llevaba un termo lleno de 7-UP.para no deshidratarme.

Sali de Filadelfia como a las diez esa mañana y llegue a Loveland a las nueve esa noche. No podia salir del carro. Las piernas parecian hechas de jalea.

Lili quien habia llegado antes, corrio al carro y me ayudo a bajar. No tenia nada de fuerzas en las piernas. No me podia parar. Pobrecita Lili casi me llevo en brazos y arrastrandome a la cocina del edificio.

Me dieron un enorme vaso de leche y asi pude recuperar las fuerzas y calli en la cama a dormir como muerta.

Otro dia, ya rejuvenecida les conte a las participantes en la convencion de El Grial lo mas reciente

"Todos los éxitos que hemos logrado se los debemos a Uds los amigos de los campesinos.

Los contratos que por fin se lograron para el bien del trabajador campesino se los debemos a todas Uds

No cabe duda que El Boicot fue el instrumento mas beneficial en ver el fin de este conflicto. Aün nos queda mucho que hacer. No podemos cantar Gloria todavia."

Antes de salir para California me dio la realizacion que California esta unas tres mil millas de distancia al Oeste de donde estaba yo. Yo iba a conducir todas esas millas yo sola. Esta vez no llevaba un co-piloto, solo el TV que me regalo Lili. Ya era muy tarde para retroceder. Suplique a mi mayor palanca,

"Dios Mio, ayudame a manejar mi carrito. Toma en cuenta que yo no se ni cambiar una llanta. Voy a necesitar toda la intervencion de tus Angeles " No me quedo otra que seguir rumbo al Oeste.

Manejaba todo el dia. En cuanto se empezaba a meter el sol, buscaba algun Motel para cenar y dormir. Llegaba a las tienditas de turistas colectando saleros y frasquitos de pimienta en cada estado. Eran pequeñitos y cabian en el Huelga Bird.

MISSOURI

Llegue a una gasolinera. Les pedi que me cambiaran el aceite. Seguia yo con la espinita que no tenia ni la menor idea de como cambiar una llanta. Le platicaba a mi Buddha Sonriente, "Y que si se me poncha una llanta?" El seguia con su sonrisa. No cabe duda que las llantas del carro habian recibido una buena paliza con tanta milla en las orillas del mar Este. Le pedi al mecanico que revisara las llantas. Me dijo,

"Todas tus llantas estan muy lisitas, y vas a tener que cambiarlas muy pronto." Yo se de hecho que muchos mecánico suelen encontrar que todas las llantas ya no sirven, y estan tan suvecitas como crema facial, especialmente cuando le estan compartiendo esta informacion a una mujer

En este caso no me podia dar el lujo de dudarle. No tenia ningun idea en que terreno me iba a meter. El estado de Missouri todavia estaba muy lejos de mi casa. El Angel de mi Guarda me empujó y le dije al mecanico que cambiara las cuatro llantas.

El dependiente de la gasolinera quizo demostrar su hospitalidad de Missouri y me invitó que fueramos a su apartamento para que yo descansara mientras me cambiaban las llantas y el aceite. El Angel de mi Guarda me empujo otra vez. Me llegó al pensamiento que este tipo queria ganarse la loteria en creces. Le di las gracias y decline la oferta.

OKLAHOMA

Vi un cartelon que decia - BURRITOS. Llegue a un puestito de hamburgers y burritos. Le pedi dos burritos a la dependiente,

"Que dijiste?" me preguntó la gúera.

"Dos burritos." le conteste Luego me dice

"Me encanta como dices eso. Emma ven pronto. Quiero que escuches como llama ella los burritos. Haber repitelo." me dice Yo estoy siempre preparada para dar instruccion,

"Vu rrrreeee to. Las dos chicas intentaron pronunciar 'burrito' y solo podian decir 'baridos'. Despues de hecharle ganas pudieron pronunciar 'boo rui tos'.

Por Jove, creo que lo han logrado. Quedaron dos chicas muy dichosas en Oklahoma con su clase de español.

Yo tambien gane ya que recibi dos burritos, dejaban mucho que desear pero una no puede cargar pistola cuando te regalan el bocado. Mis amiguitas gúeras no quisieron que les pagara

RUTA 66

Segui mi camino en la Ruta 66. Yo sabia que esta Ruta me hiba llevar derechito hasta California.

En Needles, Arizona, por fin pude comer una cena decente. Hice una parada alli porque el carro venia calentandose mucho. Hasta me quemaba los pies. Desde luego que yo culpaba al pueblo de Needles, y la temperatura de Julio.

Despues de Needles el auto estaba mas y mas caliente, pero yo le seguia. Tenia que hacer paradas frecuentes porque no aguantaba la quemazon en los pies. Yo queria llegar a California antes de que obscureciera. Pero el tiempo no espera.

Llegue a las lomas cuando se metia el sol. Ya sabia que se me iba dificultar seguir adelante. Mis ojos ya no querian cooperar y ajustarse a las sombras obscuras.

No le hice caso a mi Angelito Guardian quien me sugeria que buscara donde dormir y le siguiera en la mañana. Este era una de esas veces cuando una no le hace caso a la Razon.

La sierra se veia como espantos negros, pero segui adelante aunque los tobillos se me iban quemando. Reducia la velocidad para no sentir lo caliente del carro.

Eran como las nueve esa noche y llegue a Tehachapi. Deleno estaba como unas dos horas mas al paso que yo iba. El Huelga Bird no se rajó ni yo tampoco.

Llegue a Deleno cerca de las once . Fui directamente al Filipino Hall. Si la rutina no habia cambiado, esta noche estaban a medias de alguna reunion y quiezas encontrara alguna persona conocida.

Dicho y hecho. Cuando llegue estaba terminandose la junta. La primer persona que vi fue Enedina y su esposo Tino. Ellos son miembros de Parlier. Pegamos el grito las dos y corrimos a darnos un abrazo de osas.

Enedina me informo la mas reciente,

"Mañana vamos a empezar el Boicot de Lechugas," me dijo con falta de aliento, "Donde te estas quedando?" Yo la veia con la boca abierta y los ojos del tamano de platos,

"El Boicot de Lechuga? No se todavia donde me voy a quedar. ¿Cual Boicot de Lechuga?"

Dijo Enedina que los trabajadores en Salinas, 'La Casuela de las Ensaladas", se habian salido en huelga y habian votado en boicotear las lechugas porque los rancheros estaban haciendo lo mismo que los rancheros de uvas, negandose a negociar.

"Y eso es lo que vamos hacer." me contó "Porque no te quedas en Parlier con nosotros y te vienes en la mañana."

"Gracias. Pero quiero estar aqui temprano para hablar con Cesar. No se que planes tiene para mi. Me quiero desengañar antes de volver para Fresno." Que pensaria Cesar hacer conmigo? Mandarme a pasar otros dos años boicotiando lechugas!

Despues que se fueron Enedina y Tino la Sala de Reuniones quedo desertada. No se veia ni un alma. Yo no conocia a nadie en Deleno. Ahora donde iba a pasar la noche. Di varias vueltas al pueblito de Deleno buscando un Motel. Nada. Por fin como una hora despues llegue a un pueblito llamado Pixley. En la orilla del autopista encontre un motelito de poco lujo, pero ya no la queria con chongo. Estaba muy cansada para criticar apariencias.

Pero si tenia bastante energia para darle Gracias a Dios por haberme traido a mi casa sana y salva.

ESPERATE

Tempranito volvi a dar a Deleno. Tenia pensado averiguar que era lo que Cesar tenia pensado hacer conmigo. Volver a Fresno y averiguar que habia pasado con mis hijos,

A las ocho sali del hotelucho y volvi para Deleno. Me fui derechito a la oficina de la Union.. No desayune. Ay despues almuerzo en cuanto reciba mis ordenes. Le informe a la Voluntaria detras del mostrador quien era yo y que queria hablar con Cesar..

"Esta bien sientate. Yo le digo que estas aqui." Me sente a esperar. Y todavia espere mas. Pasaron las horas y yo esperando. El estomago ya me estaba hacieno ruidos de hambre. No habia comido desde el dia antes en Needles. El reloj llego a medio dia. Todo el personal en la oficina salio a comer. Yo segui esperando.

Volvieron las tropas. Le pregunte a una de las atendientes si acaso Cesar ya se habia desocupado y tenia tiempo de hablar conmigo.

"Ah. Si. El quiere que lo esperes. Tiene que hablar contigo." se desaparecio y yo segui en la espera. Ya eran las cuatro y ya me estaba muriendo de hambre.

"Oh Diablos!. Yo me voy ir a comer." Estaba a punto de dejar el asiento que ya se me habia pegado. Escuche una voz muy familiar, "Pancho!" Mi antiguo co piloto de ayer. Venia con Roberto, uno de los organizadores. Nos saludamos y le informe que apenas habia llegado. "Ya tengo todo el dia esperando ver a Cesar. Pero ya no aguanto el hambre."

Pancho y Roberto venian de la linea de piquete, con las señas de polvo y tierra como comprobantes. Les invite que me acompañaran a cenar unos Chiles Rellenos. Me informaron acerca del propuesto Boicot de Lechuga. Se nos pasaron las horas en la platica. Despues de todo ya tenia dos años de chismes que ponerme al dia.

Ya mas rellenos que los chiles, volvimos a la oficina. Cuantas mas horas tenia que esperar para hablar con Cesar. Puede que no.

"Donde estabas?" me dijo la Voluntaria."Cesar te andaba buscndo. Ya se fue. Dijo que hiba ir a la oficina de Parlier. Tienen una junta alli con los miembros. Dijo que te fueras para alla. Quiere hablar contigo."

No habia porque decirle que habia estado esperando todo el dia. Ella sabia muy bien a que horas habia llegado.

Pancho ofrecio llevarme para Parlier. Fuimos directamente a la casa de Jessie en la calle Young donde se conducia la junta. La yarda estaba llena de miembros.

Hora si estoy segura que ya llegue a mi casa.

Cesar estaba hablando con el grupo .Con mi llegada se interrumpio la junta. Todos estaban felices de verme. Solo Cesar no le parecio muy bien que no lo espere.

"Donde estabas? Anduvimos buscandote por todos lados." me fijo con una mirada muy

severa.

"Me fui a comer. Espere todo el dia y por fin fui antes de desmayarme de hambre," le dije

Cesar sabia que esto eran mentiras, ya que yo habia ayunado por mas de ocho dias. sin desmayos

Ya reanudada la junta, Cesar le informó al grupo que me hiba asignar que me encargara de manejar la Sala de Empleos en el area de Fresno.

LA SALA DE EMPLEOS

"La oficina quedará basada aqui en Parlier. Mientras tanto buscaremos un lugar mas apropiado para establecer una oficina de empleos," nos informe el Jefe.

Cesar siempre habia favorecido La Colonia de Parlier. La Colonia se conocia tener el cien porciento de miembros, todos Chavistas de hueso colorado..

Fantastico! Ya no tenia que viajar a un país extraño a boicotear no se que..

Jessie y Arnold ofrecieron el uso de la propiedad alli en la calle Young. Ellos ya se habian mudado para Fresno y la propiedad estaba vacante. Cesar quedo de acuerdo con la oferta mientras buscabamos otra cosa. No seria la primera vez que estableciamos el negocio en una propiedad residencial.

Nuestra oficina en Filadelfia habia sido nuestro hogar y nuestra oficina.

La casa en la Calle Young tenia dos recamaras y esta se convirtio en la oficina de los campesinos, futura Sala de Empleos y mi hogar.

Los miembros de Parlier de inmediato amueblaron la casa oficina. Encontraron un sofa viejo, una mesa de cocina, y un archivo mojoso.

Las gallinas de Jessie y los gallos residian en la propiedad. y fertilizaban la yarda con sus deshechos. . Dos de los visitantes mas frecuentes eran CantaClaro el gallo, y Henriqueta la gallina. Henriqueta se le hacia conveniente poner sus huevos en el sofa. Cantaclaro preferia subirse al archivo y declarar su machismo. Yo les cantaba De Colores, pero siempre seguian alli de metiches.

Campesinos entraban y salian todo el dia, y hasta las horas insufribles de la madrugada. Siempre me tenian bien alimentada con todas clases de bocaditos del alma deliciosos de las cocinas de mis compañeras. "Estas muy flaca." me decian.

Sinceramente de todos los Voluntarios que ayudaban a Cesar Chavez, creo que yo fui la mas suertuda, la mas beneficiada y la mas bendecida desde el principio hasta el fin.

Por fin me di cuenta que los miembros no esperaban que yo los atendiera de dia y de noche.. Aparentemente tenian algun acuerdo de no dejarme sola. Quizas yo necesitaba un guardia. Que gente tan linda.

Cuando me daba sueño, les daba las 'buenas noches' y me acostaba a dormir.

LOS OCHO

El Valle de San Joaquin no estaba sufriendo de sobre dosis de corporaciones agricolas. Los rancheros del Valle eran empresas de agrinegocio quienes habian progresado del nivel de rancheritos a dueños con mas de ciento sesenta acres.

Segun los reportes estos eran unos ocho entre todos quienes tenian una mayoria de propiedad. El ranchero mas grande era un japones ITO supuestamente era dueño de ocho cientos acres.

Estos rancheros venian en diferentes tamaños, medidas y nacionalidades, pero eran igual de farzantes. Sus empresas mas bien se enfocaban en el sector de cultivar uvas de vino, uvas para jugo y deshidraticion de uvas para pasas en lugar de uvas de mesa.

Los arboles de fruta eran el fuerte en muchas areas locales, duraznos, nectarinas, ciruelas. Muchos de ellos se habian extendido en construir empaques para la fruta. Enviaban la fruta verde atraves del país, y enlataban la fruta que maduraba muy temprano.

Grandes y chicos todos fueron afectados por el Boicot de Uvas. Los rancheros pequeños se quejaban que ellos se estaban afectando indirectamente porque los grandes establecian las tarifas en el producto del Valle. Los pequeños se encontraban entre la espada y la pared, entre el Boicot y las tarifas fijadas. Muchos tubieron que mezclarse, ponerse en linea o doblar el negocio.

Dolores me llamó y me informó que tenia una junta con La Bola de Ocho para negociar contratos. Estaba programada para reunirse con ellos esa misma tarde. Me dijo,

"Debes estar alli. La junta es a la una.." Me dio la direccion donde era la junta.

Llegue al lugar de la cita antes de la una. La mesa de conferencia estaba llena de hombres. 'Estos han de ser La Gran Bola de Uveros' me entro a la mente. En efecto si lo eran. Cuando entre a la sala, uno de los hombres quien encabezaba la mesa dijo,

"Ah. Aqui llego NUESTRA MUCHACHA." yo le dije

"Mi nombre es Esperanza, y yo no soy muchacha de nadie." Me gusta hacer amistades de pronto. Empesaron a mostrarse inquietos y esperamos a Dolores.

Cabe informarles que Dolores no es muy conocida por su puntualidad. Mejor dicho no es nada de puntual. Nunca llega a tiempo. Hacer citas con Dolores es pérdida de tiempo porque suele a ignorar relojes, programar citas y todos esos pasos angustiosos que mantienen a este país tomando pildoras de antacido.

Yo de lo contrario, pertenecia al grupo de los antacidos, ya que me lavaron el cerebro en mi profesion como enfermera que nos dicta que todas debemos estar listas y preparadas media hora antes que lleguen los otros. El hecho de que una enfermera llegue tarde es comparable a comer carne en Viernes Santo.

Yo tambien me vi obligada en esperar a Dolores, junto con esta bola de tanta importancia productores de los productos perecederos del Valle.

"¿Cuanto mas tenemos que esperar?" empesaron las quejas. Me veian como si yo supiera negociar contratos de uva o quizas yo podia producir a la ausente Dolores con una barrita de hadas.

Estaba haciendo tanta calor esa tarde que estaban dispuestos a negociar un contrato con Jimmy Hoffa, el difunto jefe del sindicato Teamsters. Les dije

"No tengo ningun idea donde esta Dolores, o cuanto tiempo tenemos que esperar." No podian darse el lujo de irse. Todo su negocio estaba de por medio.

Aunque no me doy por ser muy vengativa, hasta me dio gusto toda esta incomodidad ranchera.

Nuestro Sol le encanta poner a los pueblos del Valle en fuego. El Valle casi en llamas con temperaturas que suben hasta mas de 105 grados. El

Pueblito de Parlier era uno de estos escogidos para hacer los residentes reditirse.

Los invitados a la reunion, llegaron muy trajiados, empezaron a quitarse las corbatas y chaquetas

Despues de dos horas de espera, Dolores entro muy campante, sin disculpas, ni escusas. Se sentó y se puso arreglar papeles. Ellos la veian esperando que les diera alguna razon por su tardanza. Dolores empezo a discutir el contrato sin mas

Los hombres tenian tanta calor y estaban tan llenos de ira que hubieran acordado en todo lo que exigia la negociadora de los campesinos..

Acordaron que en cuanto se firmaran los contratos cada compañia deberia comprar un sello con la rubica de la Union. La rubica de la Union tiene una bandera roja rodeada con un circulo blanco y el aguila negra dentro del circulo.

Los sellos deberian imprentarse en cada caja de uvas antes de ser enviada para venderse. Antes de poder comprar el sello, cada compañia con contrato necesitaba un autorizacion de la Union. Estos sellos los podian comprar en Fresno.

Los contratos se firmaron sin mucha politica ni negociacion. Todo lo que querian los rancheros era el Sello de la Union para poder seguir adelante con su negocio de embarcar uvas. Pensaban tratar con el contenido del contrato despues.

O quizas nunca

Tambien se acordó que cada empleado necesitaba un expediente de autorizacion para poder trabajar con cada respectivo ranchero. Dichas autorizaciones estaban disponibles en cada Sala de Empleos de Campesinos.

AY! AY! AY! Se me presento el imagen de la magnitud de lo que habia que hacer.. Frente a mi estaban solo ocho rancheros, pero estos ocho tenian miles de ranchos y miles de empleados. Cada uno patron de tantos miles requeria un despacho autorizado antes de que esos miles de trabajadores empezaran a trabajar..

"Se tienen que despachar segun su antigüedad," nos informó Dolores.

"¿Antigüedad con el rancho o antiguedad con la Union? pregunto uno de ellos.

"Todos ellos tienen antigüedad con la Union." le contesto ella.

Esto les cayo como sorpresa a su auditorio.

LOS PEE WEES

No tardaron en empezar las llamadas, rancheros locales y dueños de empaques quienes no eran lo suficiente grandes para atender la junta con Dolores estaban ansiosos por el Sello. Pero ellos tenian que negociar sus contratos individualmente con otros negociadores.

Uno de los rancheros empacador de fruta llamo y dijo que queria discutir el contrato conmigo. Ya habia firmado pero ahora era cuando queria hacer preguntas al respecto. Repase el contrato con el, le conteste sus preguntas, le revise los Articulos y le explique que significaba cada uno que no le entendia. Luego me dijo,

"Agarren a los Gringos, Esperanza. Agarren a esos Gringos. Ellos son los que tienen el dinero."

Yo no estaba segura a cuales Gringos se referia y le dije,

"Si te refieres a la Bola de Ocho, ellos ya todos firmaron contratos, y ya ordenaron sus Sellos de Union.

Los trabajadores empezaron a llegar muy temprano a pedir despachos a los distintos ranchos. Siempre podia depender de Jessie, y ahora cuando mas la necesitaba alli estaba ofreciendo su ayuda. Ella ya tenia experiencia con eso de despachar trabajadores y esto ya era cosa vieja. Desde que se inauguro la oficina en Parlier tres años antes, Jessie habia prestado su asistencia.

Llamadas pidiendo autorizacion de Sellos llegaban todo el dia. Algunos rancheros mandaban algun representante que fuera por el Sello. No estaban muy felices cuando les decia que necesitaban un autorizacion, que tenian que presentar dicha auto en Fresno donde les hacian el Sello; yo solo les decia,

"Yo no se cuanto les cuesta el Sello. Pueden llamar y preguntar." Les daba el numero de telefono y la direccion. La mayoria salian renegando.

La oficina siempre estaba que parecia un enjambre de avejas, todo tenia que caminar en tercera. Me levantaba temprano y caía a la cama a deshora.

UNO Y VEINTE ACRES

Un caballero Japones llego una tarde. Me informó que queria firmar un contrato para vender sus uvas. WOW! Mi primer ranchero que yo podia negociar un contrato.

Me informó que era un rancherito familiar y dueño de veinte y uno acres de uvas en el area de Fowler. "Tengo dos empleados quienes han trabajado conmigo por muchos años. Quiero unirme a la Union para que ellos reciban beneficios sindicales. Yo no estoy en contra de lo que esta haciendo Cesar Chavez.".

Le explique lo mas basico del contrato . Le dije que sus dos empleados deberian ir al Salon de Empleos por sus despachos, y asi ponerlos en la lista de miembros y como sus trabajadores. Luego me dice,

"Mi esposa tambien trabaja pizcando uvas. Ella necesita ser miembro y despacho?"

"Si acaso trabaja horas regulares de diario, si tiene que iniciarse. Su trabajo le quita el empleo a otra persona." le conteste.

Mucho despues me di cuenta que como esposa del ranchero ella se consideraba como parte de administración y no como empleada sin importar cuantas horas o que tan arduo trabajara..

Como quiera yo ya la habia matriculado como socia de la Union de Campesinos cuando vino a levantar su despacho.

Los otros dos empleados llegaron despues esa misma tarde. No tuve el corazon de decirle a mi ranchero con 21 acres que ellos ya tenian dos años de ser miembros de la Union.

Unas dos semanas despues fui al ranchito para revisar como iban las cosas y hablar con los miembros. La esposa del ranchero tambien andaba trabajando pizcando las uvas. Cuando me vio me hizo señas que me acercara. Fui a saludarla y me dijo,

"Quiero darte las Gracias. Ya me llegó mi tarjetita de Union."

Me enseño la tarjeta la cual guardaba en una bolsita de plastico.

"Ya recibi mi primer cheque, con mi nombre. Es primera vez que recibo un cheque. Yo siempre trabajo pero nunca habia recibido sueldo. Esto me hace muy feliz. Muchas Gracias." Inclinó su cabeza al decir esto.

Bendito Sea Dios! Siempre sus obras son misteriosas.

Sin querer le ayude a la esposa de un ranchero.

CUMPLIMIENTO DE CONTRATO -SANGER

Las seis de la mañana. Estaba a medias de tomar mi primer tasa de cafe. Recibi una llamada de un supervisor en una empacadora de uvas en Sanger,

"Tienes que venir horita. Los trabajadores no quieren trabajar y estan en huelga de espera," me dijo

"¿Huelga de espera? ¿Que paso?

"Ellos dicen que no van a trabajar porque no quieren ser partidiarios de la Union." no estaba muy feliz el supervisor con esta interrumpcion al trabajo. Sus palabras me sorprendieron porque yo sabia que la mayoria de los trabajadores en ese rancho en particular eran residentes de Parlier y todos miembros de la Union.

Fui al rancho enseguida, el supervisor me encamino a donde estaban los trabajadores. Encontre a los trabajadores sentados muy a gusto de bajo de la viñas.

¿Que paso?" le pregunte al vocero de la cuadrilla.

"Aqui andan dos hombres trabajando y ellos no son miembros de la Union, ni tampoco fueron despachados debidamente por la oficina de empleos.. La compañia les dio trabajo

y nosotros no vamos a trabajar con esquiroles "

Le explique al supervisor cual era el problema. "Todo trabajador se debe despachar por nuestra oficina>"

"Oh. Es que estos hombres ya tienen muchos años trabajando con esta compañia. Estaban fuera del pueblo y se vinieron directament al rancho. Tenia pensado mandarlos a la oficina de empleos despues del trabajo." me dio escusas.

"El contrato claramente indica que todo trabajador debe traer un auto de despacho. Ud podia haberse eliminado esta espera si hubiera cumplido. Los trabajadores saben que Ud esta en violación del contrato." le dije. " Mande a estos hombres a la oficina para que cumplan con lo debido."

"Pero es que ellos van a perder todo este tiempo. Que no pueden ir despues de terminar aqui?" me dice el supervisor

"Los puedes mandar horita, o estos hombres van a permanecer sentados hasta que cumplan con el contrato. Son cinco centavos tuyos." le dije. Quiera que no queria los mando que fueran a iniciarse como miembros y traer su despacho.de trabajo.

Antes de irme le dije,

"Estos hombres estan aqui esperando desde las seis de la mañana. Ellos reportaron a trabajar a la hora designada. Se vieron obligados en esperar todo este tiempo porque Uds estan en violacion del contrato. Tienen que recibir pago por todo este tiempo de espera."

El supervisor se rasco la cabeza pero quedó de acuerdo que se les hiba a pagar el tiempo completo. Les informe al grupo que recibirian cheques completos por el dia sin reduccion de pago.

Ya terminado todo esto me encamino el supervisor a mi auto, y me pregunta,

"Dime una cosa. Todos estos hombres son miembros de la Union?

"Por muchos años." le conteste.

Sacudio la cabeza y dio un resuello profundo.

EL PAJARO

Las cinco de la mañana. Estoy media dormida, pero Cantaclaro habia estado cantando desde mucho antes y declarando que ya era hora de dejar la cama. Escuche unos toquidos en la puerta. Yo sabia que no era uno de los miembros porque ellos siempre me llamaban por nombre y no eran tan groseros.

Abri la puerta. Estaba un Señor gordito, de cara colorada. Cargaba un galon de vino en los brazos, "Toma" me dice y me pone el galon en mis brazos. Por pronto se me caía el frasco ya que estaba muy pesado.

"Quiero el pajaro" me dice. "Dame el pajaro."

"Dispense Señor pero yo no vendo pajaros. Esta es oficina de Campesinos." Yo no tenia ningunas intenciones de vender a Cantaclaro y Henriquetta. Ya me habia encariñado con las dos aves.

"Si. Yo se. Quiero que me des el pajaro. Tengo uvas y quiero vender mis uvas. Solo quiero que me des el pajaro.." el insistia.

En esos años, eso de darle el pajaro a otra persona era una señal manual muy obscena entre los jovenes. Este Señor se estaba portando muy cortes y no habia porque yo no hiciera lo mismo. Hice un lado mis instinctos satanicos.

Desde que habia abierto la oficina como Sala de Empleos todo el dia recibia pedidos dizque querian el 'avestruz negro', la 'estampilla negra de los campesinos', el 'cuervo de la Union'. Yo seguia firme, no les hacia caso, les colgaba el teléfono.

Yo sabia que cosa querian pero me hacia la estupida, soy muy buena para ese papel. Si acaso ellos tenian tiempo de llevar acabo su juegito, yo tambien tenia tiempo de ignorarlos. Yo sabia que si les urgia el Sello hiban a tener que pedirlo profesionalmente y no con estupideses de rancheros ardidos. Si ellos tenian tiempo de hacerse pendejos, tambien tenian tiempo de perder mas dinero..Yo tenia los cuatro aces y la yuka.

Un dia llamó una Sra. y me dijo, "Como puedo agarrar el pajaro del Sr. Chavez"" Tenia una voz muy respetosa y mi Angelito Guardian me detuvo la lengua. Le di la informacion que pedia para que recibiera un Sello de la Union de Campesinos.

Volviendo al Ranchero Gordito con su botella de vino. Supongo que quiere el Sello con el Aguila Negra, me pense. Depositó el galón de vino en el sofa, con el peso del galon se fue el cojin hasta el suelo.

"Permiteme ver tu contrato, y asi te puedo dar la autorizacion para el Sello."

"Yo no tengo contrato Dame el contrato. Dame el pajaro. Tengo que volver a Fresno para vender mis uvas cuanto antes."

Por lo visto este hombre necesitaba un galon de antiacidos. Muy nervioso por supuesto.

Por fin pude convencerlo que primero tenia que repasar el contrato con el, tenia que leérlo y firmarlo si estaba de acuerdo con el contenido. No quizo hacer nada de eso. Por fin lo hice que firmara el documento.

Diablos! Yo que queria negociar un contrato, pero estos rancheros por lo visto no sabian leér. Perdia todas etas oportunidades. Estos tipos solo querian el Sello de la Union. Olvidate de negociaciones. Eso solo era motivo para perder el tiempo, las uvas se estaban convirtiendo en pasas y solo aquellos rancheros con el Sello podian vender sus uvas.

El Rancherito Cara Roja firmó el contrato sin leérlo. Por pronto le daba un derrame cerebral cuando le informé que tenia que llevar el expediente de autorizacion hasta Fresno para que ordenará su Sello.

Pobrecito Beibi. Estoy segura que me nombro todos los apodos obscenos en el diccionario de Italiano.

La botella de vino quedó olvidada en el sofa. Despues desaparecio. Solo Dios sabe quien la confiscó.

MUJERES -- NO SE MOLESTEN EN HACER SOLICITUD

Llegaron un par de jovencitas güeritas a la oficina una bella mañana. Vamos a ponerles por nombre Jane y Jill. Despues de darle vueltas a Cantaclaro que le encantaba picarle las piernas a las mujeres, pidieron un permiso de despacho. Les pedi la tarjeta de Union.

"No tenemos tarjeta, pero si eso necesitamos para trabajar podemos iniciarnos hoy mismo." Dijo Jane. Llenaron los formularios necesarios.

"Somos estudiantes de la Universidad de Fresno, pero estamos de vacaciones. Queremos ganar un poquito durante el verano" me dijo Jill. Note cuan delgaditas eran, como unas cien libras si mucho, manos suavecitas, piel del color de duraznos, pelo rubio ligado en colas de caballo.

Les explique, quise darles un sobre aviso,

"El unico trabajo que tengo horita es en los arboles de fruta. Esto requiere que suban y bajen escaleras con baldes llenos de fruta. Son pesados. Horita andan unos dos cientos hombres trabajando en la huerta de duraznos".

"Eso no importa" me dice Jill. "No importa subir escaleras y pizcar duraznos" bueno con eso las despache y les dije,

"Deben usar camisas con manga larga, calzado cerrado, nada de sandalias, y puede ser buena idea que se cubran el pelo con algun paño.".

Una hora despues volvieron. "El hombre que esta encargado nos dijo que no puede ocuparnos. Dijo que el no emplea mujeres." me dijo Jane

"Que que! Como que no emplea mujeres. Uds no son mujeres, son miembros de la Union. Vamos yo voy hablar con ese machista."

Fuimos a la huerta. Ellas en su auto y yo en el mio. Le pedi explicaciones al ranchero,

"No puedo emplear mujeres. Yo nunca he usado mujeres en este trabajo. El trabajo es muy peligroso para una mujer," salio con estos garabatos idioticos de macho.

"Si acaso el trabajo es peligroso para una mujer, entonces es igual de peligroso para un hombre. Ud. no puede negarle el trabajo a un miembro de la Union solo por hecho de su sexo. Tiene que ponerlas a trabajar. Si acaso la tarea es mucha carga, ellas tienen el derecho de hacer esa decision que no pueden con la carga. Es opción de cada miembro."

Siguio con su opinion, abrio la boca y metio la pata,
" Las mujeres son mucho trabajo. Otra cosa es que no tengo facilidades sanitarias en la huerta," por lo visto este no habia leido el contrato.

Suplique a todos los santos en el cielo,
"Como! Me quieres decir que no hay excusados en la huerta?"
"Pos si tengo un excusado pero los hombres no lo usan."
"Yo quiero ver el excusado!" le dije. Se puso muy nervioso y empezó a tartamudear,
"Es que no esta muy limpio. Te digo que no se usa," me dio escusas.

Yo insisti en ver el sanitario y empeze a buscarlo por los surcos, las muchachas me siguieron junto con el ranchero detras de ellas, siguiendo con sus escusas. Por fin lo encontre, El excusado era portatil, usuales en los campos.

Abri la puerta y por pronto me desmayo con el apestilencia. Estaba lleno de excremento. No se habia limpiado en años. Andaban todo tipo de insectos adentro haciendo fiesta telarañas cubrian el espacio, arañas negras, gusanos, y toda indole de insectos que les encanta hacer fiesta con el excremento..

Voltie y le puse una mirada de esas que matan vivoras.
El tubo la gracia de sonrojarse.
"Tienes dos cientos hombres trabajando aqui en esta huerta y solo tienes un excusado lleno de mierda y gusanos. Con razon no lo usan los hombres.

Que no has leido tu contrato? Claramente indica que debe de haber un excusado por cada cuarenta trabajadores. Debes de tener cinco excusados.

No solo es esto parte del contrato, tambien es Ley Estatal. ¿Donde estan esos cinco excusados?"

"Si tengo los excusados. Solo que no he tenido tiempo de traerlos a la huerta." me dijo

"Donde estan? Yo no los veo." insisti,

"Estan almacenados."

"Alli estan bien. Asi no hay peligro de que se manchen. No voy a insistir que traigas los requeridos excusados a los trabajadores. Solamente voy a llamar al Estado. Que ellos te den la orden."

"Esta bien. Te aseguro que se traeran los excusados al campo lo mas pronto posible." La mirada que me dirigio era para matar tigeres.

"Es mas. Estas dos mujeres empezaran a trabajar desde hoy y les pagas todo este tiempo que han perdido mientras tu te decides a cumplir con tu contrato."

"Esta muy bien. Pero no me culpen a mi si acaso los hombres les pierden el respeto." siguio hechandome miradas mata-leones.

"No te preocupes. No lo haran. Ellos son miembros de la Union.

Estoy segura que tambien me bautisó con varios insultos en el diccionario de Armenios.

Al terminar la temporada de duraznos, llegaron Jane y Jill a la oficina. Dijeron que iban a volver a sus clases. "Disfrutamos mucho de la experiencia pizcando duraznos. El ranchero no encontró nada de que quejarse por nuestro trabajo" dijo Jane

"Ya siquiera tenemos poco dinerito que gastar, mas la experiencia. Los hombres se portaron muy corteses, y nos ayudaron mucho." dijo Jill

Desde luego.

METETE TU CONTRATO !@#$%^&** - KINGSBURG.

No todas mis visitas a los ranchos eran de paz, cielos y venturas éxitosas. Muchos de los rancheros estaban dispuestos en escucharme, pacificarme y verme alejada de su propiedad..

Uno de los rancheros de duraznos no estaba muy dispuesto en discutir el contrato. El queria jugar juegitos de control y a la vez tratar de descreditarme.

"Porque no salimos una noche de estas para discutir tu contrato," me dice con una miradita traviesa de Don Juan la cual parecia mucho a Lucifer.

"No es mi contrato, es tu contrato con tus trabajadores," le conteste y agregue, "Me encantaria cenar contigo. Porque no le dices a tu esposa que haga las reservaciones en algun restaurante de su gusto.." Con esto se puso rojo, blanco y azul y se le acabo lo de Don Juan Baboso.

"A mi esposa no la metas. Nunca se te ocurra meter a mi esposa en estos asuntos." me grito.

"Pues entonces no me salgas con tu mierda de enamorado cuando estoy queriendo tratar con el negocio del contrato," le devolvi la mirada 'me das asco'.

"Salte de mi propiedad. Ya! Tu no tienes ningunos negocios en mi propiedad." Se puso en plan de 'yo sigo siendo el rey'.

YO - En caso que no hayas leido el contrato, yo tengo todo el derecho de entrar aqui."

EL - Yo no recuerdo haberte dado ese derecho a mi propiedad.

YO "Tu firmaste el contrato. Que ni siguiera sabes lo que firmaste? A ver dejame enseñarte." Ay si las miradas mataran, yo ya estubiera enterrada.

EL -"Metete tu contrato en el culo," me arrebató el documento de la mano, lo avento al suelo con una furia de solo un Armenio.

YO - NO. Mejor metetelo tu. Yo solamente los enforzo." Di la vuelta y me sali dejandolo con una cara cerca de explosion.

El contrato se quedó alli donde lo aventó.

CUADRILLA DE PODADORES - PARLIER

Como les he dicho los contratos se firmaron solo con el fin de vender las uvas. Los rancheros se les habia dado el sobre visto, sin contrato con los Campesinos, no hay Sello de Union, No Hay Venta.

Para los rancheros el contrato era solo un mal necesario. Un estorbo rutinario. Era solo algo que firmaron pero no para perder el tiempo en leérlo, comprendido o menos cumplido.

Recibí una llamada de un ranchero de arboles de fruta, muy enojado.

EL -Estan unos cuarenta hombres aqui, que tu mandaste. No los puedo ocupar," me dijo a gritos,

YO - Pediste trabajadores. Te mande trabajadores.

EL -Yo tengo mi propia cuadrilla que ocupo cada año.

YO - Yo tengo que despachar todo los miembros de la Union quienes han solicitado el trabajo. Yo te mande trabajadores que hagan la poda de tus arboles.

EL - Los que tu mandaste no son aceptables. Yo no conozco a estos hombres. MIS trabajadores han estado conmigo desde años atras. Ellos saben exactamente que es lo deben hacer y como quiero el trabajo.

MIS trabajadores.? Me encanta como se hacen dueños de la gente, los adoptan y los hacen propiedad propia. MIS trabajadores. MIS podadores. MIS pizcadores. MIS beibis. YO -Esos, TUS trabajadores tendran que venir aqui a la oficina ponerse en linea, ingresarse a la Union y ser despachados debidamente. Mientras tanto los trabajadores que mande se quedan alli.

EL - No puedo tener gente estraña trabajando mi cosecha. Yo como se que clase de trabajo pueden hacer. Me van arruinar mis arboles. Yo quiero mi propia cuadrilla. Yo voy a llevar este asunto a Chavez.

YO - Has lo que quieras. Yo solo sigo ordenes.

Se puede simpatizar con este pobre ranchero en particular quien tenia previsto la matanza de sus arboles.. Recuerdo una tarde cuando yo estaba, segun yo, podando un arbol en la yarda de mi casa. Llego mi Tia Josefina de visita. Me miro lo que estaba haciendo,

"Estas matando ese arbol," me dijo

Me explicó que habia una manera correcta de podar arboles y arbustos y otra que servia solo para destruir el arbol.

Deje de asesinar a mi pobre arbol y deje a mi Tia que lo podara ella.

Mientras tanto en Parlier, mis manos estaban atadas por un contrato quien nadie tenia tiempo de leér. Y un ranchero estaba llorando el ruin de su huerta.

RESFUERZAS

Cada voluntario disponible en California estaba super ocupado a manos llenas. Huelgas aqui, contratos alla, permisos de despacho de diario, cuotas, declaraciones de agravios diarios, demandas por incumplimientos, quejas, violacion de contratos , marchas, confrontaciones, politica, llamadas telefonicas al rededor del reloj. La carga era tremenda, la experiencia minima.

Atraves del Estado de California decenas de trabajadores del campo estaban bajo contrato, los rancheros esperaban firmar contratos, trabajadores esperando despachos, la demanda de los trabajadores en confusion, las quejas de los rancheros aún negando lo sucedido, todo esto era una mezcla inflamable. Todo esto servia para quemar las fuerzas del personal voluntario. Pero seguiamos adelante de dia y de noche. Ya la adrenalina estaba marcando 'Vacio' .De donde nos venia la energia solo Dios sabia.

Cesar llamó y me dijo que muchos de los rancheros le llamaban en lagrimas. Segun ellos le decian a Cesar que yo,
'era muy emocional'
'nadie puede razonar con esa mujer'
Nada se decia que yo solo estaba desempeñando mi mision. Que enjambre de prima donas. "Son una bola de pendejos." le dije a Cesar.

Recibi otra llamada de Deleno. Me informaron que teniamos que hacerle linea de piquete a la oficina de Inmigracion en Fresno porque estaban permitiendo que miles de 'mojados' quebraran las huelgas y los permitian trabajar en ranchos sin contrato.
Unos dos cientos nos juntamos y le hicimos dicha linea de protesta a La Migra.

MAQUINA DE ESCLAVOS

Otra llamada de Deleno, me informaron que un ranchero estaba enojadisimo porque yo le habia llamado un 'portador de esclavos' en una entrevista con un periodico local. El ranchero estaba enojado. Yo estaba furiosa.

Tres de los miembros habian pasado por la oficina y me informaron que el ranchero en el Oeste del Condado habia introducido una maquina en el rancho. Esta maquina no era para ocuparse en lugar de trabajadores. Esta maquina tenia el proposito de ser parte del trabajador.

El proceso era de atar seis trabajadores en la maquina, tres en cada lado. La maquina iba atravesar los surcos con los trabajadores atados siguiendo el paso de la maquina. Los trabajadores tenian que piscar la fruta en ambos lados mientras la maquina los jalaba.

De esta manera la maquina estaba estableciendo el paso de los hombres. Ellos tenian que apresurarse en la pisca para estar en nivel con el paso de la maquina.

Forzosamente tenian que hacer el trabajo a jalones.

No tanto lo llame un 'empuja esclavos', les dije a los reporteros que dicha operacion se podia comparar con los esclavos en un barco de galera. Tambien mantenian a los Negros esclavos encadenados a los barcos.

Una tarde llegue a la oficina arrastrando la cobija. Encontre que me esperaban caras amistosas. Por fin Deleno habia mandado fuerzas adicionales. Todos necesitabamos ayuda. Yo era una de muchas. Mis nuevos colaboradores eran, Alfredo, Pablo y Jose.

Le di Gracias a Dios y avente besos al cielo.

Solo espero que estos jovenes no crean que les voy a servir de cocinera.

ALFREDO

"... un dia cortito de trabajar con Cesar eran unas 12 - 14 horas. Nadie se quejaba." Alfredo

Alfredo era Voluntario tiempo completo y era muy activo en el area de organizar y el manejo de las huelgas, marchas y la oficina del Boicot en Los Angles. Despues lo trasladaron para que prestara su experiencia y asistencia en el area de Fresno.

Confesó que solo tenia una educacion academica de tercer grado, y nueve hijos. Antes habia trabajado en un rancho en el Valle cuando hizo su decision de unirse a la Union de Campesinos.. Estaba conciente que su participacion le iba costar mucho tiempo lejos de su familia. Pero si hubo aquellos tiempos raros cuando toda la familia podia seguirlo para los campos de batalla. La Familia tambien adoptó el compromiso de Alfredo. No hubo oposicion de poner su parte en las lineas de piquete cuando era necesario.

PABLO
Un Voluntario asignado al Comite de Servicio de Friends Americanos. Asi representando a Los Friends ayudaba a los Campesinos. Tambien participó en el Boicot en las orillas del Mar Este. Fue uno de los muchos que jalamos la Campana desde Maryland hasta Washington DC.

JOSE
Voluntario con un pasado de trabajo social.. Era serio y preferia trabajar solo sin tanto ruido. No era muy platicador.

Habia poco o nada de tiempo para discutir pasados con estos Chicos. Lo importante es que ya no estaba sola. Estaban alli para darme la mano.

Alfredo, Pablo y Jose tomaron el puesto de enforzar los contratos para que yo dedicara mi tiempo en el manejo del Salon de Empleos y otras cosas aburridas.Algo bueno salio de este cambio,

Los rancheros ya podian dejar de estar lloriquiando.

NADA DE ABUSOS VERBALES

Las lineas de piquete seguian de diario en las huertas donde no habia contrato. Los Campesinos locales insistian en que todo rancho deberia estar bajo de contrato con la Union de Campesinos. Esto incluía todo rancherito en el Valle, Reedley, Selma, Kingsburg, Del Rey, Japoneses, Alemanes, Armenios. No habia discriminacion.

Durante una de nuestras reuniones, estaban los miembros bravos y hechando obscenidades coloradas y rosadas en contra de los rancheros y trabajadores esquiroles quiebra huelgas.

Ya cansada de escuchar tanta vulgaridad, pense introducir algo de diplomacia en la conversacion y en las lineas de piquete.

"Como esperan que estos trabajadores se unan con nosotros si Uds les hablan tan golpeado, y con tanta falta de respeto." les dije'

"Esperanza," me dice Gabriel, Presidente del Comite de Rancho y el mas rebelde de todos,"es que estos hombres son unos burros. No tienen cerebro. Les tenemos que hablar en el unico idioma que ellos entienden."

"Insultando su Madre? Que no pueden ser un poco mas bondadosos?" Asi siguio la conversacion en pro y en contra. Por fin Gabriel me aventó el desafio,

"Mira quiero que mañana nos acompañes. Yo quiero ver cuantos esquiroles puedes sacar del campo con tu diplomacia" Quiera que no quiera acorde en acompañar al grupo el dia siguiente.

Nos juntamos en el campo designado a las cinco de la mañana esperando que llegaran los esquiroles al trabajo. Los miembros me permitieron estar en frente de la linea para que pudiera hablar con los esquiroles antes que entraran a la huerta.

Cuando vi el primer auto que se acercaba, le hice señas que queria hablar con ellos. El chofer en lugar de reducir el paso, le aceleró y por pronto me pega con el carro. Levantó un polvoron y me dejo llena de tierra.

Yo le peque el grito,

"Pendejo! Estupido! Animal! Por pronto me matas!" Le segui gritando y echandole otras mas claritas que solo los marineros suelen usar..

Ni para que les cuento. Los miembros soltaron la risada. Hasta la fecha no me dejan olvidar ese incidente tan diplomatico.

Se divirtieron mucho a costillas mias, especialmente Gabriel quien ganó el debate por ese dia.

EL COMITE DE RANCHO DE PRIMEROS AUXILIOS.

El mes era Agosto. Parlier se estaba luciendo con uno de sus mejores dias horniados del verano. El Comite De Rancho D'Arrigo se habia designado par negociar el contrato con uno de los representantes del rancho D'Arrigo. Las platicas se hiban a llevar a cabo en la oficina de Campesinos en Parlier. Los miembros estaban en terreno seguro, nada de oficina con aire acondicionado para este grupo. Ya estaban acostumbrados a los elementos adversos de la naturaleza.

El Representante del Rancho era un hombre mayor de edad, venia vestido al estilo de oficinistas con traje y corbata y muy popof con el caloron que estaba haciendo.

Las platicas empezaron en serio. El Comite no se daba ni queria cancelar ninguno de los articulos ya propuestos y acordados. Nada de compromisos.

El Representante empezó a sudar dando la impresion que esta gentucha tenia mas concha que una tortuga, tratando de debatir con el. El era quien lo sabia todo.

Yo solo estaba presente para interpretar cualquier mal entendido.

El Representante se solto la corbata, se desabrocho la chaqueta, la cara se le estaba poniendo muy roja. Pense que no estaba acostumbrado en tratar con trabajadores tan insolentes. Se quitó la corbata. Lo veia yo muy inquieto e incomodo.

Por pasada experiencia algo me decia que esto no era por el calor. Este hombre estaba sufriendo algo mas, le dije "Porque no te quitas la chaqueta, no tenemos ventiladores aqui. No nos molesta que te acomodes."

Empezó a quitarse la chaqueta, las manos le empezaron a temblar, uno de los miembros se levantó ayudarle con la chaqueta. La cara se le puso color de uva negra y empezo a caerse de cabeza.

Todos brincamos. El hombre quien le estaba ayudando lo agarro antes de que se fuera de nariz al suelo. Los otros miembros le ayudaron que se acostara en el suelo.

Yo corri al teléfono para llamar a los paramedicos. Los miembros le desabrocharron la camisa, le quitaron la corbata. Una de las mujeres corrio a traer un vaso de agua y mojar una toalla para ponerse en la cara. Jessie le estaba dando aire con el contrato.

Todos se convirtieron en Primeros Auxiliarios

La preocupacion estaba muy evidente en las caras de estos pobres asistentes

Esto no es lo que esperaban en negociar un contrato. Cambio si. Pero no Representantes desmayados.

Los paramedicos llegaron, sin tardanzas, empezaron el oxigeno y se llevaron al Representante al hospital mas cercano.

Todos nos quedamos sentados en la oficina, mudos y atontados, "Ya mero lo matabamos," dijo Enedina, afligida y con los ojos llenos de lagrimas.

"No se culpen Uds. Es el calor." les dije. "Es culpa de la compañia. Porque no hacen chequeos fisicos a sus representantes mayores de edad antes de mandarlos a negociar con trabajadores. Recuerden que él tenia que darle gusto a su patron."

HUMBERTO.

"Me daba miedo...pero yo comprendia que... para hacer cambios. Tenia que dejar el temor atras y unirme un 100% con La Union de Trabajadores Campesinos y el Movimiento Laboral en general."

Mas Voluntarios llegaron a unirse al primer grupo. Humberto, joven, guapo moreno con una sonrisa engañosa y un hablar de seda, pero con una voluntad de darles en la torre. Asignaron a este Voluntario que tambien asistiera en el area de Fresno.

Con un pasado de haber prestado su energia en ayudar a Cresencio en los primeros años de organizar trabajadores. Alli con los pioneros de la Union, Humberto se habia bautisado en los lodos de los campos organizadores. Se referia a Jessie y a mi como sus madrinas, supuestamente lo aviamos bautisado en la Union, pero en estos años ya tenia mas experiencia que nosotras. Puede que aprendio mucho de nosotras las antiguas, pero hubo mucho que aprender de el.

Su familia eran pro sindicato, seguidores de la Union y partidiarios en multiples lineas de piquete.

Deleno le habia designado a trabajar en las huelgas en el area de Mendota, y a la vez tratar de enforzar contratos en esa area.

Laborabamos, durmiamos, y angustiabamos bajo el mismo techo y el mismo Estado, pero habia poco tiempo de comunicarnos. Cada uno de nosotros teniamos multiple asignaciones que atender.

RAY

Ray habia sido director de un programa local de la pobreza. Encontro que esa posición era algo aburrida. Dejo el trabajo y se decidio concentrar sus esfuerzos con la Union de Cesar Chavez.

Llego a la oficina de Parlier y los miembros pronto se lo llevaron a las lineas de piquete. Alli encontro su fuerte. Las lineas no tenian nada de aburrimiento.

Cesar le dio el asignacion de reclutar apoyo en el area de Los Angeles, su antigúo barrio. Su tarea era de promover el Boicot de Lechugas, la cual estaba en flor junto con el Boicot de Uvas, las Huelgas, el establecimiento de los Salones de Empleo.

Me llamaron de Deleno y me dirigieron que acompañara a Ray hasta Los Angeles mientras el reclutaba el apoyo.

Nos quedamos en la casa de su Padre Tony. Tony era un amor, El gran coqueto me adopto como una de sus 'mengaches' Asi les nombraba a todas las mujeres que le gustaban. Me senti muy alagada. Mis dias de romance y belleza habian quedado enterrados años antes. Al presente parecia una muñeca de garra en pantalones de vaquero y un paño rojo en la cabeza.

Ray y yo hablamos con varios grupos acerca del conflicto, pidiendo que apoyaran a los Campesinos de nuevo con el Boicot de Lechugas.

Nos tardamos una semana, tambien hicimos tiempo para visitar a mi hermana Maria quien tambien vivia en Los Angeles.

Volvimos al Valle donde estaba todo el accion sin parar.

LAS AGUILAS AZTECAS

Juan, Francisca, Alejandro e Irene, Tino y Enedina, Gabriel y Dominga eran el grupo mas leal en el area de Parlier, Dinuba y Selma. Tenia que hacer una sola llamada para asegurar su ayuda.

Despues del incidente cuando se nos desmayo el representante de D'Arrigo, dicho grupo vinieron a consultar conmigo.

"Tenemos este grupo que organizamos. Es un grupo social y lo hemos llamado Las Aguilas Aztecas en honor de la Aguila de Chavez y desde luego en honor de nuestras raizes." me dijo Juan quien era el vocero del grupo

"Tenemos una oficina arriendada en Selma. Alli nos reunimos cada mes. El arriendo ya esta pagado por todo el año."

"Es el edificio que antes era el departamento de empleos," dijo Gabriel. "Ellos se mudaron a otro sitio mas grande. Ya tenia mucho tiempo vacante."

"Tiene mucho espacio y piso arriba," dijo Enedina."Tambien tiene ventilador."

"Te queremos hacer una oferta. Tu necesitas una oficina decente para conducir todo esto que tienes que hacer," continuo Juan. "Queremos donar el uso de la oficina ya que está pagada y nosotros solo la usamos una vez por mes. Se esta echando a perder todo ese espacio."

"Esperanza, porque no vas a verla. Esta perfecta para un Salon de Empleos, ya que para eso se usaba antes," Enedina se le salian los ojos de excitacion. Yo les conteste,

"Puedo ir a verla, pero primero tengo que contar con Cesar. El quiere la oficina de los Campesinos situada en Parlier."

Fuimos todos a revisar el sitio. Yo hice la decision que en realidad era perfecta para nuestros propositos, mostradores y todo lo necesario.

Tambien pense en lo negativo del cambio. Yo dormia en Parlier, unas diez millas de distancia de Selma. Yo siempre tenia que trabajar ya muy noche. Con esto habria que viajar muy temprano a la oficina en Selma y de noche hasta Parlier.

La neblina durante el invierno es Neblina Asesina. Durante el dia no se ve nada mas que un cubierto de nube gris, de noche parece licuado de pinole.. Tiene que viajar uno a ciegas.

Nadie en sus siete sentidos viaja durante estos dias de neblina, mucho menos de noche.

Sin embargo, hice un lado mis limitaciones y hable con Cesar acerca de la oferta de Las Aguilas Aztecas. Cesar hizo el viaje hasta Parlier a revisar la oficina. Quedo de acuerdo que podia hacer el cambio ya que era temporal, y me recordó

"Mientras tanto sigues buscando un espacio para establecer la oficina en Parlier."

Yo hiba a extrañar mucho a mis compañeros de oficina, Cantaclaro y Henriquetta pero ni modo. Hay que hacer sacrificios.

Hicimos el cambio. Los miembros se encargaron de mover lo necesario de Parlier hasta Selma. Llegaron mas donaciones de muebles, escritorios, sillas, archivos, una maquina de escribir, una copiadora. En fin la oficina de Selma se lleno de lo necesario. La antigua oficina de empleos del estado ahora tenia varios cambios en apariencia. Ahora vestia cartelones con Aguilas Negras, de huelga, banderas rojas en las paredes. Mis cartelones declaraban, "Bendice este Desorden" y "El Señor Sabe que Hago Todo lo Posible."

Gabriel, vino de nuevo a mi rescate..Los miembros sabian que se me hiba a dificultar las idas y venidas. Gabriel me informó que tenia una casa en Selma, "Es pequeña. Solo tiene dos recamaras. No tiene baño de regadera, pero si eso quieres, no es ninguna dificultad hacer uno. Tu diras si te interesa dormir alli." me dijo. "No tendras que caminar pa'lla y pa'ca, o dormir en la oficina." Cuando me dijo que tenia una cocina, le dije, "Desde luego que si la quiero. No le hace que este vacia. Solo que tenga una estufa para hacer mi cafe en la mañana y la cama donde voy a caer agotada cada noche.,"

Aparecio una refrigeradora que alguno de los miembros habia donado..

Gabriel parecia ser el rustico del grupo pero tenia un corazon de merengue. El era Chavista de hueso colorado y por Cesar era capaz de sacrificar mucho. Era Presidente del Comite de Rancho y mucho de su tiempo lo dedicaba fuera de su casa ayudando a la Union.

AMARRANDO VIÑAS

Ya era el fin de la temporada de pizcar uva y deshidratar pasas. Llego el tiempo de amarrar viñas. Las viñas se enredaban en los alambres de manera que no estubieran colgando en el suelo. Esto tambien se les hacia mas facil sacar la hierba de los surcos.

Me dio por hacer algo mas que estar metida en la oficina. Me fastidio muy facil. Y esto me daria oportunidad de observar cuan era la carga en este trabajo. Nunca me ha gustado trabajar en la tierra, que no sea jardin. Tanto los sapos, las avejas y todos esos bichos me hacen pegar de gritos y brincos. Soy muy cobarde y una fracasada como campesina. Pertenezco al grupo Trabajadores Campesinos Anonimos..

Minga la esposa de Gabriel, quedo como mi instructora, mas bien mi protectora. Al principio la tarea era facilisima hasta que una de las viñas se soltó y me dio un nalgazo, otra se desenredó y por poco me ahorca. Amarraba una viña y SAS se soltaba otra y me daba donde le daba la gana.

En lugar de avanzar me estaba quedando muy atras de las otras trabajadoras. Tenia que regresarme a reamarrar las viñas delincuentes.

La pobrecita de Minga, con tanta paciencia se regresaba y me ayudaba a calmar las viñas desordenadas.

Por fin pude terminar un surco con ayuda de Minga. Ya estaba toda morretoneada con colores azules y negros. El siguiente dia no podia ni moverme

Despues del tercer dia avente el trabajo de amarrar viñas.y se lo deje a los profesionales.

GILBERTO EN CALIFORNIA

La oficina Central siempre hacia cambios de personal de una oficina a otra, de un campo a otro, de una posicion a otra, de un Estado a otro.

Estabamos estableciendo la oficina en Selma cuando nos dieron a saber que Gilberto venia hacerse cargo de la oficina.

Gilberto! Pues que no lo deje en cargo del Boicot en Filadelfia?

Quedaron de acuerdo que Gilberto se haria cargo de hablar con los rancheros ya de que yo eran tan irrazonable y aparentemente "esa mujer odia a los rancheros."

Me trajieron el chisme que uno de los rancheros habia comentado, "yo prefiero hablar con Dolores que con la Sra. Lopez." Hombre muchas Gracias, es un honor que comparen a una con tan gran personaje- La Gran Negociadora Dolores.

Al principio atendi una de las juntas con Gilberto y uno de los rancheros. La junta era en un restaurante local. El ranchero estaba encantado de ver a Gilberto, y lo recibio con tanta alegria, " Ah Gil. Que gusto me da ver que estas aqui. Solo nosotros los hombres nos entendemos en en estos asuntos." dijo el gordo. Con la lengua en una mejilla le dirigi una mirada sarcastica a Gilberto. Gilberto se le hizo mas facil voltear la cara. Solo por ese comentario tan machista ordene el bistec de prima en lugar del hamburger y permiti que se entendieran los machos.

Ya encargado del negocio en Selma, yo me concentre mas en el trabajo de la oficina, los despachos, el teléfono y cartas de negocio. Hubo muchas veces que hasta podia salir a comer.

Teniamos juntas frecuentes en la oficina para poner a los miembros al dia acerca de las huelgas, los retrasos con los rancheros renuentes, conflictos legales, éxitos y accion relacionada.

Gilberto y Pablo se hacian cargo de conducir las juntas y asignaban a distintos miembros que dieran sus reportes. Yo animaba a las mujeres que ejercieran sus derechos como miembros con antigüedad, "Si Uds creén que pueden conducir un tractor y regar un campo, Uds tienen el derecho de aceptar o rechazar el puesto. Esa es opcion de cada una."

Yo sabia que pocas mujeres del campo iban a querer dichos puestos. Estos puestos requieren trabajar en horas muy inusuales, especial regar toda la noche. Eran horas que las obligaba en ausentarse de la familia .

Mi proposito era de darles a saber que como miembro de un sindicato los puestos deben estar disponibles para todos sin importar el sexo de ese miembro.

Este punto de vista mio no era muy aceptables para todos los machistas , miembros, personal, mucho menos los rancheros.

"No le des el micrófono a Esperanza," le dijo Gilberto a Pablo. "Nunca sabemos que es lo que va a decir esa mujer. Le encanta moverles la gallera a las mujeres."

Mover! o Educar?

EL HUELGA BIRD LE DÁ POR VOLAR

Mi tarea cambio de mucha accion a lo mas aburrido, problemas sociales. Los miembros como siempre tienen problemas sociales, no perdieron tiempo en hacer citas con los Departamentos de Bienestar, Seguro Social, agencias de prestámos, vendedores tramposos de autos y en fin.

Hicimos arreglos con dos Señoras miembros que tenian asuntos pendientes en Fresno. Me pidieron que fuera a interpretarles. Selma está unas quince millas al norte de Fresno.

Nos subimos las tres en mi carrito Huelga Bird. Me gustaba abrirle el paso al Huelga Bird a una velocidad de 75 millas. Hibamos a ese paso por la carretera Golden State. Las mujeres hiban con su platica de siempre.

De pronto escuchamos un ruido como golpe de sabe donde. El auto dio vueltas rapidas y se me escapó el volante de las manos haciendome perder el control del carro. Cuando menos pense el Huelga Bird iba volando por el aire atraves de la carretera y fuimos a- terrizar en un campo de parras. El Huelga Bird quedó con las llantas pa'rriba.

Todo pasó tan de repente que no nos dio oportunidad de pegar gritos, aparte de que estabamos conmovidas y mudas.. Hibamos tan bien empacaditas en el asiento de enfrente, que nuestros cuerpos nos sirvieron como amortiguadores, y Gracias a los Angelitos Guardianes no sufrimos lesiones.

Gracias a Dios por los camioneros que de diario atraviesan el mundo. Uno de esos Angeles de los Caminos, se detuvo, llamó a los policias en su radio de mensajes, se bajó del camion y fue a nuestro auxilio. Nos ayudo a salir del auto por la ventana..

Llegaron los oficiales. Aún estabamos sin poder hablar. Llamaron a Gilberto que viniera a rescatarnos.

Gilberto no se tardó en llegar. La huerta no estaba muy lejos de Selma. Venia otro miembro con el. Despues de asegurar que estabamos bien del todo, nos encaminaron al auto de Gilberto.

Enderezaron mi carro y el otro miembro lo examino haber si estaba en condiciones de manejarse El miembro le cambio la llanta y se lo llevo hasta la oficina.

Gilberto como un buen caballero no soltó la risa despues de vernos todas palidas y revolcadas. Ni una solo palabra se dijo rumbo a la oficina. Fue mucho el golpe emocional que recibimos.

Recorde que yo habia pagado por llantas nuevas en Missouri
Encontraron un clavo de construccion clavado en la llanta.

¿ DE QUE MURIO?

La casa en Selma, propiedad de Gabriel, se usaba solo para dormir. Gilberto dormia en la segunda recamara cuando se encontraba en el area. Los vecinos tenian un caballo cual le gustaba venir asomarse en la ventana de la cocina. Yo le platicaba mientras preparaba mi cafe. Le puse por nombre 'Caballo' un nombre muy creativo por supuesto. Mis conversaciones con Caballo terminaron cuando estaba Gilberto. No queria darle por que dudar de mi sanidad. Sin embargo no dejaba de darle los Buenos Dias a mi visita mañanera.

Los miembros continuaban en traernos alimentos para la oficina. No habia necesidad de la cocina, solo para el cafe de mañana.

Les confieso que yo no soy nada de cocinera, ni tampoco me gusta el que hacer de la casa. Odio cualquier tarea que tengo que repetir todos los dias, como eso de lavar platos de diario. Olvidate.

Gabriel venia regularmente y se encargaba de limpiar la yarda. Algun alma, ya sea Gabriel o quizas Gilberto dejaron una gallina en la refrigeradora. Me supongo que el proposito de la gallina era para que se cocinara. Yo no la deje alli, yo no tenia ningunas intenciones de preparar gallinas. No me gusta nada la gallina.

La gallina siguio alli en refrigeracion descuidada.

Un Domingo en la tarde, como dice la cancion, estaban las cosas despacio. Decidi tomar un dia de descanso y pasar la tarde leyendo. Otras personas no pensaban igual que yo.

Llego Gilberto, Pablo, Alfredo y otros dos organizadores. Me dijo Pablo,

"Esperanza que tienes que comer. No traemos dinero pero si traemos mucha hambre."

Cabe decirles que yo soy testiga de lo mucho que trabajaban estos hombres, las horas inumerables que metian, las noches sin dormir, las separaciones de sus familias, los dias que se la pasaban sin comer. No podia ponerme en plan de 'quien fue su cocinera Mexicana el año pasado.' solo pude decirles,

"Yo no tengo nada de comida aqui, lo unico que hay es una gallina en la refrigeradora. No se quien la dejaria alli pero ya tiene mucho tiempo. Si gustan la puedo hervir y tratar de hacer algun guiso."

"No te preocupes," me dijo Pablo. "Me estoy muriendo de hambre." Meti la gallina en una casuela con agua para hervirla. En cuanto empezó a hervir el agua empezó a salir un olfato de los diablos. Una pestilencia que lleno toda la cocina, y luego la casa.

Al principio me hice la tonta y no le puse caso. Puede que con hervirla se le vaya el olor tan repugnoso..

207

No fue asi. El olor les llego hasta afuera donde estaban los hombres quienes estaban pacientemente sentados esperando un servicio de gallina. Pablo quien era el mas valiente de todos entro y me dijo,

"Esperanza, que es ese olor tan feo.?"

"Es la gallina" le dije sin ofrecer informes inecesarios. Pobre Pablo me dijo,

"Nadie mato esa gallina. Yo creo que se murio sola de algun enfermedad incurable. Huele terrible."

Mis pobres visitantes que venian con tanta hambre se fueron con la misma hambre que traian. Quizas encontraron alguna compañera que conocia la diferencia de alimentos que ya no servian para seres humanos.

Ni las gracias me dieron.

ADELANTE LA CAUSA!   SALINAS

Las lineas de piquete seguian atraves del Estado de California, las marchas, las confrontaciones, la inquietud, la violacion de contratos, los agravios aumentaron, miembros los arrestaron, y los daban de alto, el Departamento Legal estaba muy ocupado.

En Salinas, la Olla de Ensaladas, arrestaron al Director Cesar Chavez en un cargo de Desobedencia Civil. Chavez se habia negado en retirar el Boicot de Lechugas.

Nos reunimos todo mundo frente a la corte donde detenian a Chavez.

Muchos de los fieles establecieron un santuario. Acudieron miembros de todo el estado. Las banderas blancas y rojas con el Aguila Negra se veian por todo el pueblo de Salinas.

En resumidas cuentas encontraron culpable a nuestro Jefe y fue sentenciado a la carcel.

Cesar empezó una huelga de hambre.

Llegaron personas notables, dignitarios y toda indole de personas de renombre de varios estados del país a visitar a Cesar. Estas visitas destacaban el hecho de que nuestro Lider estaba en la carcel por el solo hecho de luchar contra las injusticias.

Era el mes de Diciembre, el tiempo frio, nos informaron que una de tantas dignitarias quien pensaba visitar a Cesar era nadie mas que la Sra. Ethel Kennedy Vda del difunto Robert Kennedy. Desde luego que ninguno de nosotros queriamos perdernos esta visita y darle una gran recepcion a la Sra Kennedy.

Una de mis varias asignaciones era de servirle de chofer a Dolores. Ella habia perdido su licensia de conducir porque le gustaba manejar como propulsion a chorros.. Para nada le servia conducir con tanta velocidad de todos modos no llegaba a tiempo. Por esto es que necesitaba otra persona que le sirviera de chofer.

Yo tenia que pegarme muy cerca de Dolores en Salinas, para no perderla entre tanta gente. Yo no estaba muy familiar con el pueblo de Salinas.

Despues que la Sra Kennedy terminó su visita con Chavez, salio a la plataforma que se habia establecido para que les dijera algunas palabras a los miles de apoyadores. Con ella venian cuatro guardias, altos fornidos y musculares. Los cuatro la rodeaban para protegerla. Uno de esos guapos era Esteban Torres.

No quise alejarme de los guardias para no perder de vista a Dolores cuando dejara el plataforma.

Kennedy decidio marchar a su auto. Dolores cerca de ella, los guardias seguian.

No todos los que estaban alli eran personas de amistad. Habia un grupo que estaban preparados para hacer garras de la Sra Kennedy. Ella, muy valiente, siguio su camino como si todos eran muy hermanables y marchó a su auto.

Yo corria detras de los guardias y me le pegue a Torres de su chaqueta. Si se me perdiera Dolores, yo nunca la hiba a encontrar en esta multitud.

Con tamaños pasotes que daban los guardias me hicieron correr en tercera.

A Cesar Chavez le dieron de alta ese mismo mes.

la orden judicial que habian usado para meter a Cesar a la carcel se encontró inconstitucional.

Aparentemente hibamos a volver a la normalidad.

Puede que NO.

ALBOROTO EN ESCUELA PRE SECUNDARIA

Recibí una llamada de parte del Principal de la escuela pre secundaria Yosemite la cual atendia mi hijo David. Me informó el Principal que David habia incitado un motín en la escuela. ¿Un motín? Esos solo se conocen en las Univiersitarias como Kent State, pero en una pre secundaria?

Deje lo que estaba haciendo en la oficina y fui hasta Fresno a ver lo del motin. El Principal, un hombre Blanco, mal encachado me informó,
"Siento mucho tener que decirle que su hijo David causo un disturbio. Se metio en un pleito entre otras dos alumnas. Con esto instigó un alboroto y motivó a decenas de estudiantes que se salieran en huelga como resultado de su interferencia" Le dije
"Quiero hablar con David. Quiero escuchar su version del incidente."

Mando traer a David a la oficina del Principal. El me dio su version de lo sucedido en presencia del Principal.
"Mama, eso no es cierto. Son mentiras de el. Dos chicas se estaban peliando, una chica Blanca y una Mexicana. El Principal vino y despacho a la Blanca a su casa y solo detuvo a la Mexicana que se quedara despues de las clases, como castigo. Por eso fue que yo me meti y le pregunte al Principal que porque no se informaba que habia causado el pleito entre las dos. Le pregunte que porque solo a la Mexicana la estaba castigando. Eso no es justo. Dos estudiantes se estaban peliando, las dos se deben castigar." Mi hijo estaba muy firme en su posicion de abogar por la justicia.

Los otros alumnos tambien viendo que esto no era justo no quisieron volver a las clases en protesta.
Como consecuencia de este disturbio David lo castigaron por intervenir en el paso que habia utilizado el Principal en establecer disciplina.
Yo acorde con mi hijo que este tipo de disciplina tan fuera de balance estaba muy ladiada a lo Blanco. Los estudiantes no quisieron volver a las clases.
Llamaron una reunion general de los padres de los alumnos ya que la mayoria de estudiantes Mexicanos habian dejado las clases. El auditorio

estaba lleno de Papi y Mami. Esto le cayo de mucha sorpresa al Principal de ver tanto participante apoyando a sus hijos.

Mas fue su sorpresa al ver que los padres eran Mexico-Americanos. Era rara la vez que los padres de este grupo en particular abogaban por sus hijos. Estaban bajo la impresion que las autoridades de las escuelas siempre tenian la razon..

La Media de Comunicaciones se habia dado cuenta del incidente y estaban presentes.

Mi prima hermana Maria Esther tambien puso su grano de arena. Llamo a varios politicos Mexicanos para que intervinieran en el asunto y dieran su punto de vista. La Media le puso el sobre nombre de "La Señora Militante". Ella tenia mucho invertido en mi hijo David porque estaba temporalmente obrando como su madre adoptiva..

Todo resultó con un fin positivo.

Los padres demandaron mas maestros bilingues. Demandaron un Principal bilingue. Demandaron personal que relacionara con los alumnos, la gran mayoria de desendencia Mexicana.

Esperamos que los Principales del futuro tomen clases en Prejuicios y Discriminacion.

Los alumnos obtuvieron Consejeros Bilingues.

Los padres se sintieron vindicados

Mi hijo David no adoptó aires de importancia.

AIRES DE SEPARACION

No paso mucho tiempo cuando empeze a sentir el aburrimiento con el trabajo de la oficina. Esta tarea no tenia el entusiasmo de andar en los campos y organizando.

Se reportaba que en California habia casi el 100% de trabajadores campesinos miembros de la Union de Campesinos.

Los esquiroles se salian de los campos de trabajo despues de firmar tarjetas de autorizacion para ser representados por la Union. En efecto se andaban organizando ellos mismos.

Hubo aquellos grupos que supuestamente representaban al trabajador del campo. Estos grupos eran mayormente contratistas, cabecillas de cuadrillas y lambiscones de los patrones, se nombraban Union de Trabajadores

Agricolas, todos opuestos a la Union que encabezaba Cesar Chavez. Recibian sus pagos de los rancheros. Dichos quiebra huelgas no duraban por la falta de interes de los trabajadores.

El numero de Voluntarios aumentaba con alumnos de los Colegios locales y la Universidad Estatal. Todos querian prestarse en ayudar a los miembros. Esto nos dejaba poco que hacer al antiguo personal. Ya solo quedaba despachar y tratar de resolver agravios. Cada dia la cosa era mas aburrida.

Creo que ahora es tiempo de reconectarme con mis hijos.abandonados. Hasta la fecha ellos habian querido ir a la escuela en Fresno y no en Selma. Estaban bajo el cuidado de mi Tia Trini y mi prima hermana Maria Esther
De nuevo le mande mi renuncia a Cesar, alquile una casa cerca de Fresno, recogi a mis hijos y pense volver a mi papel de la madre abnegada.

Yo sabia que Cesar no se iba dar cuenta de mi renuncia hasta quizas años despues. Aunque yo no tenia mucho que hacer, el Jefe no tenia tiempo ni de dormir.

CHEPA
Regrese a mis pasos anteriores como madrina de proyectos de la pobreza. Me ocuparon como Coórdinadora de un proyecto Asociación de Planeamiento en Educacion y Salud de California [CHEPA]. Mi mision era de coordinar el desarrollo de clinicas en el oeste del Condado de Fresno. La clinica mas cercana a esos campos era en Fresno, cuarenta millas de distancia.

Hablabamos con doctores locales quienes pudiesen prestar sus servicios médicos en areas rurales.
Algunos rancheros en el oeste no estaban muy agusto de hacer cambios. Me dijo uno de ellos, "No necesitamos gente de afuera que venga a decirnos que es lo que nos hace falta"

AHORA
Ricardo uno de los coórdinadores de CHEPA me pidio que le ayudara con un programa de television en el Canal 30. Estos programas se pasarian los domingos y serviria para informar al pueblo de habla hispana de los ultimos eventos y ponerlos al dia.
Le pusimos por titulo AHORA.

Mi posición como estrella de television era El Noticiero Agricola, cosa de reportar los ultimos eventos en el agricultura y problemas de los trabajadores del campo. Tenia mi propio fotógrafo para tomar fotos de los incidentes y pasar las imagenes con mis reportes. Y no se diga imagenes de las huelgas y lineas de piquete.

En la huelga del rancho White River. Entré al campo con el fotógrafo, la camara y el micrófono para entrevistar a los esquiroles. Una huelgista empezó aventarme habladas y obscenidades cuando me vio cruzando la linea de piquete. Corrio detras de mi y por pronto me da una golpiza con la bandera de Union que cargaba ella.

Afortunadamente el capitan de esa linea era mi antiguo compañero Pancho y la detuvo. Le explicó que yo no era enemiga.

Tiene sus riesgos esto de ser estrella.

GCEP

Ya terminandose el proyecto de CHEPA, [hoy se ven clinicas en areas rurales donde antes no las habia]. empeze a trabajar con el Proyecto Educativo de Gran California [GCEP] como Directora de Alimentos y Nutricion.

Oigan esto, me dieron un presupuesto de $75,000 dolares para eliminar el hambre en el Estado de California.. Ni que fuera la Virgen del Cielo para hacer milagros.

Lo que si pude hacer era de organizar un festejo para regalar pavos el Dia de Dar Gracias. Nadie trabaja durante esa temporada de heladas. De manera es que todos calificaban para recibir un pavo.

Reuni un grupo de trabajadores del campo. mayormente mujeres que me ayudaran a cocinar los pavos con todos sus rellenos.

Las Aguilas Aztecas volvieron a rescatarme. Donaron el espacio de su nueva sala de reuniones, para que hicieramos el festejo de Dar Gracias.

Anuncie el evento por la radio. Yo no esperaba que fuera mucha gente ya que muchos se regresaban para sus paises durante estas temporadas sin trabajo. Errada otra vez.

Hice compra de cien libras de frijol, cien libras de arroz. Los Voluntarios me ayudaron a llenar bolsitas de frijol y de arroz. Estos tambien se regalarian junto con los pavos.

La Sala de Las Aguilas Aztecas parecia enjambre de avejas, las mujeres cocinando y los hombres llenando bolsas y preparando las sillas y mesas.

Se lleno la Sala de gente. Todo era un ambiente de festejo y compañerismo. Hubo mas que suficiente comida para todos y un poquito mas. Rifamos veinte pavos, y regalamos las bolsitas de alimentos.

Cuando se terminaron los pavos y las bolsas. Hice una decision subversiva. Decidi regalar cupones de alimentos a los participantes que no habian recibido nada. Yo sabia que tenia que dar muchas explicaciones al Director de GCEP despues que todo se habia terminado. Sin embargo todos pasamos un Dia de Dar Gracias lleno de Bendiciones.

EL CONSEJO DE FINANZAS

Quedé acusada por el Consejo de Finanzas de GCEP. No estaban muy felices con mi decision tan a la gato montes de regalar pavos en Fresno.

"Y que del Norte de California? Y que del Sur de California? Que solo tenemos un Valle Central en todo California? Estas segura que estas areas del Norte y el Sur pudieron comer pavos con rellenos?" Sin duda, El Consejo de Finanzas me queria colgar del arbol mas alto.

"Tu posicion es de coórdinar proyectos de alimentos para que todos los pobres y hambrientos atraves del Estado tomen beneficio"

Yo no tenia ninguna escusa en lo absoluto. No les ofreci ninguna.

ABAJO ESPERANZA

Cuando los grupos en Salinas y Calexico se enteraron de mi Fiesta de Regalos, se pusieron de acuerdo, se reunieron en Fresno y pusieron una linea de piquete en mi contra, protestando mi manera de proceder. Portaban cartelones que me denunciaban INJUSTA!

Ese grupo llegó en plan de afusilarme por la madrugada.

Ahora ya que! La obra ya se llevó acabo!
Yo no tenia ningun remordimiento.
Al director Ruben todo se le hizo muy gracioso.

PASO DE REMOLINO

Queriamos vivir el sueño de Cesar a un paso de remolino." Ray

Poco despues llegó Ray, mi compañero de Lechuga Boicot. Paso por la oficina de GCEP a visitarme. " Estoy encargado de la oficina en Coachella. Estamos muy ocupados, solo que vine a Fresno porque ando reclutando Voluntarios para que nos ayuden. Ya viene la temporada para la cosecha de las uvas Perlette en el Valle Imperial. Necesito ayuda con el cumplimiento de los contratos" me dijo. .

Mi Angelito Guardian estaba dormido porque le dije a Ray,
"Y yo? Puedo ir yo? Cuando me necesitas?
"Ayer." me contestó
"Dame tiempo para entregar mi renuncia y nos vemos en Coachella."
le dije
Otra vez empaque mi maquinita de escribir Smith Corona, mi Buddha Sonriente, mi radio despertador, regalo de los Dependientes de Filadelfia, y otra vez el burro al trigo.
Esta vez en los desiertos del Valle Imperial.

EL VALLE DE COACHELLA

El Estado de California tiene sus subes y sus bajas.
El Valle de San Bernardino se da un golpe con la Sierra de San Bernardino.
El Basin de Los Angeles se da un tope con las montañas de Tehachapi.
El Valle de San Joaquin se detiene a paso mas lento en el Paso Pacheco
El Valle de Sacramento no puede ir a jugar en los casinos de Las Vegas hasta cruzar las bellisimas Sierras.

El Valle Imperial, al contrario se ven acres y acres de terreno plano y lomitas de arena. Personas de renombre, Blancos por supuesto, les gusta ir a estos desiertos a cambiar el color de sus pieles rosas y producir melanoma con los soles de Palm Springs.

Como todo el resto del Estado este Valle tambien es un desierto.

Sin agua este Valle fuera solo lagartijos, hierba y chicharras..

Con agua este Valle se ha convertido en otro de los productores mas ricos de uvas, datiles y verduras variables.

Dicho Valle esta situado unas cien millas al este de Los Angeles. Aqui nacieron pueblos famosos tal como Palm Springs, Indio, Coachella, Thermal y muchos otros pueblitos con nombres de palmas, Mil Palmas, 29 Palmas, y aqui y alla con Palmas.

Despues de viajar atraves de millas de parras de uva, se encuentra una con las bellas huertas de datil, refugio para los asoleados. Solo faltan los camellos.

Otras cuantas millas y llegamos al Mar Salton. Esta bien salado.

Mas payasito esta la frontera de Baja California donde se encuentra otra ciudad igual de caliente esta es Calexico.

Llegue a la oficina de los Campesinos en Coachella. Esta situada frente al parque de la ciudad. Dicha oficina no era diferente a las otras. Horas de mañanita hasta las ultimas horas de la noche. El sol no espera a dormilones en este Valle. El sol esta de pie antes de las cinco de la mañana con unos 98F grados para esa hora y promete elevar la temperatura hasta de menos 122 F grados. Mas del tiempo cumple esa promesa.

Ray tenia su residencia, una casa de tres recamaras, junto con su esposa Yolanda, sus dos hijas Rene, Debbie y si hijo Ray. Alli me ofrecieron que podia quedarme si gustaba. Tambien otra opcion era de quedarme con los otros organizadores en una casa mobil de dos recamaras. Esto esta por verse.

La primer noche comparti la cama con Debbie. Habia salido desde Fresno temprano y todo el dia andube en el camino rumbo a Coachella. Estaba de lo mas fatigada. En cuanto pegue la almohada calli en un sueño de muertos.

Dicho escape de la realidad se interrumpio con un ruidazo despierta muertos juntito a mi oido. Esto me sacó de la inconciencia. Me senté, devise a Debbie. Ella estaba bien dormida como un angelito en paz. No le estorbo semejante ruidazo en lo minimo.

El resto de la familia parecian seguir dormidos. Nadie se movia. Busque haber de donde venia ese ruido tan horrible. Encontre que venia del radio espantador que tenia Debbie al lado de la cama. El ruido era una polka ranchera, la cual garantizaba destruir los oidos.y aterrorizar muertos.

Aparentemente la familia ya estaba muerta o sorda, todos seguian sin molestarse. Le baje el volumen al radio. Me vesti esperando que fueramos a la oficina tempranito, si muy temprano a las cinco, si muy tarde a las siete. Lo que mas queria era una tasa de cafe, pero esta no es mi casa. Tengo que esperar hasta que despierten mis anfitriones.

Vale mas despertar a Debbie. Ella tenia el despertador por algun motivo y quizas debia estar en algun lugar temprano. Trate de despertarla., "Debbi, despierta tu despertador sonó desde hace media hora." Debbi hizo ruiditos 'hmmmmmm' se voltio y volvio en brazos de Morfeo.

Escuche un ruido en el baño, luego en la cocina. Puede que ahora si puedo salir de aqui. Encontre que estaba Yolanda en la cocina ya preparando el cafe.

Le explique que no podia despertar a Debbie, "Ay. Para despertar a Debbie se necesita un balde de agua," me dijo. "Ella prepara el reloj para las cinco de la mañana, a todo volumen. Tenemos que levantarnos y apagar el ruido. Parece que el ruido le hace el sueño mas profundo. No tiene ningunas intenciones de levantarse a esa hora. Es que se le hace una hora decente para fijar el despertador. Vas a ver que se levantará quince minutos antes de irse a la escuela."

"Ah! Las bendiciones de los quince añeros."

Volvi a mi juventud y le dije a Yolanda,

"Recuerdo que yo durmia hasta las dos de la tarde. Yo era la mortificacion de mi Madre. Juraba que yo habia sido su unico fracaso."

PERSONAL DEL DESIERTO

"... la cultura del trabajo incesante, el cual caracterizaba el movimiento de los campesinos." Pam

Hice la decision que seria mas productivo y yo tendria mas flexibilidad en quedarme con los otros organisadores. Razone que una quince añera necesitaba su privacidad y yo necesitaba mi sanidad.

Ray me dio una orientacion del area de Indio y Coachella y los campos de uva y datil.

Nos reunimos por primera vez en la Casa Mobil donde conoci a mis futuros colaboradores.

Armando, Chicano morenito muy guapo con un caracter que le gustaba citar a Shakespeare.

Pamela, alta, muscular, pelo castaño, le gustaba tocar la guitarra y cantar canciones en Español. Dijo que uno de los organizadores en Calexico - Figueroa, le habia enseñado los corridos de la revolucion. Sus favoritos eran Simon Blanco.

Clara, pequeñita, güerra, pelo rubio sin mucho pasado ni malos habitos. Las dos tenian algo en comun, ambas eran bonitas , compatibles y competentes.

Pam y Clara compartian la misma recamara. Armando dormia en el cuarto pequeño

Todos dormian en el suelo ya que no habia camas en la Mobil. No habian encontrado tiempo para solicitar camas. Los miembros no eran tan generosos para donar sus servicios o pedazos de muebles. en esta parte del Estado.

El cuartito de Armando estaba apenitas con poco espacio.. Nada de espacio para una cama. Tambien dormia en el suelo.

Le dije a Ray que preferia quedarme en la Mobil, para estar en contacto directo con el personal.

"Esto quiere decir que tengo que darte mi cuarto," dijo Armando renegando.

"No tienes que desincomodarte por mi cuenta. Aqui en la sala ay suficiente espacio." Le dije mentalmente doliendo la pérdida de privacia.

"No creo que sea necesario recordarles," dijo Ray mirando a Armando, "las mujeres de este personal se deben respetar. Se deben aceptar como colaboradoras." Armando no le contestó. Puede ser que Ray era adivino.

Cuando Ray se fue, Armando ofrecio su cuarto, "Al fin del cuento voy a tener que dartelo, ocupalo de una vez."

"Estare agradecida por toda la vida," le dije "No tienes que sacar tu ropa de alli. Podemos compartir el espacio del ropero.

Ray no tenia que preocuparse por las morales de Armando. El tenia una novia quien trabajaba en el Boicot en Los Angeles. Ella venia a visitarlo durante los fines de semana.

No les ofreci el cuarto durante esas semanas de visita.Los enamorados donde quiera se acomodan.

Pam, Clara y yo teniamos algo en comun que ninguna de nosotras entreteniamos fantasias de reemplazar a la Chef Julia Childs en la cocina. Cafe y huevos hervidos era nuestro fuerte culinario.

Los miembros Filipinos eran lo mejor de los cocineros. Armando y su novia se iban a visitar a estos miembros cerca de la hora de cenar. Siempre ay asuntos de Union que discutir en estos viajes a la hora apropiada.

Mi tarea fue de ayudar a Ray y Armando en el cumplimiento de los contratos.

Ray dividio los ranchos del Valle entre Armando y yo. Los campos estaban desparramados de una orilla de Indio hasta la otra orilla de Thermal. Los rancheros tenian campos en cada lado. Con esto andabamos de un orilla a otra duplicando las millas tratando de llegar de Rancho A hasta Rancho B en distintas partes del Valle.. El calor era sin misericordia.

Le sugerí a Ray que en lugar de andar de un orilla al otra del Condado, porque no dividir el Condado y asi eliminar el exceso de traficar de un lado al otro.

Armando no estaba muy de acuerdo con esta sugerencia, ya que tenia sus ranchos favoritos donde cocinaban de lo mejor. Cualquiera de las areas tenia que sacrificar algo favorito. La vida no es justa. No se trataba de favoritismo, se trataba de cumplimiento de contratos en distintos lados del Condado.

Mi segunda sugerencia fue que la oficina deberia estar abierta mas temprano durante el tiempo de cosecha para acomodar a los trabajadores igual que a los rancheros. Estas personas les gusta hacer negocio lo mas temprano posible.

Ray siempre estaba de acuerdo que tenia razon. El resto del personal no protestaban mis sugerencias. Como era la mas vieja, quizas yo tenia razon.

Si les daba por cortarme el cuello, se aguantaban. No parecia haber ningun antagonismo. Colaborabamos sin conflicto.

Las horas de trabajo se cambiaron de ocho a siete de la mañana. El servicio seguia hasta despues de las siete de la noche. Habia trabajo que hacer. El trabajo se hacia.

Los fines de semana no tenian diferencia en lo que debiamos hacer. Esos tambien eran dias de trabajo.

PROPUESTAS DE SUELDOS

Abril 1973

Ya se aproximaban la renovacion de los contratos con los rancheros de Coachella y la renegociacion de los sueldos.

Los planes ya estaban en marcha con propuestas para los futuros sueldos en los contratos.

Las propuestas tasas de sueldo cubrian todo el agricultura de Labor General.

Esto incluia limpiando, deshojando, desaijando, voltiando viñas, azadonear, anillando, amarrando, mantenimiento de las viñas. acertar que las estacas, cercas, alambrado estuviera en buenas condiciones, todas estas tareas con sueldo de

$2.70 por hora,

Regadores, maquinaria, tractores, refrigeracion, carretillas de horquilla, y almacenes se incluyeron en el contrato.

Diferencia en las tasas, cubrian pizca de uva, empaques, poda, anillar, con sueldos de

seis centavos -0 .06¢ - nueve 0.09¢ centavos por cada viña.

La tasa mas alta era para los injertadores y cortadores de capullos, se les pagaba

cinco dolares y cincuenta centavos - $5.50 por hora

TRAICION ENTRE LA ARENA.

LOS TINTOS

Fui a visitar uno de los campos que me correspondia. Me dijo uno de los miembros,

"Aqui andan los Tintos en el fil. Andan mas bien hablando con los Filipinos."

En Parlier me habian educado los miembros que el sobre nombre para el Sindicato de Camioneros - Teamsters - era Los Tintos.

Que negocios tendra ese sindicato con nuestros miembros? Y quien les dio permiso para que entraran hablar con los trabajadores.

Le dije a Ray acerca de la conversacion de la invasion de Los Tintos en el campo. Armando afirmó que él tambien tenia la misma informacion que Los Tintos andaban en los campos de su area.

Le dieron a saber a Ray que los rancheros y supervisores permitian al sindicato que entraran a los campos y hablar con los trabajadores cuando los representantes de la Union no andaban a la vista..

Sabiamos que Los Tintos tenian tiempo que se interesaban en organizar a los trabajadores del campo. Este grupo es tan inseguro, que un dia trabajan aqui y otro dia se van para otro lado. Los Tintos no querian perder el tiempo buscando donde andaban, ni mucho menos esperaban mucho de las cuotas. Era mas contra productivo para ellos andar buscando trabajadores migratorios. Este sindicato prefiere un auditorio cautivo y no uno que anda de huerta en huerta.

Los miembros Filipinos se sentian excluidos de la Union de Campesinos. Ellos habian estado en el inicio de la huelga en 1965 y tenian su propio Director Filipino, Larry Itliong

Despues que se unieron los dos sindicatos de Mexicanos y Filipinos, la mayoria Mexicanos, cambio el liderazgo. Habiendo mayoria de Mexicanos votaron a Cesar Chavez como Director y despues Presidente de la Union.

Aunque el liderazgo de Filipinos era evidente en el Consejo Ejecutivo y Capitanes en las huelgas, siempre se sentian fuera de la bola.

Las reuniones ya no eran en el idioma Tagalog, ahora se conducian en Ingles y Español. El mismo Director Itliong renuncio su puesto. Supuestamente ya no tenia mucho que decir. De manera es que habia mucho resentimiento, inecesario entre los miembros Filipinos.

Segun ellos ya no era un Sindicato de Campesinos, esto ya era solo un Movimiento de Mexicanos.

Ellos se consideraban mas por su nacionalidad de Filipinos y no como su posicion de campesinos.

El sindicato de los camioneros vio la ventaja en este reselo y se aprovecho.

VIENTOS DE ENGAÑO

Los rumores aumentaron con la llegada de Los Tintos, junto con la confusion en los campos. El liderazgo de la Union vino hasta Coachella para desengañarse. Se dieron cuenta que en realidad los rancheros permitian la entrada a los Tintos. Con ellos llegaron personal de las otras oficinas a prestar ayuda

La Union tenia que tomar medidas de evitar un invasion de contratos.

Los recien llegados eran, Marshall, un antiguo Voluntario quien trabajaba muy cerca con administracion de la Union en todos niveles, ya fuera organizando, politica y lo que fuese necesario.

Jerry, abogado y Consul del departamento Legal y todo su grupo de asistentes legales. Entre ellos venian mis antiguos compañeros de Boicot Tom y Harriet. Otro quien les acopañaba era Cres.

Todos ellos hablaban el Español, y asi podian ser mas utiles en conversar con los trabajadores y obtener declaraciones y agravios.

Harriet era la consentida con los trabajadores. La encontraban muy encantadora, pequeñita con su cuerpo de hada y su risa contagiosa.

Harriet nos acompaño a compartir la Casa Mobil..

EL MAPA

Marshall y Jerry habian formulado un mapa de muchos colores para identificar las diferentes areas del Valle. Note que estaban los dos clavados discutiendo el Mapa. Pense que seria algun documento de mayor importancia.

Este tan importante documento lo dejaron arriba de un escritorio. De alli desaparecio.

"El Filipino se lo llevó," dijo uno de los miembros quien estaba en la oficina.

Como miembro de la Union, el personal habia atendido al joven Filipino, pero se sospechaba que este era algun espia de los Tintos.

Ahora si ya se habia llevado el Mapa, estaba claro que estaba jugando el papel de doble agente. Miembro de la Union y espia del enemigo.

Pam revisó los archivos del miembro para localizar donde vivia. Llamó al teléfono del miembro y preguntó por el. La esposa le informó a Pam que al miembro lo habian arrestado porque andaba conduciendo borracho. Se le habia confiscado el auto y tambien el auto estaba detenido en un garage local.

"Puede ser que si acaso se llevó algo de la oficina, todavia puede estar en el auto. El no llegó a la casa," le dijo la esposa a Pam.

Tom, Cres y yo fuimos al garage en buscas del Mapa. Tom y Cres se escondieron detras de un poste de teléfonos. Parecian mucho como Espia Vs Espia.

Yo fui y revise el auto y devise que estaba el Mapa en el asiento de atras del carro. Fui hablar con el gerente del garage y le dije,

"Necesito sacar unos papeles que dejo mi esposo en el auto. Con su permiso voy a tomarlos."

"Esta bien" me dijo "esta abierto el auto."

Volvi al auto, recupere el Mapa.

Y fue asi que terminó mi carrera como Espia.

LOS INTERNACIONALES

Aparentemente la invasion de los Tintos era cosa seria. Llegaron las fuerzas internacionales del AFL-CIO. Con ellos venia mi antiguo amigo de los años de organizacion en Fresno, el guapo Borinqueño Pablo.

Su compañero, tambien Boriqua era Jose, todo un mil amores en miradas, risa y sonrisa.

En cuanto entró Jose a la oficina le fijó la vista a Cynthia. Cynthia era una huelgista de Deleno, ahora oficinista de la Union, joven, bonita con un cuerpo de uva.

Pense que Jose iba pasar mucho tiempo organizando en la oficina.

En ese mes nos dimos cuenta que Richard Nixon era muy compadrito del liderazgo de Los Tintos. El Sindicato le habia prometido endosar su campaña para el puesto de presidente de E.U. Habian quedado de acuerdo que todo apoyo se les iba a dar a los Tintos en contra de la Union de Chavez.

Ya no habia duda que los traidores andaban abiertamente en los campos de Coachella. El unico intento de los rancheros era de firmar contratos con el sindicato de camioneros. Los rancheros no querian ninguna union, pero se suponian que los Tintos eran lo menor de dos males. Ese sindicato no era tan exigente como los campesinos.

Es cierto eran tambien un sindicato pero nunca enforzaban el cumplimiento de sus contratos, ni tampoco hacian caso de agravios. Solo se trataba de recoger cuotas sindicales.

El alianza entre los rancheros y los Tintos era sencillamente un Contrato de Novios. El sindicato de los Tintos ahora era el esquirol mayor en la historia sindical.

No solo quebraron la huelga, estos pedazos de aborto, acabaron con disolver los contratos de la Union de Trabajadores Campesinos

VERANO 1973

En Julio cuando se vencieron los contratos de Los Campesinos, los Tintos ya habian firmado otros contratos con los rancheros del Valle. Con esta puñalada trasera La Union perdio todo lo que habia logrado para sus miembros.

AL GRITO DE HUELGA

"Podemos ganar y mantener nuestro auto respeto, formar una gran Union...con dedicación y una nueva resolucion por la causa de justicia por medio de la no-violencia." Cesar Chavez

Todos los miembros se salieron en huelga. Todo el Valle de Coachella era una linea de piquete tras otra. Miles de trabajadores dejaron el trabajo del campo cuando mas falta hacia la mano de obra.

La oficina frente del parque estaba llena de miembros quienes se juntaban desde muy temprano. Las horas de oficinistas quedaron en el olvido. Para las cuatro ya empezaba a llegar la gente.

Cesar se vio obligado en re enforzar su póliza y recordar a todo miembro que nuestra Union tenia que permanecer Sin Violencia. Fue muy firme con este dictamen,

Sin embargo los contrincantes Tintos, no intentaban observar dicha póliza. La violencia se manifestaba por doquier. Detenian a los huelgista a medio camino y los golpeaban brutalmente. Los miembros les pusieron por nombre Los Gorillas.

El grupo de Tintos eran, grandes, fornidos, pansones, que les colgaba la lonja, las barrigas desnudas fuera de los pantalones. Andaban como los patos con tanto peso. Sus armas eran piedras, cadenas, pipas, codillos de acero, lassos, y el deseo de asesinar. Estos tipos eran unos analfabetos que no sabian escribir 'no violenica" menos respetar el concepto.

No usaban camisas por el calor tan insufrible. El sol les ayudó a los campesinos con darles a los Tintos unas quemaduras de sol de primer , segundo y tercer grado. Parecian langostas. Jusiticia Poetica.

LA UNICA

Con el ayuda del personal de la Internacional, me asignaron para que pasara unos anuncios por la radio. El propósito era de mantener a los miembros al tanto de cada cambio acerca de las huelgas y lineas de piquete.

Uno de los representantes escribia el anuncio, yo lo traducia al Español y lo anunciaba en una de las estaciones de radio alli en Indio. El anunciador fue muy cooperativo con su ayuda y apoyo.

Todos los anuncios empezaban con la cancion del campesino ' De Colores'. Los miembros en las lineas reconocian la musica y se ponian alertas al anuncio de ese dia.

Siempre cerraba el anuncio con

"Que viva la Union de Trababajadores Campesinos que dirije Cesar Chavez. LA UNICA!" les pegaba yo el grito.

Los miembros empezaron a gritar a fin de cada anuncio - LA UNICA!

Los Tintos tambien ocuparon una contratista que hiciera el anuncio para ellos. Solo qu;e ella no le daba el piquete de los campesinos -

'Que viva la union de los Teamsters -Gracias.' muy desabrida.

Todos los dias arrestaban a los miembros en las lineas. Pero los huelgistas no se daban el brazo a torcer. Les amontonaban las limitaciones, los autos legales, autos judiciales, restricciones pero no perdian el animo. Los arrestos parecian fomentar la energia de cada uno. Parecian estar borrachos con ofuscacion Chavista. Estaban euforicos.

La violencia de parte de los gorillas solo servia para aumentar la voluntad de luchar por la justicia. Los rancheros no merecian menos por traidores..

No era facil mantener el plan sin violencia, voltear la mejilla, y soportar tanta humillacion e insultos.

|TRAICION NACIONAL

La traicion se sintio por toda la Nación

El apoyo y respaldo empezó a llegar de todos lados del Estado y del país. Miembros, Voluntarios, grupos de toda indole dejaron lo que estaban haciendo y acudieron al campo de batalla - Coachella.

Llegaron caravanas de camiones llenos de alimentos para los huelgistas .

Esta ya no era lucha de los campesinos, esta era lucha de todo mundo.

Agencias de apoyo, grupos religiosos, llegaron a dar su bendición y apoyo espiritual.

CURITAS Y PASTILLAS SALADAS

Como todo Voluntario yo andaba aqui y alla, Cesar me asignó que le ayudara a Isabel en la Clinica de los Campesinos. Tambien servia como enfermera en las lineas de piquete. Les repartia pildoras de sal a los asoleados, antiacido a los nerviosos, fruta seca.y Curitas a los heridos.

Hiba de rancho en rancho con mi botiquin de enfermera. El enemigo nunca me detuvo a pesar de que siempre andaba sola. Yo usaba un sombrero de paja con el Aguila Negra volando en frente. El sombrero me lo habia regalado uno de los miembros de Nayarit,

"Ud. siempre debe usar este sombrero, porque estos soles no perdonan." me dijo. Nunca se me olvidaba mi sombrero de paja.

{Aún lo guardo entre mi coleccion de recuerdos]

Mi mayor frustracion era que a todo mundo lo estaban arrestando, menos a mi. Al salir de un campo se llevaban a todos esos huelgistas. Cuando salia del otro a esos se los llevaban. De diario arrestaban a miles pero donde yo andaba no habia arrestos.

Diablos! La carcel era donde estaba todo el accion. Y yo afuera pasando Curitas.

Loa arrestaban un dia y otro dia los daban de alto. Metian a otro grupo

Se reportó que durante esa huelga arrestaron mas de 3,538 miembros de la Union y sus apoyadores. Hasta las monjas entraron al bote.

No a todos les fue tan bien como a mi. Una de las jovenes huelgistas le dieron en la cara con un codillo de acero. La pobrecita perdio el ojo del golpe que le dio el cerdo endemoniado

Al Padre Banks le quebraron la nariz de un golpazo..

Otro miembro lo apuñalaron

Los miembros entraban a la clinica sangriando, asoleados, desmayandose de agotación y deshidratacion.

Todas las lineas estaban muy ocupadas, activas y en peligro.

LOS GORRILAS SE DIVIERTEN

A uno de los Tintos, parecia ser hispano, le pusieron por sobre nombre, El Gorra Prieta. Siempre usaba un sombrero negro de vaquero . Parecia ser el unico que sabia la importancia de los sombreros bajo un sol ardiente. Tan pronto llegaba al campo, se estacionaba frente a los huelgistas, prendia el radio de su auto y le abria el volumen lo mas alto posible.

Su intento era de callar los gritos de los huelgistas para que los esquiroles no les oyeran cuando les suplicaban que no quebraran la huelga y que se unieran con la Union.

El problema era que Gorra Prieta tenia un solo caset. Era la version de Tony Orlando y Dawn cantando Tie a Yellow Ribbon round the Old Oak Tree. [Amarrale un liston amarrillo al Roble] Era muy popular esa cancion en esos dias, y muy movida.

Todo el dia se escuchaba dicha cancion a todo volumen por todo el campo tanto los huelgistas, Tintos, esquiroles y rancheros teniamos que escuchar dicha musica.

Los huelgistas y esquiroles pronto se aprendieron la musica solo que parecia mas bien

"EL OLO TRI'

OFICIALES DEL DESIERTO

Algo positivo durante este terremoto laboral fue la cooperación de los oficiales de Indio y Coachella de los departamentos de policia y alquaciles.

No estaban de parte de los huelgistas, pero de menos respetaban su derecho de asamblea y hacer huelga.

El pueblo en las lineas se mantenian pacificos y no causaban disturbios. Los oficiales solo tenian que supervisar y controlar a los gorrilas. Se podia hacer todo el ruido posible alla en el desierto, solo los sapos y los lagartijos podrian .tomar ofensa.

Los autos judiciales y limitaciones en las lineas de piquete aumentaron junto con el numero de arrestos.

Se reportó que el 95% del poblado en Indio y Coachella estaban en la carcel. Entraban y salian

Un magistrado curioso le dio por visitar al campo en persona a ver por si mismo. Uno de los Tintos, no sabiendo que este hombre era uno de los Juezes quienes estaban estableciendo reglas con respecto a las huelgas se le hizo facil amenazar a dicho visitante. Favor nos hizo.

El Juez no perdio tiempo en retirar todas las limitaciones y restricciones judiciales relacionados a la huelga y los huelgistas volvieron a las lineas.

Los miembros de la Union aún no querian darse por vencidos. Pero las pizcas si.

Se terminó la cosecha de uvas de mesa en Julio.

Habia otros Valles y otras cosechas cuales ya estaban madurandose y habia la necesidad de cosecharse. El Valle de San Joaquin cubre mucho terreno.

Nos vimos obligados en terminar las huelgas en esa area, cerrar la oficina de campesinos y la clinica.

Adelante con la lucha.

CAMINOS MIGRATORIOS

Cada año el trabajador del campo camina de area en area siguiendo las piscas en diferentes temporadas.

La cosecha de uvas de mesa en Coachella habia quedado atras.

Ahora era tiempo de seguir adelante hasta el Valle de Bakersfield a piscar uvas..

De alli hasta el area Fresno/Madera - la pizca de uvas de pasa

Mendota/Firebaugh - melones, sandia, tomate

El Valle de Salinas - las ensaladas - lechuga, espárrago, apio, brocoli y en fin.

Los trabajadores seguian dichas cosechas,

Las huelgas seguian a los trabajadores.

El Estado de California estaba en Llamas de Huelga.

¿ SON POLICIAS? O SON GORILLAS

En el area de Bakersfield los gorrilas no eran otros que los mismos policias. Los huelgistas fueron testigos y victimas de la brutalida policiaca en su forma mas brutal. Hombres, mujeres, jovenes y viejos fueron brutalmente agredidos por los protectores de la sociedad. Lo que protegian ellos eran uvas ya podridas y el dinero detras de dichas uvas.

Estos no hacian nada para proteger a los huelgistas o sus derechos durante las huelgas.

El odio, prejuicios y discriminacion era evidente en los abusos verbales y mentalidad de policias racistas. la falta de profesionalismo y disciplina de un oficial los llevó a doble tragedia en la huelga del Condado de Kern.

Los gorrilas Tintos atacaron una de las lineas de piquete, con pipas, lassos y todo lo que pudiera agredir, y causar lesiones, y derramar sangre

Los oficiales del Condado de Kern se mantenian cerca observando todo sin hacer nada por proteger a la gente.

Uno de los huelgistas sufrio fractura del casco.

Los Tintos les tirraron de balazos a los huelgistas,

No hubo arrestos de ninguno por estos incidentes.

Uno de los huelgistas **Naji Daifullah** de 24 años originario de Yemen, fue tan brutalmente golpeado que murio ese mismo dia por complicaciones de los golpes que le dieron en la cabeza. Se dijo que esto habia sido una 'muerte accidental.'

Poco despues otro huelgista, Juan de La Cruz de 60 años murio de un balazo que recibio en la linea de piquete. Todo esto quedo impune.

Uno de los huelgistas lo acusaron de un crimen sin haber evidencia y lo multaron la cantidad de $15,000 dolares.

Podemos agradecer a la Media de Comunicaciones quien supo reportar y publicar cada gota de sangre que derramaron los huelgistas y Voluntarios a manos de estos desalmados.

:

EN LISTA NEGRA

Aún con toda esta violencia y desorden la huelga siguio hasta Fresno. Miles de huelgistas siguieron firmes en la lucha. Los nombres de muchos trabajadores resultaron en Listas Negras de los rancheros. No podian encontrar trabajo en ninguna parte.

Las lineas de piquete las nombraron 'asociacion ilegal'. Los participantes tenian que escoger, dejaban la huelga o los arrestaban.

Los huelgistas ya sabian lo que era el derecho de Asamblea. de Hablar y Ejercer sus Derechos. Ya no consideraban la Desobedencia Civil y el ir a la carcel algo de vergüenza. En esta lucha todo era un honor ser arrestado por la justicia.

Cerca de dos mil huelgista y Voluntarios fueron detenidos en el Condado de Fresno Entre ellos se encontraba la conocida editora del Catholic Worker - Sra Dorothy Day, junto con numerosas Monjas y Curas.

Tambien aqui en Fresno se notó la violencia de parte de los policias. Esta falta de proteccion al publico tambien quedó impune.

Otro joven huelgista de unos 20 años perdio su vida en los campos en el oeste del Condado. Los huelgistas establecieron vigilias y pasaron desveladas frente a los edificios de la Corte.

Aunque es increible, que toda esta violencia se estaba llevando acabo en nuestro Gran País, en este siglo de tecnologia avanzada. Pero esto no se la trago el Pueblo Americano. Decenas de apoyadores del Trabajador Campesino acudieron hasta Fresno .

Les salio el tiro por la culata a los rancheros de California. Estos se les olvido que el Pueblo Americano, el Consumidor Americano es quien les embarra la mantequilla en el pan.

Del todo, la mano de obra dejó el trabajo en quince Condados, y se salieron en huelga.

Un ranchero de durazno en el oeste de Fresno le dijo a Pancho, quien era el Capitan de esa huelga,

"primero voy a enterrar toda esta fruta antes de ser partidiario con la Union de Chavez"

"Puedes hacerlo," le contesto Pancho, " La fruta es tuya, tu propiedad. Tienes derecho de hacer lo que te dé la gana"

La fruta que ya se habia pizcado por los esquiroles quedaba en montones pudriendose de diario.

Uvas, melones, tomate, verduras, fruta de arbol, todos estaban en las lineas de fuego.

Los rancheros insistian que la huelga no les estaban afectando, pero muchos se vieron obligados en convertir las uvas, en vino, en jugo y mezclarlas en botes de fruta.

LA PAZ - ADMINISTRACION DE LA UNION

"Descubrimos nuestra propia capacidad... Yo pude reconocer todo de lo que soy capaz . Nada puede ocultar ese sentido." Maria

Nos mandaron a distintas oficinas por aqui y por alla. Yo fui asignada hasta La Paz, la oficina Central de la Union. Estas oficinas administrativas estan localizadas en el pueblito de Keene, California en las meras montañas de Tehachapi.

La Paz se compone de unos dos cientos acres. Es un antigúo sanitario donde hospedaban a personas recuperando del Tuberculosis. En esos tiempos cuando el mal de TB se consideraba un enfermedad comunicable y fatal, y en efecto lo era.

Se reportó que un director de Hollywood con un corazon bondadoso habia donado la propiedad a los campesinos. Sirvio de maravillas.

En el sitio se encontraba el edificio de Administracion, los restos y dormitorios del hospital, casas mobiles, varias cabañas y dos casas con dos recamaras rodeaban la propiedad y las oficinas,

Cesar y su esposa Elena vivian en una de las casas. Esta la rodeeaba una cerca con el propósito de seguridad. Habia rumores de algun atentado en la vida de Cesar. Ahora tenia que andar con guardias.

La cerca salia sobrando ya que Cesar no le gustaba vivir acercado, y la otra tenia dos perros asesinos llamados Huelga y Boicot. Estos terroristas no obedecian a nadie mas que a Cesar..

MARIA
Me presente en el complejo de La Paz, despues que pase inspeccion de los guardias en la entrada, me asignaron un cuarto que compartiera con Maria.

Maria era originaria de Chile. Habia prestado sus servicios como Voluntaria con la organizacion Vista. Era una de las voluntarias quien estaba con la Union desde 1968. Su tarea era de traducir la correspondencia designada para los miembros habla hispanos. Maria era una de las afortunadas con una cabañita.

Por fin tenia mi propio cuarto y milagro de milagros una cama.

Otra de las capacidades de Maria , tenia un pulgar verde de jardinera, mantenia un jardincito en frente de la cabaña. Me enseño que hechandole cascaras de huevo y desperdicios de verdura a las plantas crecian mas bonitas y mas arbustas. Es mas no tenian pesticidas.

ADMINISTRACION

Mi primer tarea era de ayudar a Susana en la oficina administrativa. Susana era la secretaria de Cesar. El primer dia Susana me encargo que contestará un monton de cartas. Me dijo,

"Yo voy a ir a la linea de piquete en Lamont," y con eso se salio y alli me dejo con todo el desorden que tenia en la oficina.

Yo no acostumbro a trabajar en esas condiciones de caos. La oficina era exactamente eso, botes de soda abiertos, platos de carton con partes de sandwiches ya podridos, archivos apilados en el suelo entre los pedazos de pizza.

Quise hacer el intento de contestar las cartas, pero no podia concentrar con los olores de las diferentes comidas que habian quedado en el olvido.

"Pues yo no voy a limpiar toda esta porqueria que otros dejaron. No soy criada." Me sali en buscas de alguna oficina donde pudiera desempeñar la tarea.

De pronto encontre una jovencita muy guapa en una oficina a la vuelta. Su nombre es Linda. Ella estaba ocupada en su rincon. Note que habia un espacio cerca.

"No te molestas si traigo mi maquina de escribir aqui contigo." Le explique la fijacion obsesiva que tengo con el desorden causado por otros, y no poder concentrarme.

"No hay problema, pasate nadie esta usando ese espacio." Alli pude completar la tarea de contestar cartas.

Linda y su esposo Carlos eran Voluntarios de San Diego. Despues acordaron en prestar sus servicios con el personal en La Paz. Carlos andaba activo en las huelgas.

DONDE VOY A DORMIR

Los huelgistas y boicoteros empezaron a llegar a La Paz. Me dieron el puesto de asignar cuartos de dormir para los recien llegados.

La Paz empezó a zumbar con actividad. Los cuartos del Sanatorio pronto se llenaron de familias con o sin bolsas de dormir.

Una Union simpatizadora contribuyó colchones. Llegaron camiones con alimentos y ropa . Se conducian juntas toda la noche.

Tempranito se iban los huelgistas a las lineas despues de pasar por la cocina Paz, echarse un taco y otra vez a la linea de piquete en Lamont, Bakersfield, Arvin y campos por doquier del Valle.

Caro, mi compañera de boicot estaba encargada de la cocina para asegurar que todos recibian algo que comer. Este era su fuerte, podia cantar hasta el cansancio y cocinar a la vez.. No perdio tiempo en organizar un grupo de cocineras quienes podian convertir milagros con los alimentos donados.

Los huelgistas llegaban cansados con hambre y los recibian las cocineras con todos sus sabrosos bocados.

CONVENCION CONSTITUCIONAL DE TRABAJADORES CAMPESINOS

"Yo quisiera saber cuales son estas reglas de procedimiento de Roberts. Tenemos estas reglas?" Micrófono # 1

AYER - 1962. Cesar Chavez, Dolores, Gilberto y Manuel primo de Cesar se ruinieron con dos cientos ochenta trabajadores del campo para celebrar su primer convencion. El pequeño grupo redactó una Constitucion para trabajadores del campo.

AHORA - 1973. A medias de tanta tragedia, violencia, cobardias y actividades relacionadas, Jose uno de los Voluntarios en Administracion, me sacó de donde estaba escondida contestando cartas. Me informó que queria que le asistiera con la propuesta Convencion Nacional.

Plan A - la Convencion se llevaria acabo en Fresno.

Mi casa aún estaba en Fresno. Fui seleccionada como la mas indicada para servir como contacto con las tropas en Fresno. Puede que yo tubiera mas suerte en reclutar ayuda, sindicatos y alojamiento para los concurrentes..

Cesar, Jose, otros de administracion y yo fuimos para Fresno para visitar el Centro de Convenciones. Por milagro la fecha propuesta en Septiembre estaba disponible. Solo tenia un pequeño detalle. Los Testigos de Jehovah tambien estaban por conducir su convencion anual en la misma fecha. Esto no era problema solo que ellos ya habian reservado la cocina.

La Sala para la Convencion SI, la cocina NO.

Cesar aceptó la fecha de Septiembre pero sin cocina.

Y luego me dio el cargo de darles de comer a toda la multitud.

Segun Cesar se esperaban unos seis mil participantes, sus familias y decenas de Voluntarios.

Se esperaban cuatro cientos miembros/delegados quienes tenian derecho de estar en el piso de convencion, otros miles mas quienes ocuparian los balcones, y decenas mas de Voluntarios manejando el proceso, los discursantes, invitados de renombre, personas de importancia, todos con hambre, pero nada de cocina.

Hice llamadas a varios servicios de buffets. El mas barato citó ocho dolares por cabeza. Solo con los delegados seria el costo mas de tres mil dolares. Con todos los extras hiba subir esta cifra a mas de 48 mil dolares.. Me dio vueltas la cabeza.

Habia una sola salida, eso era de servir la comida nosotras mismas y valerme de los miembros, sindicatos, publico y mercados que hicieran las donaciones de comida.

El primer paso seria de conseguir una cocina, preferible una que estuviera lo mas cerca al Centro posible.

Una de las miembras sugerio que quizas en una iglesia. Fui y hable con el Reverendo Noe de la Iglesia Mexicana Bautista. El Reverendo estaba dispuesto con ayudarnos y ofrecio los servicios de su cocina mas las toallas de papel y servilletas.

Llame a Jessie que se pusiera en contacto con posibles Voluntarias en la cocina. Esto no fue problema. Pronto teniamos cocineras a manos llenas. Jessie tambien se habia seleccionado como delegado representando su rancho Christian Brothers en Fresno

Llame a grupos de Chicanos en el Colegio Comunitario y Universitaria. Ellos se hicieron cargo de reclutar todos los que fueran necesarios.

Llame a los sindicatos locales para donativas de alimentos. Sin problema ofrecieron donativas de cafe para todo los dias de Convencion, mas las cafeteras, otro sindicato regalo todo el pan necesario, el tercero toda la nieve para la noche del banquete.

Cesar llamó y me dijo que uno de los rancheros mandaria todo el vino para la noche del banquete.

Yo no era la unica haciendo llamadas, Recibi llamadas de negocios con donaciones, .Panaderias donaron pan Mexicano, La Tortilleria Chihuahua se comprometio en donar todas las tortillas frescas diarias para el desayuno, comida y cena.

Jose uno de los rancheritos locales y antiguo miembro dijo que iba mandar tomates de cereza.

Los miembros de la Casuela de Ensaladas dijeron que iban a traer toda la verdura para las ensaladas, lechuga, zanahorias, brocoli, apio, cebolla y todo lo verde.

Yo tenia pensado hacer una ensalada de datil y zanahorias para el banquete. Llame a uno de los ranchos de datil en Coachella y ordene un cajon de datil. Este fue el unico producto que pague en efectivo.

Los datiles llegaron sin tardanzas. Alimentos llegaban de diario. Voluntarios salian de todos lados para prestar servicios.

Al correr la palabra que nadie se hiba permitir en el piso de convenciones sin autorizacion como Delegado o Voluntario, empezaron a llegar las llamadas, " en que puedo servir?" Especialmente los grupos estudiantiles. La cooperacion era abrumadora. Nadie queria quedar fuera de este evento tan historico.

La Busqueda de Oro en el año 1849 quedó palida en comparación.

¿ ES CAMPESINO ESE ROBERTS?

"Compañero.... una explicación mas detallada.. cuales son estas reglas de procedimiento Roberts? Quien las establecio?" Micrófono # 4

La noche antes de la Convencion, el personal empezó a congregarse en el sitio. Algunos durmieron en el suelo, otros afuera en el pasto en bolsas de dormir. Estos recibieron un baño de mañanita con los regadores automaticos.

Esa madrugada antes de despertar el resto del mundo, se llenaron los estacionamientos de campesinos residentes de todo California.

Si cabia alguna duda que nadie hiba acudir a esta fiesta por ser tan inusual y fuera de costumbre para gente que trabaja de sol a sol, dichas dudas alli murieron.

Caro quedó encargada de mantener las cafeteras llenas de cafe. Dichas cafeteras estaban siempre ocupadas y llenas de cafe caliente.

Mi hija Sandy queria ayudar en el piso de convencion y le asigne que tomara fotos de los acontecimientos y miembros segun llegaran. En poco tiempo teniamos mas Voluntarios que miembros.

Los Delegados se habian nominado segun el numero de trabajadores en cada rancho, un Delegado por cada cincuenta trabajadores y/o tres años de antigüedad como miembro de la Union.

Los Delegados campesinos representaban ranchos atraves de California desde Alvedian hasta Zaninovich. Otros Estados tambien representados incluian Arizona, Florida y Texas.

En el acuerdo de nominaciones como Delegados quedaron en incluir al personal de la Union como Delegados. Algunas oficinas sucursales mandaron sus Delegados segun antigüedad o mas de un año con esa oficina en particular. El personal de las oficinas de Boicot representaban Estados desde Atlanta hasta Wisconsin y el país de Canada.

Oficinas sucursales incluian Deleno, Stockton, Calexico, Salinas.

BUENO Y YO QUE ?

"... muchos han contribuido de su tiempo y años en el Boicot, la Union y oficinas sucursales... la siguiente Convención...merecen la misma oportunidad para servir como Delegados." Microfóno # 4

Este sistema nos dejó a muchos Voluntarios antigúos fuera del conteo. Todos andabamos en distintas oficinas o lineas de piquete. No teniamos ningun puesto actual que nos diera el titulo de antigúedad o tiempo. Esto incluia todo el personal de Coachella como Ray, Pam, Clara y yo.

Yo tenia dos meses que habia llegado a La Paz, y no era conocida por el resto del personal y segun ellos yo era recien Voluntaria. Ellos tenian mas derecho a una silla de Delegado y el voto que yo.

Pancho, trabajador campesino y miembro desde 1965, Voluntario del Boicot, organizador de huelgas en Florida, Arizona y California, Capitan de lineas de piquete estaba trabajando en el piso de Convencion, pero no lo habian nombrado como Delegado porque andaba como mariposa de campo en campo.

Marcos, antes trabajador campesino y Coordinador del Boicot en Boston por años presento su protesta acerca de esta injusticia. La manera de seleccionar los Delegados sin importar el tiempo de cada uno y los años de servicio necesitaban corregirse.

El que no habla Dios no lo oye. A Marcos le dieron el puesto como Delegado Honorable.

Por lo pronto yo andaba muy atareada para sentirme ofendida, la falta de una silla de Delegado y la politica de la Union. Me conforme que lo bueno era que no tenia que estar horas sentada escuchando discursos, soluciones y resoluciones.

Me console con toda la bondad, participacion y generosidad del pueblo con sus donaciones que llegaban cada hora.

Sin duda, los campesinos eran los consentidos del pueblo Americano.

DATILES ENCHILADOS

Visite la cocina a ver como hiban las cosas, aunque yo no estaba en ninguna posicion de supervisar expertas cocineras dado mi falta de voluntad culinaria.

Encontre que una de las Voluntarias con mas iniciativa habia mezclado los datiles y las zanahorias de la ensalada para el banquete, con tomates y chile. Por un segundo me vi desilusionada pero pronto recupere , 'bueno que esperabas? Datiles Jubili a La Zanahoria Flambé?

Di un suspiro profundo y me olvide de la ensalada Datil/Zanahoria con merenguitos.

Ese año de Convencion Historica nacio una nueva receta 'Zanahorias con Datil a La Diabla'. Con buen hambre no hay pan duro, todos disfrutaron de los datiles enchilados.

Cabe agradecer el trabajo de estas Voluntarias en la cocina lejos de toda la bulla en la sala de convencion. Ellas no llegaron a escuchar todo el ambiente de festejo, los gritos, los cantos, los Vivas, las discusiones y alegatas que se estaban llevando acabo en el piso de convencion. Pudieron arreglar suficientes alimentos para que pudieran comer los Delegados y visitas. Y justo a tiempo.

Hicieron sandwiches, tacos, menudo, frijoles, lonches en bolsas y todo lo que podian cocinar con las donaciones.

Ellas fueron las heroinas del movimiento, las borreguitas de sacrificio. Por fin los Delegados las reconocieron como las salvavidas del estomago vacio.

Se dijo una vez que los hombres son las tripas de un organización, pero que las mujeres son el corazon de dicha organizacion.

Las Tripas se llenaron con Corazones llenos de cariño en esta occasion. Tambien habian aquellas Delegadas en el piso de convencion poniendo su granito de arena con la misma valentia que las Tripas de la Union.

A QUE HORA LLEGA ROBERTS
"...Ud no nos dijo que cosa son, quien las formuló. Yo he atendido otras convenciones y yo nunca he vistos estas reglas... Yo nunca he sabido de Roberts." *Micrófono # 4*

Otros Voluntarios, Tripas y Corazones que no deben quedar en el olvido, y merecen encomios y nuestra gratitud son aquellos que trabajan detras de las escenas, Las Niñeras, Las Brigadas de Pañales. Los retoños de miembros y personal recibieron cuidado, proteccion y alimentos mientras Mami y Papi estaban en la politica sin cuidado de que los niños estubieran de por medio.

NOSOTROS VENCEREMOS

Toda implementacion de la convencion se llevo acabo, se hizo operable y se llevo a una conclusión exitosa, gracias a los Voluntarios. Las luces, camaras, técnicos, abogados, expertos en el proceso parlamentario [traten de explicar las Reglas de Orden por Roberts] a los campesinos. O a cualquier grupo de trabajadores.

Se introducieron mas de 80 Articulos para Mociones, Discusion, Oposicion Y Aprobacion.

Llegaron cartas y telegramas de todo el país de notables alfabeticamente Abzug-Congresista, hasta Waldie - Congresista, deseandoles éxito, suerte y progreso. Todas estas se leyeron al auditorio.

Escucharon politicos de renombre - Ted Kennedy- miembro del Senado quien les dijo,

"... Uds representan los ideales de nuestro pasado y la esperanza de nuestro futuro..."

La cantante Joan Baez siguio sus palabras con la cancion Nosotros Venceremos.

ARRIBA Y ADELANTE

"... podemos decir que tenemos el record mundial de conducir la session mas larga de ninguna otra Convencion en la historia de E.U. Si Se Puede!." Cesar Chavez recien elegido Presidente de la Union de Trabajadores Campesinos.

Camiones, autos, caravanas desaparecieron cargados con oficiales viejos y nuevos de la Union de Trabajadores Campesinos -AFL-CIO.

Yo me quede con todo el tiradero, devolver todo lo que nos habian prestado a sus dueños, y medio tratar de hacer algo de limpieza.

El Centro de Convencion quedó solo el eskeleto del ruidazo de dias atras que dejaba una sin poder oir.

Todo en silencio. Nada de ruido. Ni un alma.

Me daban ganas de cantar La Cancion del Agrarista a grito abierto.[con disculpas a Lorenzo Barcelata].

"Y todos los campesinos,
como un solo ser humano,
defendieron sus derechos,
con cartelones en la mano.
Cantemos todos unidos
La mas bonita cancion
La cancion de la
ESPERANZA!
LIBERTAD!
UNIÓN.!"

EL MALCRIADO

Ya de nuevo en La Paz encontre que todo lo emocionante, excitacion y bullicio se habia desaparecido. Los Boicoteros habian regresado a sus estados, los miembros andaban de campo en campo en el Boicot, la huelga u oficinas. Todos se habian ido. Solo quedaba el personal de administracion..

Todo estaba silencio y en paz.

Aproveche el tiempo libre para hacer un escursion de La Paz, los dormitorios en el sanatorio estaban vacios No le pedi a nadie direccion, guianza u otra asignacion.

Sin duda que Cesar me mandaria fuera del país o algun otra oficina hacer linea de piquete.

Maria mi compañera de cabaña, era quien hacia todas las traducciones del papeleo de la Union. Presentemente ayudaba con la traduccion del periodico de la Union - El Malcriado. Siempre estaba ocupada, ya que este implemento de informacion tenia mucho que decir.

El Malcriado se habia convertido en una fuente de informacion muy popular entre los campesinos. Ellos esperaban cada ejemplar mensual con ansia. El periodico les traia toda la lucha entre Rancheros vs Campesinos.

Maria no tenia porque aburrirse. En aquellos raros momentos cuando compartiamos una tasa de cafe por las mañanas me ponia al dia de lo que hacia en la oficina de El Malcriado

traducir, transcribir, ayudar con preparar y poner el fin al periodico del mes. Por fin se llevaba el papel finalizado hasta Fresno para la imprenta.

Andando de metiche fui a dar a la oficina del Malcriado. Era un enjambre de abejas. Todos tenian algo que hacer.

La oficina del Malcriado estaba situada separada de las oficinas administrativas.

Alli conoci a Venustiano el editor del periodico. Era un joven, quieto, con una voz que casi se oia. Le pregunte que si podia yo ayudarles en la oficina ya que no tenia ningun puesto oficial por lo pronto. "Yo puedo ir a

las huelgas y reportar si acaso tienen algo que compartir.para el Malcriado."
le dije "Les gusta saber que sus esfuerzos se reconocen por escrito."

Venustiano acordó en que podia ayudar. "Necesito ayuda de noche,"
me dijo.

Cuando iba a los campos a reportar sus acciones, iba Cres el fotografo
conmigo.

Viajamos hasta Salinas para cubrir la huelga del rancho Fruit Basket.
Encontre que Pancho estaba encargado de esa huelga.

Fuimos para Indio donde tenian una disputa con un ranchero de
cebollitas verdes. Hasta me dejaron amarrar unas cuantas cebollitas con
una liga de ule.

Hicimos otro viaje hasta San Luis Rio Colorado, donde estaba la
huelga de lechuga.

Oscar organizador y coordinador de esa oficina estaba haciendo su
trabajo con una vela. La oposicion le habian quemado la oficina y se habian
quemado todos los documentos importantes de la Union.

Oscar seguia firme. No parecia que estaba muy molesto por que tenia
que alumbrarse con una veladora como Abraham Lincoln.

Acompañe a Venustiano hasta Fresno a llevar el periodico a la prensa.

Otro viaje fui al hospital Community en Fresno. Una pareja de huelgistas, Voluntarios iban rumbo a otro asignacion. Habian sufrido una
tragedia. En un acidente automobilista el joven habia muerto y la joven
sobevivio y estaba en cudiados intensivos, pero me dejaron hablar con ella.
Estaba muy golpeada pero dispuesta en contar sus sentimientos.

El reporte se imprentó en las paginas centrales del Malcriado.

Tambien utilize parte del tiempo para entrevistar al personal de La Paz.
Estos pocos seguian desempeñando las tareas que habia que hacer en las
oficinas de La Paz.

 Pero cada uno tenia su historia.

Una de las Voluntarias, le nombraremos Midas. Ella habia sido muy
instrumental en recaudar fondos para la Union. Midas era originaria del
Este y se sabia que se roseaba con Los Que Tienen. Ella era quien habia
motivado a la Union que Cesar no deberia viajar sin guardias. Cesar le

parecio ser un paso ridiculo pero por fin lo convencieron que los guardias eran necesarios para su seguridad.

Cuando el reporte de su entrevista salio en el Malcriado, algunos celosos se burlaban de ella porque la citaban

"...me siento comoda con los ricos, pero me siento en casa con los pobres."

Despues ella me dijo, "Me deberias haber dado la oportunidad de aprobar lo que pensabas escribir." Muchas veces abrimos la boca y metemos la pata.

Otro Icon que conoci fue Samuel. Segun los chismes Samuel era Comunista. El era editor del periodico The Worker. Sea lo que sea. Siempre recuerdo los puntos sobresalientes que nos ofrecio,

"Entra en la sala de conferencia como si fuera tu casa;

"el lector no leé mas que el primer paráfo;

"la pagina atras es tan importante como la del frente;

" tus adelantos lo dicen todo;

"todo escritor creé que su version escrita es poesia."

Esto ultimo se refiere a mi porque yo estoy segurisima que cada palabra que yo escribo es poesia.

Samuel ofrecio su opiñion en el articulo acerca de la familia que habia sufrido el accidente. Le dijo a Venustiano que dicho articulo deberia de haber estado en la primer pagina por relacionarse a los sacrificios de los huelgistas. Con esa opinion Samuel subio muchos puntos a mi ver.

Yo era una de las pocas Voluntarias que no se acercaba a Cesar. Muchos otros se sentian mas halagados cuando se acercaban a Cesar, hablando con el y sencillamente estar cerca de el. Yo de lo contrario sabia que de un momento a otro Cesar estaba dispuesto a mandar al Voluntario mas cercano al país mas lejano a boicotear pepinos curtidos.

Durante las reuniones yo siempre trataba de sentarme lo mas lejos de Cesar posible donde no me viera.

Cesar siendo Cesar pronto se enteró donde me andaba escondiendo y que yo ya no estaba en la oficina administrativa y que andaba por todo

California entrevistando huelgistas y mitoteros, tarea que el no me habia designado.

Me agarraron con las manos en la masa,

"Cesar quiere hablar contigo," me dijo Maria cuando llegue a la oficina del Malcreado.

"Hermana," me dijo el Jefe, "Necesito tu ayuda."

Cesar no era de esos patrones con latigos quienes daban barridas por las brazas, o 'donde diablos andabas?' Sin andar con vueltas me dijo el propósito de la entrevista,

"Estamos cortos de personal en el departamento de Contabilidad. Mucho trabajo se nos esta apilando. Necesito que vengas y nos des una mano."

Fue asi que terminaron mis corretiadas de un campo al otro, y mi carrera como reportera del Malcriado.

Otro suspiro profundo de abnegada.

CONTABILIDAD

Eso de contar dinero y escribir cheques no es una carrera de la cual yo soñaba cuando era niña. No puedo imaginarme otro oficio mas aburrido.

Sin embargo esta Causa no se trataba de mis sueños ni de mis metas. Esto era para mis amigos, Los Campesinos. Este era el departamento de Contabilidad de ellos, y mi deber era de contar. El Jefe ha dicho!

El Departamento de Contabilidad no solo era de lo mas aburrido, de remate estaba localizado en el subterraneo. Diablos! Y yo con mi claustrofobia, amor del campo, aires frescos y la libertad que daban los autopistas.

Otros Voluntarios personal del departamento era Noni, madre soltera con una hija de nueve años Justina, y Mary de nacionalidad Irlandesa. Todo el dia le gustaba escuchar musica de Irlandia.

Yo era algo diestra con el uso de la maquina de contabilidad. En el pasado se habian hecho muchos reportes de impuestos. No se me dificultaba sumar dos y dos.

La tarea que se me ofrecio no tenia nada que ver con maquinitas de conteo. Me entregaron una lista de cheques que escribir y enviarse a los Voluntarios en las oficinas de empleo, el Boicot y pagar facturas de utilidades.

Me entere que los campesinos tenian una corporación de primera. Miles en dolares se recibia y se dispensaba de diario. Los Voluntarios aún recibian sus suelditos semanales de cinco dolares, pero esos cinco dolares aumentaban en sumas mayores.

Los gastos de las oficinas tambien tenia que pagarse. Muchas de las oficinas del Boicot se mantenian con donativas de las Uniones locales

Los cheques llegaban en diferentes cantidades. Yo me hacia cargo de abrir la correspondencia, endosar los cheques y enviarlos para depositarse en el banco.

Uno de mis malos habitos es de romper el sobre en cuanto saco el contenido. Varias veces rompi los sobres con los cheques adentro.

CAMBIOS

Un dia aparecio Ray, mi antigúo jefe de huelga en Coachella. Le habian dado el cargo del departamento. El otro quien estaba encargado de pronto se desaparecio. Algun escandalo. Pero ya estabamos acostumbrados a cambios repentinos.

"Cesar quiere hablar con los dos," me dijo un dia. Le segui sin discusion. Me habia enterado en Coachella que cuando Ray decia "sapo" una tenia que pegar el brinco. A pesar de esa mano tan dura, trabajabamos muy bien yo y el hombre del machete.

"Los libros se deben cambiar," nos dijo Cesar. Nos habiamos reunido bajo un gran arbol, mientras nos ponia al dia,

"Necesitamos tener libros de contabilidad que los miembros del Consejo entiendan. Los que tenemos horita estan muy complicados. Se requiere libros con un método mas sencillo. Esto quiere decir que tenemos que cambiar todo el sistema junto con los libros.

Ray	"Cuando quieres que se haga el cambio?"
Cesar	"Antes de la próxima junta del Consejo"
Ray	"Esperanza. Creés tu que lo podemos lograr para entonces?"
Yo	"Se tomará mucho sobre tiempo.
Cesar	"Que tan pronto pueden estar preparados Ray?"
Ray	"Cuando los necesitas?"
Cesar	"Dentro de un mes."
Ray	"Como creés Esperanza?"
Cesar	"Se puede hacer Ray?"

Ray   "Que opinas tu Esperanza?" Yo de pronto pense en mi pasado como enfermera cuando trabajabamos de sol a sol.

Yo   "Lo unico que puedo sugerir es hacer lo que hacemos en los hospitales. Tienen tres turnos. El turno de dia, el de la tarde y el de noche. De esta manera no ay interrumpcion en la continuidad del cambio."

Cesar   "Podemos hacerlo asi Ray?"

Ray   "Podemos empezar cuanto antes."

Yo   "No se como lo aceptará el personal, eso de trabajar de noche."

Ray   "Tendra que gustarles. Si no les gusta que empaquen sus tiliches y se larguen."

'No hay mal que por bien no venga.' dijo un sabio.

Al personal les encantó el cambio del nuevo horario.

"Yo quiero el turno de noche," dijo Noni. "Asi puedo disfrutar el dia con mi hija."

Yo escogi el turno de la tarde. "Para dormir toda la mañana."

Mary quedo contenta con el turno de dia "asi no se enreda tu musica Mexicana con la Irlandesa"

Asi el departamento de Contabilidad empezó el cambio de libros de años atras, al rededor del reloj. Le entramos a la tarea duro y bonito. La tarea no era nada facil habia que cambiar de un libro a otro, de un año a otro. Las cifras tenian que ser exactas para asegurar que las cuentas salian en balance. Un solo centavo podia retrasar el progreso de poder reconciliar el balance.

A otra persona le dieron la tarea de enviar cheques.

Nosotros trabajabamos con una furia haciendo dicho cambio para que los campesinos le entendieran.

SEGURIDAD DE LA PAZ.

Una de las muchas tareas mandatorias para desquitar lo que nos comiamos era de participar en la Seguridad de La Paz. Era necesario ayudar a los guardias con la seguridad y proteccion del complejo en general.

El terreno de La Paz es un medio ambiente pacifico, hermoso y sereno. Nadie piensa que haya peligro entre las rocas y arbustos que rodean el Complejo.

Sin embargo nuestro Jefe, habia adquirido la reputación de 'busca ruidos' entre el antes complaciente Agri Negocio. Estos estaban acostumbrados en gastar su dinero en autos nuevos, equipo del año, mansiones, oficinas mas grandes, poco sueldo para el trabajador, expansion de empaques, y uno que otro pecadillo.

Ahora con esto de Chavez y sus mitoteros, ese dinero se tenia que dirigir a los abogados, consultantes, propaganda, expertos en esto y aquello para derrotar sindicatos. Y no se diga el gasto de conducir juntas de traicion en los hoteles y restaurantes mas lujosos para darles de comer.

No. No se puede decir que estaban muy contentos con el resultado de tanto gasto inesperado.

Podemos decir que estaban tramando un complot para colgar a ese Cesar Chavez del pino mas alto en la sierras de Tehachapi.

Por esto era que habia necesidad de guardias y un departamento de Seguridad el cual se establecio sin mas discusion.

Toda visita a La Paz tenia que registrarse en la entrada. Ya pasando inspeccion y aprobado por los guardias como amigo y no enemigo se le daba el pase.

Una de las cabañas, mas bien un viejo dormitorio, fue asignado a estos hombres que se encargaban de mantener orden y establecer la paz.

Los dias que tenia que salir Cesar algun negocio sindical,siempre iba acompañado de sus guardias. Cuando estaba Cesar en casa, se dedicaban en asegurar proteccion del complejo y formaban una patrulla que vigilara el terreno.

Se esperaba que cada uno de nosotros Voluntarios en La Paz contribuyeramo parte del tiempo en andar con dicha patrulla y dar la vuelta por las noches.

No me podia yo salir de esta obligacion, y llego la noche para que fuera de guardia. Esta noche fue una de las mas desastrosas para mi y dañina para mi salud.

Mi escolta de orientacion era David. Alto de piernas largas David facilmente rodeaba el terreno disparejo y lleno de hoyos. Ay vamos pa'rriba de una loma, y pa'bajo de un arroyo. Yo detras de David trataba de no quedarme atras. En la noche tan obscura cuando lo iba encontrar si me perdia.

David seguia muy quitado de la pena, explicandome que se hacia aqui, y porque era importante vigilar desde alli. El subia y bajaba sin incidente. Yo en cambio cada rato me tropezaba, me quedaba metida en un hoyo, y pase un tiempo de los diablos tratando de salirme de un ditch. Me agarraba de las ramas las cuales se desterraban y ay voy resbalandome. Varias veces me fui de nalgas.

Aparentemente David ignoraba mi angustiosa subidas y bajadas. El seguia compartiendo su informacion de guardia. Yo no le oia nada. No aprendi nada, solo como levantarme de los lodazales. Cuando no estaba de rodillas, estaba tratando de levantarme de algun hoyo. Si David sospechaba que ya no caminaba de pie si no de rodillas, se puso en plan de caballero y no dijo nada.

Despues de una hora agonizadora, me dijo

"Como vez? Que te parecio?" le dije ya sin resuello

"Si acaso Cesar quiere mantenerse con vida, vale mas que me deje en el departamento de Contabilidad permanente.".

LA CUCARACHA

Uno de los miembros del personal en administracion, le pondremos el nombre de Adan. El se habia separado de su esposa Gabi. Poco despues supieron que Gabi estaba esperando la cigueña. Gabi regresó a La Paz para estar con su esposo.

En su ausencia Adan, como soltero, se vio obligado en dormir con los guardias en el dormitorio de Seguridad.

Con la llegada de Gabi no tubo otra mas que compartir el dormitorio con los guardias. Desde luego que este plan no le parecio muy bien a Gabi. Esto de vivir con un grupo de guardias apestosos a sudor, quienes nunca se prestaban en levantar nada o limpiar algo y con el lexicon de un marinero.

Gabi tomo pasos para adquirir una de las cabañas que estaban designadas solo para matrimonios o miembros con antigüedad.

Habia un obstaculo para obtener dicha cabaña si acaso estaba disponible. Habia que solicitar la vivienda por medio de la persona encargada de viviendas. Dicha persona era la Sra Malencachada. La Malencachada no tenia muy buena fama con los residentes de La Paz. Parecia inspirar odio en todo mundo pero ella parecia ignorante de esta inspiracion o le importaba un comino.

Gabi presentó su peticion. La Malencachada fue al dormitoria de los guardias haber como vivian. En cuanto entro fue recibida por una recepcion en la cocina llena de cucarachas, los cuartos llenos de desperdicios que solo un grupo de solteros podian acumular, y una mujer embarazada sin ganas de servirles de criada..

La Directora de Viviendas Malencachada dio un solo vistazo y le mandó una nota no muy diplomatica a Gabi la cual decia,

"NO! Su pedido por una cabaña se les niega porque viven como los puercos."

Gabi no era una persona muy llena de Gracia que digamos y no acepto este rechazo tan humillante,graciosamente. No habiendo mas que hacer

con su manitas angelicales, Gabi hizo coleccion de las cucarachas que podia alcanzar. Embarró un jarro con jalea para seducir a las que no podia
alcanzar. Lleno el jarro de cucarachas, las encerro dentro del jarro cuando
se lleno, y espero hasta que todas habian muerto por falta de oxigeno.

Tomo todas las cucarachas muertas, las hecho en una bolsa de
papel y las machuco hasta que las convirtio en polvo.

La dulce Gabi se habia enterado que la Malencachada acostumbraba
en comer en la cocina de La Paz. Tambien sabia que esta inocente le gustaba bañar sus platillo con pimienta y guardaba su propio jarro personal de
pimienta en la cocina.

Para no hacerla mas larga. Mamita Gabi visitó la cocina, hizo una
mezcla de pimienta con el polvo de cucarachas y se las agregó al jarrito de
la Malencachada.

Ese dia Gabi tubo la satisfaccion de observar como llenaba la Malencachada sus verduras y ensalada con pimienta

Con esto se alivio el ego lesionado de Gabi, y pudo evitar un aborto
con el coraje que traia.

P.S. Gabi dio luz a una linda muchachita. Poco despues recibieron la
cabaña por ser ya una familia.

CON LAS BOTA PUESTAS

Cresencio Se Despide.

Una tarde placentera, estaba yo ocupada tratando de reconciliar los libros en la oficina de Contabilidad. Sono el teléfono. Era Jose uno de los miembros de Fresno.

"Tengo malas noticias," me dijo." Cresencio murio anoche. Estaba en una junta y sufrio un ataque de corazon. Nunca recupero. Nadie en la junta sabia como darle primeros auxilios de respiracion artificial. Cuando llegaron los paramedicos ya estaba muerto."

Quede sentada en mi escritorio, mirando fijamente en el espacio, sin poder concentrarme en los libros. Volvi a lo de ayer,

Cuando volvi de Filadelfia, ya no sabia mucho de mi antigúo amigo y mentor de organizacion. Le habian asignado que se hiciera cargo de una oficina en Livingston. Despues me dieron a saber que a Cresencio le habia pasado lo mismo que a mi, cuando unos miembros insistian que deberia yo ser campesina o miembro de la Union

En el caso de Cresencio, el habia trabajado en el campo, era miembro y parte del personal de la Union, aparentemente esto no les importó a los miembros de Livingston. Ellos querian manejar la oficina sin ayuda de afuera.. Los miembros tenian la palabra. Cesar no tenia tiempo de escuchar tanto quejido acerca de sus organizadores o liderazgo. Era mejor despedir al personal o cambiarlo de puesto. A Cresencio lo habian despedido. Asi nomas.

Cresencio habia puesto todo de su parte para esta Union. Sus emociones, sus energias, sus dias, sus noches, sus alimentos, su salud y ahora su vida.

Aún asi lo habian despedido para darle gusto a unos miembros que solo servian para disolver la organizacion como acidos. Ningun Comite de Agravios. Nada de jurado. Asi nomas. Zap!

Ya fallecio. Murio en una junta. Siempre el Luchista.Una hora despues bajó Cesar a la oficina y me dijo, "Traigo unas noticias muy tristes." Cesar estaba enterado de cuan acercados habiamos desempeñado nuestras tareas en esos años primerisos, para ver esta Union desarrollar.

"Ya se" le dije. "Me acaban de llamar de Fresno."

"Elena va ir al funeral mañana. Si quieres puedes ir con ella." me ofrecio.

"Si esta bien contigo, quisiera irme esta noche para ir al Rosario."

Fui para mi casa en Fresno. Atendí el Velorio. La Iglesia de San Alfonso estaba llena de pared en pared. Todo sus amigos de organizacion, miembros, activistas comunitarios, directores, coordinadores y personal de negocio en general. Con todos Cresencio se habia comunicado, durante esos años cuando llego como un Campesino hasta Coórdinador General de una oficina sindical.

Ya he dicho que las separaciones no son mi fuerte. Entre a la iglesia, vi la multitud de dolientes, di la vuelta y sali. No pude acercarme donde estaba Cresencio en paz.

No me habia dado cuenta cuanto significaba para mi la amistad de Cresencio

Me fui para mi casa, solte el llanto y llore toda la noche.

No fui al funeral.

QUE SIGA LA CAUSA!

El cambio es inevitable. En mi caso entre mas frecuente el cambio mejor. Para mi el estatus quo se convierte en fastidio. Me pongo muy inquieta. parece que tengo hormigas, me pica aqui y alla, no puedo concentrarme. Se dice que estas son señas de depresión.

Ya me estoy haciendo vieja. Ya fui y vine, ya hice aquello y esto. Ahora aqui, ahora que!

No tengo seguro social, nada de plan de pension, nada de aseguranza. Que es lo que me espera el futuro.

Entre mas lo pensaba, mas escuchaba al mundo de afuera que me llamaba, me gritaba, me señalaba. Ya es hora.!

Escribi otra renuncia para Cesar. Empaque mi Buddha Sonriente, mi maquinita Smith Corona y sali de La Paz rumbo a donde se mete el sol.

Yo sabia que Cesar no hiba ver mi renuncia hasta quizas meses despues cuando el personal de administracion le diera la gana de informarle.

EPILOGIO

"No hay fuerza en el mundo mas debil que la fuerza debil de uno solo." Solidaridad Pa' Siempre

Todo esto ocurrio hace cuarenta años. Este mis recuerdos de anécdotas de Voluntarios, con quienes vivi, rei y llore. Como la fuerza debil de cada uno de nosotros nos unimos con multitudes determinados para formar un garrote de los diablos atraves de las millas.

ADIOS MI CABECILLA

En 1994, Cesar Chavez murio dormido. Los años de lucha por fin hicieron caér a este visionario, esta roca de los trabajadores del campo, los pobres de este país.

Cesar Chavez se mantubo al pie del cañon hasta su ultimo suspiro.

Se reportó que unos treinta y cinco mil apoyadores atendieron su funeral. Alli estabamos, ricos, pobres, famosos, con o sin titulos, todos Voluntarios de la Union de Trabajadores Campesinos.

El fin de un capitulo no es el fin de La Causa. Los campesinos siguen luchando la batalla contra la discriminacion, explotacion y el estado deprimente de la pobreza.

La diferencia positiva es que ahora hay muchas mas agencias dispuestas en ayudar al pobre. Grupos comunitarios, legales, de iglesia estan disponibles para dar la mano al trabajador campesino.

Los trabajadores del campo estan mas enterados de sus derechos como Inmigrantes. El derecho de hablar, de asamblea, y de hacer cambios legislativos.

Todavia se necesita el apoyo y respaldo del pueblo, del consumidor. Aún se necesita el ayuda de Voluntarios.

Con este apoyo contínuo, La Union ha podido lograr lo siguiente en términos de beneficios para los trabajadores:

- legislacion con garantia de beneficios de desempleo para trabajadores temporales en el Estado de Washington;

- cinturones en camiones transportadores de campesinos en el Estado de Florida;

- regulaciones acerca del calor, agua potable para trabajadores quienes laboran bajo el sol de California

- contratos nuevos se han firmado con rancheros de uva, de fresa, de hongos, lecherias y otros productos.

Vemos nuevas caras, diferentes nacionalidades, todos buscan una solución para una reforma migratoria justa, donde el trabajador pueda laborar bajo proteccion legal, la misma que se los concede a los todos trabajadores en este país. Ocho horas de sueldo por ocho horas de trabajo.

OTRAS CONTRIBUCIONES DE VOLUNTARIOS

Una compilacion de varias opiniones de otros Voluntarios. Obra de LeRoy Chatfield, otro Voluntario Cada uno expresa los pasos que hicimos como Voluntarios hasta llegar a ser la mano derecha de y apoyo de hueso colorado de los campesinos.

Dicha obra esta disponible en el Internet. www.farmworkerdocumentation project.com

QUE SIGA LA LUCHA!